직원과 CEO가 함께
행복하고 함께 성공하는

가슴 뛰는 회사

가슴 뛰는 회사

2006년 3월 25일 초판 1쇄 발행. 2009년 1월 9일 개정판 1쇄 발행. 존 에이브램스가 쓰고, 황근하가 옮겼습니다. 이홍용과 박정은이 기획 편집하여 펴내고, 박선희가 본문 교정을, 장정희가 본문 디자인을, 박소희가 표지 디자인을 하였으며, 김명수가 마케팅을 합니다. 제판은 푸른서울, 인쇄는 영프린팅, 제본은 쌍용제책에서 하였습니다. 출판사 등록일 및 등록번호는 2003. 2. 6. 제10-2567호이고, 주소는 121-250 서울시 마포구 성산동 628-5, 전화는 (02) 3143-6360~1, 팩스는 (02) 338-6360, E-MAIL은 shanti@shantibooks.com입니다. 이 책의 ISBN은 978-89-91075-51-1 03320이고, 정가는 13,000원입니다.

* 이 책은《사우스 마운틴 이야기》를 제목을 달리하여 다시 펴낸 것입니다.

직원과 CEO가 함께
행복하고 함께 성공하는

가슴 뛰는 회사

존 에이브램스 지음 | 황근하 옮김

【산티】

내가 알기로 가장 용감한 사람,
내 아내 크리스에게 이 책을 바칩니다.

| 차례 |

서문

지금 당신이 손에 들고 있는 이 책은 작은 건축 회사의 전기이다. 30년 넘게 이 회사에서 헌신적으로 일하고 있는 직원이자 회사의 공동 창립자인 존 에이브램스John Abrams가 그 저자이다. 이상하게 들릴지 모르겠지만 당신은 이 책에서 거부할 수 없는 매력을 발견할 것이다. 또한 일반적인 의미의 기업과는 사뭇 다른 신념을 갖고 있는 건축 회사를 보게 될 것이다. 무엇보다 이 책의 가장 큰 매력은 한 회사의 지극히 사소한 일상사에서부터 사회적 책임과 가치관에 이르기까지 광범위한 사항을 망라하고 있다는 점이다.

처음에 이 책은 그저 어딘가 남다른 사고방식을 갖고 시작된 작은 회사의 창업기로 보인다. 그러나 계속 읽다 보면 정직한 일과 협동이 어떤 것이며 삶의 진정한 가치가 무엇인지, 그리고 한 회사와 생사를 같이하는 사람들 사이에 생기는 자발적인 책임 의식이 어떤 것인지 보게 될 것이다.

존 에이브램스는 자기만의 방식으로 살아가는 드문 사람이다. 보장된 미래 계획은 없어도 뚜렷한 신념이 있는 사람이다. 그는 개인적인 가치관을 희생시키지 않으면서 경제적 이윤도 추구할 수 있다고 믿기 때문에 처음에는 그가 너무 순진한 것이 아닌가 생각될지도 모른다. 그러나 결국 그는 두 마리 토끼를 잡는 데 성공했다. 물론 그 자신은 아직 진행중이라고 이야기하겠지만 말이다. 그렇다고 이 책이 존 에이브램스 개인에 대한 것은 아니다. 이 책은 '사우스 마운틴 사South Mountain Company'라는 건축 회사가 어떻게 자리를 잡고 성장하게 되었는지를 이야기한다. 저자는 이 책을 통해 하나의 유기체와 같이 성장하고 발전하는 회사의 모습을 보여주고자 한다. 또 물질 만능주의의 대량 소비 사회 속에서 어떻게 장인 정신과 그 존엄성이 지켜질 수 있는지를 이야기하고자 한다.

사우스 마운틴 사는 아주 적은 수의 사람들로 시작해 서서히 성장했다. 함께 일하던 동료들은 공동 오너가 되었고, 회사를 운영할 때 흔히 부딪히는 난관과 유혹에 지금도 함께 대처해 나아가고 있다. 또한 각자 동등한 위치에서 건설적인 비판을 주고받기도 한다. 이러한 비판 정신은 사우스 마운틴 사의 근본 가치관 중 하나이기도 하다. 이런 것을 두고 성공적인 팀워크와 상호 존중이라고 부를 수 있을 것이다. 에이브램스는 열정적이면서 한편으로는 매우 겸손해서, 책을 쓰면서 회사 초기에 있었던 실수와 시행착오를 모두 자기 탓으로 돌리는 바람에 나중에 다른 동료들이 그 부분을 수정해야 했다. 회사의 경영 방식과 가치관에 대해서는 의견을 나누고 확인하는 과정이 계속 이어졌다. 모든 과정에서 타협과 양보가 이루어졌다. 겸손한 성격의 에이브램스가 고집하는 것이 한 가지 있다면 바로 이 타협과 양보의 정신일 것이다. 사우스 마운틴 사에서는 타협과 양보의 문화가 일상 현실이며, 그것은 언제나 회사의 원동력이 되고 있다.

이들의 이야기가 특별한 것은 사실이다. 그러나 이 특별한 이야기에서 우리가 무엇을 배울 수 있을까? 결국 사우스 마운틴 사는 작은 회사이고, 마서즈 비니어드Martha's Vineyard 섬이라는 독특한 환경—외부 유입과 문화가 독특하고 주택 디자인과 건축에 있어 이상적인 원칙을 지지하는 사람들이 있는 곳—에서 운영되는 회사이지 않은가? 나는 애초에 이런 생각을 하며 책을 읽기 시작했다. 그러나 책을 다 읽었을 때 내 생각이 틀렸음을 깨닫게 되었다. 이들의 경험은 매우 작은 지역에 국한된 것이지만, 사람들 사이에 공유되는 가치관은 보편적인 것이다. 이들의 선량한 정신과 진심 어린 가치관은 더 큰 기업을 비롯해 다른 곳에서도 유효할 것이다. 세상을 다른 방식으로 바라보려는 사람들이 있는 곳이라면 어디든지 마찬가지일 것이다.

윌리엄 그라이더

1. 우리 회사의 기본 원칙

사우스 마운틴 사는 1975년에 내가 친구 미첼 포진Mitchell Posin과 함께 마서즈 비니어드 섬에 만든 건축 회사이다. 큰 집도 만들고 작은 집도 만들며, 새집을 짓는가 하면 낡은 집을 개조하기도 한다. 서민적인 집도 짓고 부유층을 위한 집도 짓는다. 달콤한 성공도 부분적인 실패도 맛보았다. 우리는 설계부터 시공, 마감, 가구 제작에 이르기까지 집 짓는 데 필요한 모든 일을 한다. 그 과정에서 만나는 고객들과 지속적인 관계를 맺고 있으며, 건물을 다 짓고 나서도 계속 지켜보며 건물이 시간이 지남에 따라 어떻게 바뀌고 어느 부분에 수정이 필요한지를 배운다. 지난 30여 년 동안 우리는 족히 100채는 넘는 건물을 설계하고 짓고 수리했다. 그러는 사이 우리는 개인적으로건 집단적으로건 이 섬 지역의 삶에, 그리고 이곳의 미래를 계획하는 데 적극적으로 참여하게 되었다. 우리 스스로도 예상하지 못한 놀라운 발견의 여정이었다. 이곳의 일부가 되어가며 우리는 모든 것이 이제 시작이라는 것을 느낀다. 또한 이 회사와 우리의 노력이 우리가 지은 건

강에 떠다니는 나무로 만든 현관 (사진: Braian Vanden Brink)

물처럼 지속적인 것이 될 수 있다고 생각한다. 우리는 이 회사 사람들의 미래뿐만 아니라 우리 뒤에 올 사람들에게, 또 우리 모두의 일터이자 삶의 터전인 이 섬에도 약속을 한다. 우리가 만들어가고 있는 기업 공동체는 바라건대 신뢰할 수 있는 인간 관계를 유지하고, 시대의 변화에 맞게 융통성을 가지며, 몇 세대를 거쳐 그 자체로 생명력을 갖고 지속될 수 있는 회사가 되기를.

나는 대부분의 사람들이 회사를 이런 식으로 생각하지 않는다는 것을 알고 있다.

회사란 무릇 돈을 벌고 바쁘게 일하며 거래를 하고 서비스를 주고받는 곳, 그리고 결국은 빠져나오는 곳이다. 그러나 우리에게 사우스 마운틴이라는 회사는 회사인 동시에 공동체이다. 우리는 단순히 집을 지을 뿐 아니라 사람들 사이에, 사람과 땅 사이에, 그리고 기업과 장소 사이에 연결점을 만들어주고 서로를 이어준다. 우리는 세대를 거쳐 지속되는 기업 공동체가 가능할 것인지 고민하며 회사를 만들었다. 그리고 우리가 현재 그렇게 하고 있다고 믿는다.

일 자체가 자신의 표현 수단이자 삶의 가장 중요한 의미일 수 있다면 그보다 큰 행운은 없을 텐데, 나는 다행스럽게도 이 사실을 꽤 이른 시기에 깨달았다. 나의 젊은 시절은 이제 흔한 이야깃거리가 되었다. 당돌하고 대담한 1960년대 혁명의 아이들, 체제에 대한 순응과 물욕을 거부하며, 자연을 사랑하고 정의를 실현할 수 있는 새로운 세상을 꿈꾸던 세대—나는 바로 그 세대의 한 사람이었다.

1960년대가 끝나갈 무렵 나는 막 스무 살이 되었다. 나는 한동안 현대의 소비 문화와 기술 문명을 거부하고 시골에서 자급자족하는 생활을 했다. 당시 많은 사람들처럼 나 역시 사회의 주류보다는 농촌 사회를 더 친숙하게 느꼈다. 여기에 모순이 없진 않았다. 우리는 마치 개울 하나를 건너듯 아무렇지도 않게 도시에서 시골로 거처를 옮겼다. 그러나 속으로는 필요하다면 언제라도 돌아갈 수 있다고 생각했다. 하지만 이처럼 어딘가 모순적인 구석이 있다는 사실 자체는 크게 중요하지 않았다. 더 중요한 것은 새로운 방식의 삶을 살 수 있다는 굳은 신념이었다.

우리는 정치 · 사회적인 격변기에 학창 시절을 보냈다. 베트남 전쟁에 참전했고 거리에서 투쟁했다. 10대 때는 쿠바 사태(소련이 쿠바에 미사일 기지를 건설하면서 비롯된 미국과 소련 사이의 대결로, 1962년 10월 발생한 국제 핵전쟁 위기—옮긴이)를 경험했고, 초등학교에서는 비상시에 대비해 책상 아래에 숨는 훈련을 하곤 했다.

내 아내가 좋아하는 신문 연재 만화 중에 아들이 아버지에게 이렇게 묻는 이야기가 있다. "아빠, 잠깐만요. 그러니까 아빠가 학교 다닐 때는 학교에서 핵전쟁이 나면 책상 밑에 숨으라고 가르쳐줬단 말이죠?" "그래, 그렇단다." 아버지가 대답한다. 그러자 다음 장면에서 아들이 다시 묻는다. "아빠가 모든 걸 배운 학교가 방금 말한 학교랑 같은 데죠?"

우리 역시 비슷한 의문을 갖고 있었다. 그 대답을 찾는 과정은 우리에게 예상치 못한 결과를 던져주었다. 당시 급속도로 퍼져나갔던 새로운 문화(1960년대 미국의 히피 문화를 가리킴—옮긴이)는 우리 세대에게는 집처럼 편안했다. 나는 그 당시 우리를 공동체로 표현해야 할지, 동아리로 표현해야 할지 잘 모르겠다. 그러나 어디에 있든 우리는 공통된 가치관을 갖고 있었다. 그것은 사회의 주류 가치로부터 철저히 거리를 두고, 새로운 방식의 집, 새로운 방식의 삶을 만들고자 했던 우리의 절실한 기대에서 나온 결과였다.

건축 속성반

새로운 삶의 방식에 매료된 우리는 도시를 떠났다. 옛날 인디언들이 하던 방식대로 천막집을 짓는가 하면 버려진 농가를 고쳐 아지트로 사용하기도 했다. 집 짓는 일을 알아야 할 필요성이 절실하게 느껴졌다. 나는 고대의 음식물 창고를 보며 경탄했다. 고대인들이 나무를 잘라 집을 만든 방식을 연구하기도 했다. 때로는 하나하나 분해해 보기도 했다. 빅토리아풍의 건물, 식민지 시대풍의 건축물을 돌아보면서도 감탄했다. 수제 유리로 만들어진 창문도 감상했고, 말총 무늬가 물결치는 회벽도 손으로 쓸어보았다. 다락을 훑어보며 아주 오래 전 이런 건물을 만든 사람들의 속마음을 더듬어보기도 했다.

지하실, 헛간, 옥수수 창고, 대장간, 고물상, 돌벽, 녹슨 농기구 등이 모두 내 연구 대상이었다. 나는 특히 옛사람들을 깊이 연구했다. 우리는 나무를 자르는 데 쓸 큰 도끼나 까뀌, 덩어리를 쪼갤 때 쓸 끌, 통나무를 운반할 때 쓸 갈고리와 장대, 그리고 잘 넘어가지 않는 나무를 쓰러뜨릴 때 쓸 큰 망치 등 옛 연장들을 찾아다녔다. 우리는 이것들을 집으로 가져와 시험도 해보고 사용법도 익혔다. 이 옛날 유물들 덕분에 우리는 버몬트, 북부 캘리포니아, 오리건, 브리티시컬럼비아 등의 시골 오지에서 생활할 수 있었다. 당시 우리는 기본적인 것만 가지고 단순한 삶을 살았다. 먹을거리를 재배하고 음식을 만들고 동물을 기르고 물가를 찾아다녔다. 옷, 보금자리, 어린아이들을 위한 장난감, 우리가 할 만한 오락거리도 만들어냈다. 일과 삶이 따로따로가 아니었다. 나는 건물을 설계하고 짓는 작업에 점점 매료되었는데 이 일도 역시 내 삶과 별개가 아니었다. 자연 속에서 생활을 꾸려나가는 것과 집을 짓는 것은 모두 내 삶의 자연스러운 일부였다. 자급자족이라는 우리만의 새로운 가치관에 따라 우리는 교실이 아니라 직접적인 삶의 경험 속에서 모든 것을 배웠다. 자급자족이라는 이상을 실현하는 것이 얼마나 어렵고 고된 것인지는 우리의 관심사가 아니었다.

나는 운이 좋게도 '사업 관계자'가 아니라 '친구'와 함께 나의 첫 사업을 시작할 수 있었다. 미첼은 나와 가장 친한 친구였다. 미첼과 나는 사업을 같이 시작했을 뿐 아니라 여행도 함께 다니고 살기도 같은 집에서 살았다. 브룩클린 출신의 미첼은 노동자 계급에서 자란 친구로, 아버지는 가구 수리공이었다. 그는 10대에 마구간에서 일한 경험이 있었다.(그렇다. 당시 브룩클린에는 아직 말이 있었다.) 미첼의 이런 점은 이론적인 성향인 나의 단점을 보완해 주었다. 그는 장인匠人처럼 생각했고 직접 손을 써서 일하는 법을 알고 있었다. 나는 조사하고 계획하고 책을 통해 지식을 얻는 일에 능숙했다. 우리는 서로에게 배웠다.

우리가 처음으로 집을 지은 것은 1972년 버몬트에서였다. 미첼과 나는 해리 색스맨Harry Saxman이라는 사람이 집을 한 채 지으려 한다는 소식을 듣고 그를 찾아갔다.

"집을 지으려고 하신다는 말씀을 들었는데 적당한 분을 찾으셨는지 모르겠네요."

"자네들, 집을 지을 수 있나?"

"아, 그럼요. 물론이죠."

그는 우리를 고용했다. 계약을 하고 드디어 건물을 짓게 되었다. 우리는 목공 기술과 건축에 관한 지식은 약간 있었지만 건물을 짓는 데 대한 개념은 없었다. 우리는 매일 현장에서는 최선을 다해 일하고 밤이면 집으로 돌아와 깜빡거리는 등불 아래서 목공과 건축에 관한 책들을 펴놓고 읽었다. 다음날 어떻게 일할지를 알아내야 하는 절박한 독서였다. 말하자면 이것은 건축 속성반 수업이었다. 어찌됐든 집이 만들어졌으니 말이다.

첫 번째 정식 직업

젊은 시절 나는 몇 가지 일을 해보았지만 모두 다 그리 오래가지 못했다. 어렸을 적에는 신문 배달을 했었다. 자전거 위의 신문 뭉치에서 신문을 꺼내 정확한 자리에 던져 넣는 것을 나는 아주 재미있어했다. 중·고등학교 시절 여름 방학에는 어떤 일도 하지 않았던 것 같다. 대학에 들어가고 나서는 벽돌 굽는 일을 한 적이 있다. 한 2~3주 일했던 것 같다. 콜로라도의 제재소에서 일한 적도 있었는데, 그 역시 한 3~4주 했었다. 대학을 한 학기 다니고 나서 학교 다니는 것이 시들해진 나는 일을 하는 대신 버몬트 브래틀보로에 히피 상점을 하나 냈다. 거기서 미술 공예품과 약 관련용품, 이상한 옷가지들을 팔았다. 레코드판도 취급했는데 버몬트에서 이런 곳은 당시로서는 내 가게가 유일했다. 나중에 나는 코네티컷에 있는 웨슬리언 대학에 다시 들어갔는데, 그때는 한 친구와 장작 사업을 했다. 내가 이후에 했던 일들은 모두 당시 내가 살던 곳에서는 희귀한 일들이었다. 버몬트에서는 건물 철거와 토지 측량을 했고, 브리티시컬럼비아에서는 덤불 제거 작업을, 오리건에서는 떡갈나무로 장작 만드는 일과 삼나무로 울타리 말뚝을 만드는 일을 했다. 어디를 가든지 목공에 관련된 일을 한 셈이다.

내가 정식으로 일을 시작한 것은 1973년이었다. 나는 그때 장인어른께 드리기 위해 나무로 무언가를 만들고 있었다. 마침 널따란 참나무 판자가 필요해 근처에 있는 크레이거 커스텀 목공소Krager Custom Woodwork를 찾아갔다. 목공소는 뉴욕 가너빌의 허드슨 강 근처 제재소 단지에 있었다. 이 제재소 단지에 발을 들여놓는 순간 나는 한눈에 반하고 말았다. 사방에 톱밥이 널려 있었다. 톱밥 가루는 마치 시간이 멈추기라도 한 듯 공중에 둥둥 떠 있었다. 향긋한 톱밥 냄새가 풍겨왔다. 사방에 널려 있는 목재들 하나하나가 탁자로, 수납장으로 만들어지기를 기다리며 아우성치고 있는 듯했다. 나는 그곳을 떠나고 싶지 않았다. 그래서 필요한 목재를 구해 트럭에 실어놓고는 무작정 사무실을 찾아갔다. 목공소 주인인 댄 크레이거Dan Krager 씨에게 나를 소개하고 나서 용기를 내 말했다.

"여기서 일하고 싶습니다."

"사람을 더 쓸 만큼 일이 없어요." 그가 대답했다.

"돈은 적게 받고 일은 열심히 하겠습니다. 필요한 일은 무엇이든 하겠습니다. 한 번만 기회를 주세요."

내 기억이 맞다면, 나를 써주지 않으면 계속 주위를 맴돌며 귀찮게 굴겠다는 식으로 으름장을 놓았던 것 같다. 정확히 기억이 나지는 않지만 내 말이 영 허풍 같지는 않았던지 크레이거 씨는 내게 일자리를 주었다.

뛸 듯이 기뻤다. 나는 매일 아침 흥분된 마음으로 잠에서 깨어났다. 이불을 박차고 나와 옷을 대충 주워 입고는 '오늘은 어떤 탁자를 만들게 될까' 하는 기대로 하루를 시작했다. 일은 고되고 지루했지만 나는 일하는 시간의 일분 일초까지도 사랑했다. 작업장에는 일꾼이 나까지 넷뿐이었기 때문에 어떤 작업이든지 모든 공정을 지켜볼 수 있었다. 그렇게 한 달 동안 엄청나게 많은 것을 배웠다. 그러나 기쁨도 잠시, 내가 들어온 지 한 달이 지났을 무렵 크레이거 씨는 사업을 계속할 수 없다는 통보를 했다.

슬픈 날이었다. 비록 몇 주 동안이었지만 진심으로 열정을 쏟아 부었던, 내 생애 첫 번째 정식 직장에서 보내는 마지막 날이기도 했다. 일하는 동안 나는 제재소 현장 감독이었던 킹슬리Kingsley와 친해졌는데, 그와 함께 직접 소형 가구 제작소를 차리기로 의기투합했다. 우리는 크레이거 목공소에서 싸게 처분하는 연장을 구입했다. 이 가게는 사우스 마운틴 사의 초기 모델이 되었다. 나는 서부 매사추세츠에 있던 미첼을 불러, 새 가게를 함께 시작하자고 말했다. 미첼은 제안을 받아들였고 우리는 곧 가게를 열었다. 그 뒤로 1~2년간 가게를 잘 꾸려나갔다. 그러나 마서즈 비니어드 섬에 집을 지을 수 있는 기회가 오자 미첼과 나는 이곳을 떠나기로 결심했다. 킹슬리가 혼자 남아 소형 가구 제작소를 계속 운영했다.

이제 와서 회상해 보건대, 크레이거 목공소에서 일한 짧은 시간을 제외하면 내 첫 번째 정식 일자리는 비니어드 섬의 사우스 마운틴 사이다. 그리고 또 한 가지, 나에게 일이란 언제나 삶 속에 녹아들어 있는, 놀이와 구분되지 않는 어떤 것이었다는 생각이 든다. 나는 아직도 그 둘이 어떻게 다른지 잘 모르겠다.

우연히 시작한 사업

미첼과 나는 사실 사업을 시작할 마음은 없었다. 우리는 그저 장인 정신을 실천하고 건축에 대한 열정을 살리고 싶은 마음뿐이었다. 사업은 우연히 시작하게 되었다. 마서즈 비니어드 섬에 정착하려는 생각도 없었다. 이 역시 거의 실수로 그렇게 된 것이다. 우리가 비니어드 섬에 온 것은 1975년으로 부모님께 집을 지어드리기 위해서였다. 부모님은 우리가 경험은 부족하지만 해낼 수 있다는 믿음을 갖고 계셨다. 부모님의 전폭적인 지지는 우리에게 자신감을 주었다. 그러나 그때 우리의 시도가 다소 무모했던 것은 사실이다. 우리는 6개월 안에 집을 짓겠다는 계획을 세우고 얼마 안 되는 돈을 들고 비니어드 섬으로 들어왔다. 그러나 열두 달이 지났는데도 우리는 직접 만든 문과 창문, 가구와 내부 등을 마감하느라 끙끙대고 있었다. 돈은 바닥난 지 오래였다. 바로 이즈음 우리에게 새로운 일거리가 들어오기 시작했다.

그리하여 비니어드 섬에 오래 머무를 생각이 없던 우리는 그해 가을, 앨런 농장에 있는 로저 앨런Roger Allen의 낡은 헛간에 가게까지 하나 차리게 되었다. 우리는 비니어드 섬에서 어느새 설계와 시공 작업까지 맡아 했는데, 할 때마다 적자를 내고 있었다. 아마 당시 우리가 일을 계속할 수 있었던 것은 일종의 도덕적 신념 때문이었을 것이다. 우리의 임무는 두 가지였다. 계속해서 일할 것, 완벽한 집을 지을 것. 우리는 어쨌든 첫 번째 임무는 온전히 수행하는 중이었다.

그러던 중 우리 일을 잘 알고 있던 한 친구와 선배가 가게를 찾아왔다. 나는 그때 깨달음을 얻었다. 우리의 작업을 둘러보고 친구는 감탄했다. "좋은데? 멋진 작업이야. 돈은 좀 벌리나?"

"그럴 리가!" 내가 웃으며 답했다.

"좋은 생각이야, 에이브램스. 어쨌든 참신해. 보조금을 받아 고급 주택을 짓는다……"

친구가 무심코 던진 말은 우리가 사업에 대해 배워야 한다는 생각을 일깨웠다. 그러나 사업 쪽으로는 그다지 흥미가 생기지 않았다. "농담하지 마. 난 아직 설계의 기초도 떼지 못했어. 제대로 된 설계도 하나 완성하기도 힘들다고. 시공 쪽도 마찬가지지. 그런데 사업을 시작한다고?" 그러나 우리가 이 일을 계속하기 위해서는 안정적인 경영이 필수적이었다. 그래서 나는 주먹구구식으로나마 경영에 대한 것들을 배우기 시작했고, 재미있고 새로운 사실들을 발견하게 되었다.

견적 산출, 주문, 계약서 작성, 일정 계획, 보험 등 배워야 할 것이 많았다. 경리와 은행 관련 업무, 현금 흐름과 대출에 대한 것도 알아둬야 했다. 나는 버나드 카마로프의 고전 《소규모 기업 경영자》[1]를 이리저리 훑어보았다.(현재 25판까지 나온 이 책은 소규모 창업에 필요한 모든 지침을 담은 최고의 책이자 가장 대담한 책이기도 하다.) 책에는 수입, 매출, 소비세 등 세금에 관한 부분도 있었다. '세금의 모든 것을 파헤친다' 라는 제목으로 한 장章에 걸쳐 세금에 대해 나와 있었지만, 나는 별로 읽고 싶지 않았다.

그러나 우리 사업의 기초가 탄탄하다면 앞으로 계속해서 다른 일을 해나갈 수 있지만, 그렇지 않다면 매번 같은 실수를 반복할 게 뻔했다. 우리는 운 좋게도 계속 일감을 얻었으므로 겉으로 보기에는 안정적일지 몰랐다. 그러나 내부적으로는 보조금으로 일하는 방식에 점점 지쳐갔다. 그래서 우리는 서류를 뒤적이며 새로운 방식을 찾아나갔다. 경리와 회계 담당 직원을 따로 구하고, 연장을 소중히 대하듯이 회계 정산표도 똑같이 중요하게 여겼다. 우리는 이윤의 필요성도 알게 되었다. 이제야 경영의 균형이 맞춰지는 것 같았다. 경영에 대한 이해가 커져갈수록 우리는 여러 면에서 더 큰 자유를 누릴 수 있었다. 나는 경영이라는 것이 계단을 만드는 것과 같다는 것을 알게 되었다. 이 단순한 깨달음으로 사업에는 박차가 가해졌다.

가끔은 고객들로부터 중요한 경영 지침을 배우기도 했다. 우리에게 이윤이 무엇인지 가르쳐준 사람은 우리를 크게 후원해 준 엘리 세이건 Eli Sagan이었다. 그가 의뢰한 집의 설계를 마치고 계약을 하려고 했을 때 세이건은 이렇게 말했다. "이 집을 짓고 이윤을 남기리라고 믿어요. 사업하시는 분이니까 당연히 그래야겠죠. 그러나 정확히 필요한 비용만 드리도록 하겠습니다. 이윤을 어떻게 남기는 것인지 가르쳐드릴게요." 그는 우리와 함께 견적서를 한 줄 한 줄 검토하며 중요한 부분을

1980년대 초기 원년 멤버 (사진: Danny Sagan)

지적해 주었다. 덕분에 우리는 일을 시작하는 데 필요한 사항을 다시 검토할 수 있었다. 그것은 우리에게 행운이었다.

현장에서 경험이 쌓여감에 따라 회사도 점점 안정되어 갔다. 우리는 우리가 얼마나 적절하게 설계했으며 얼마나 성공적으로 건축했는지 꼼꼼하게 평가했다. 이제야 우리도 스스로를 안정된 집단, 건물을 설계하고 짓는 '회사'로 받아들일 수 있었다. 우리가 건물을 지을 때 지켰던 원리들을 이제는 회사의 경영에도 적용할 수 있게 되었다.

희망의 목소리

1984년에 나의 동료 미첼은 다른 일, 특히 농사[2]에 전념하기 시작했다. 그래도 회사는 지속되었다. 지금 동료들과 내게 이 섬에서 집을 짓는 일은 평생 직업으로 생각된다. 이 일을 통해 나는 건축에 대해, 사업에 대해, 그리고 지역 사회에서의 삶에 대해 배워간다. 이렇게 얻은 배움 중에는 잊고 싶은 것도 있고 기억하고 싶은 것도 있다. 그러나 나는 대체로 이 사업을 원칙대로 꾸려나가기만 한다면 일 자체에서 행복을 누리면서도 적당히 생계를 유지하고 인간 관계에서도 신뢰를 쌓을 수 있다는 것을 배웠다. 이러한 깨달음이 우리 회사에 다니는 모든 사람에게 근본적인 목표 의식을 심어주었다. 바로 우리가 하는 일을 통해서 사람들에게 도움이 되자는 것이었다. 시간이 지남에 따라 우리가 하는 일이나 우리가 만든 사우스 마운틴이라는 회사만큼 우리가 일하고 있는 이 공간, 마서즈 비니어드 섬이 중요하게 느껴졌다.

여기서 내가 하려는 이야기가 너무 비현실적이어서 다른 사람들에게는 의미가 없을 거라고 생각할지도 모르겠다. 내 바람은, 우리 회사가 생각만큼 별난 곳이 아니라는 것을 알아주었으면 하는 것이다. 이 이야기는 내가 동료들과 함께 실수와 우연한 발견을 통해 배운 것들, 그 과정에서 갖게 된 목표에 대한 것이다. 이 이야기는 오늘날 많은 회사들이 고심하는 문제, 즉 어떻게 하면 적절한 이윤을 남기면서도 가치를 지킬 수 있는지에 대한 것이다.

이 책은 기업에 관한 책이지만 세계화의 폐해나 노동 착취 등에 대해 이야기하지는 않는다.(이런 주제들은 다른 책들이 더 잘 다루고 있다.)[3] 우리는 우리가 만든 여덟 가지 기본 원칙에 대해 중점적으로 이야기하려 한다. 사우스 마운틴이라는 작은 회사가 이 원칙들을 갖고 "회사는 규모가 클수록 좋고, 이윤이 최상의 목표이며, 지역 사회와의 교류는 중요하지 않다"는 통념에 어떻게 맞설 수 있었는지를 보여주려고 한다. 나는 좋은 기업과 좋은 지역 사회가 무엇인지 다시 생각해 볼 수 있도록 기업에 관한 기존의 통념에 문제를 제기할 것이다. 깊이 있고도 폭넓은 성공의 기준이 무엇인지 논의하고, 지금까지 우리에게 효과가 있었고 다른 이에게도 효과가 있을 대안을 제시할 것이다.

윌리엄 그라이더는 오늘날의 경제 체제가 안고 있는 문제를 정확히 지적한 사람이다. 그는 《자본주의의 정신*The Soul of Capitalism*》이라는 책에서 앞으로 경제 체제는 다양한 개성을 가진 회사 내부의 움직임에 의해 점점 변화할 것이라고 말했다. 구성원들이 자신의 몫을 갖고 자신의 목소리를 낼 수 있는, 새로운 형태의 회사들이 실험적으로 생겨날 것이라고 했다. 그는 이러한 변화가 이미 시작되었다고도 했는데, 나는 이러한 모험을 함께 하는 이들 중에 나와 내 동료들도 포함된다고 생각한다.

믿음직한 선례가 없을 때 변화가 탄생하는 것이라면, 좀더 바람직한 방법으로 사업에 성공할 방법을 찾는 사람들에게 작고 민주적이며 공동체 중심적인 우리 회사의 이야기가 희망을, 혹은 적어도 쓸 만한 정보를 줄 수는 있을 것이다. 이 이야기는 도움을 요청하거나 주목해 달라는 외침이 아니라, 희미하게 울려 퍼지는 희망의 목소리이다. 물론 우리의 여정에는 희망의 목소리만 있는 것이 아니다. 우리의 길은 우리에 앞서 비슷하게 모험의 길을 걸었던 이들을 따르고 있다. 우리는 그 길을 따라가며 우리의 여정에 필요한 것들을 배우고 있다. 바로 나의 할아버지가 그러했듯이.

모리스 에이브램스 주식회사

1899년 새해 첫날이었다. 새로운 자본주의 경제 체제와 문화가 막 시작을 알리던 때였다. 아홉 살 난 러시아 이민자 모리스 에이브램스Morris Abrams는 눈앞에 펼쳐진 장관에 넋을 잃었다. 불꽃들이 밤하늘을 가득 수놓고 있었다. 그 모든 것이 자신을 위한 것처럼 느껴졌다. 바로 그 순간부터 소년은 미국을 사랑하게 되었다. 어려웠던 어린 시절에도, 두 번의 세계대전에도, 대공황과 몇 번의 경기 침체에도 할아버지의 열정과 낙관주의는 변함이 없었다.

할아버지는 10대 초반, 남부 맨해튼의 센터 스트리트에서 렘킨Lemkin이라는 상인 밑에서 일했다. 할아버지는 사업을 배웠고 렘킨이 회사를 차리는 것을 도왔다. 할아버지는 결혼해서 1920년대 초에는 아내와 세 자녀와 함께 브룩클린의 아파트에서 살았다. 렘킨은 퇴직이 가까워지자 자신의 아들에게 사업을 물려줄 채비를 했다. 할아버지는 이제 자신의 사업을 시작할 때가 되었다고 생각했다.

할아버지는 1922년, 모리스 에이브램스 주식회사를 차렸다. 건축용 철제품, 기계류, 공장 설비 등을 공급하는 회사였다. 모든 일은 순조로웠다. 1920년대 후반 모리스 지퍼트Morris Zippert라는 사람과 동업을 시작했을 때 회사는 전성기를 맞이했다. 두 젊은이는 회사를 키우고 친구들과 가족, 그리고 다른 사람들을 고용했다. 경제 대공황이 오기 전까지 회사는 성공가도를 달렸다. 1931년 말 회사는 위기에 빠졌고, 할아버지는 선택을 해야 했다. 규모를 최소한으로 줄이면 적어도 빚은 지지 않을 수 있었다. 다른 사람들에게까지 타격을 주게 되는 파산은 피해야 했다. 어려운 선택이었다. 결국 할아버지와 동업자들은 루스벨트 대통령의 취임으로 뭔가가 달라지기를 기대하며 몇 달간 사업을 계속해 보기로 결정했다.

그리고 실제로 변화가 일어났다. 새로운 대통령이 들어서자마자 오래된 고객들이 다시 돌아오기 시작했다. 전등 공장, 통풍 장치 제조업자, 목공소, 연장 제조업자 등 업종을 막론하고 활기를 띠기 시작했다. 경제의 물꼬가 트이고 모든 문이 활짝 열렸다. 그후로 10여 년간 사업은 번창했다. 1940년대, 전쟁으로 사업은 더욱 활기를 띠었다. 1950년에는 직원 수가 110명을 넘어섰다. 할아버지의 회사는 허드슨 가 90번지의 대로에 있는 근사한 7층짜리 건물로 이사했다.

1955년부터는 헝겊 장정을 한 상품 안내서가 나왔는데 검은색 바탕에 붉은색과 하얀색 글자가 도드라지게 새겨진 책자였다. 569쪽이나 되는 이 책자는 목공 기술과 금속 세공술이 몇백 쪽에 걸쳐 나와 있었다. 공구들도 다양하게 소개되었다.

상품 안내서에는 유니언 슈퍼스틸 캔틸레버 공구 수납함도 나와 있었다. 아버지와 함께 할아버지 회사에 들른 내가 이 공구함에 관심을 보이자, 할아버지는 이것을 내게 건네주시며 "이걸 채워 넣으며 놀고 있어라" 하고 말씀하셨다.

나는 할아버지 회사의 창고를 마음껏 돌아다녔다. 그곳은 마치 보물로 가득 찬 동굴 같았다. 직원들은 내가 원하는 공구를 찾을 수 있도록 도와주었다. 선반에 놓인 물품들은 모두 방수 종이에 쌓여 따로따로 상자에 담겨 있었다. 다 채워진 공구함은 마치 선물꾸러미처럼 보였다. 집으로 돌아갈 때 나는 이 공구함을 잊지 않고 챙겨 갔다. 2년쯤 지나 내용물을 거의 잃어버릴 때쯤이면 다시 할아버지 회사에 놀러가 새로운 물건을 채워 오곤 했다.

할아버지의 동업자인 모리스 지퍼트의 아들 이라Ira가 전쟁에 나갔다가 돌아온 후 사업에 참여했다. 그러나 할아버지의 세 자녀는 아무도 사업에 관심을 보이지 않았다. 고모는 생물학자가 되었고, 삼촌은 배우가 되었으며, 막내였던 아버지는 물리학자가 되었다. 우리 집안에서 상인이 되려는 사람은 아무도 없었다. 자신의 이름을 딴 사업을 물려줄 자식이 아무도 없음을 알았을 때 할아버지는 기분이 어땠을까?

1950년대에는 할아버지 회사로부터 많은 이들이 떨어져나갔다. 오래된 창업 멤버들이 적절한 수익을 갖고 회사를 떠나 자기 회사를 차렸다. 회사는 허드슨 가에서 영업을 정리하고 롱아일랜드로 이사했다. 그리고 분야를 특화하여 학교를 상대로 물품을 공급했다. 1960년대 들어 결국 회사는 매각되었다. 할아버지는 몇 년간 재기의 노력을 하였지만 할아버지에게 남은 것은 막대한 금액의 청구서뿐이었다. 회사는 이후에도 주주가 몇 번 바뀌고 마지막으로 이라 지퍼트에게 인수되었다가 파산했다.

'회사'에 대한 내 기억은 언제나 유년 시절 전성기를 구가하던 할아버지 회사의 풍경으로 남아 있다. 정직과 상호 존중, 충성이라는 견고한 토대 위에 세워진 회사는 늘 안정되고 화려한 모습이었다. 손수 일군 회사가 스러져가는 것을 보며 할아버지는 마음이 아프셨을까? 그것은 아무도 모를 것이다. 할아버지는 100세 생신을 얼마 남겨두고 돌아가실 때까지 그때의 기분에 대해 말씀하지 않으셨다. 할아버지의 사업은 더 번성하고 더 오래 지속될 수도 있었다. 그러나 렘킨의 유산 상속자에서 할아버지가 제외되었던 것처럼, 할아버지와 할아버지의 동업자도 자신들의 회사를 도운 사람들을 충분히 챙겨주지 못했다. 직원들은 떠나갔고, 그때마다 회사의 일부분도 함께 떨어져나갔으며, 그렇게 회사는 해체되어 갔다.

공동체로서의 회사

나는 지금까지 회사를 꾸려오며 할아버지의 회사 같은 중소기업이 그런 식으로 종말을 맞아서는 안 된다고 줄곧 생각해 왔다. 이는 경제학자 요셉 슘페터가 자유주의 경제 체제 내에서는 불가피하다고 말했던 '창조적 파괴creative destruction'[4)]인가, 아니면 개척자 정신을 유산으로 물려받은 미국에서 자연스러운 현상인가?(하나의 작업이 종결되면 그것을 버리고 다른 것으로 옮겨가 새로운 시작을 하는 것이 개척자 정신이다.)

할아버지 회사와 같은 중소기업이 쇠락하거나 파산하는 것은, 현재의 시장 경제 구조에 의한 희생이나 개척자 정신의 결과와는 관련이 없다. 이는 단지 공동체 정신의 부족을 말해 줄 뿐이다. 손실은 경제적인 것만이 아니다. 수치화할 수 없는 사회적 자원이 낭비되는 것이다. 수많은 지역에서 이런 식으로 사라져가는 수많은 회사들은, 점차 사라져가는 농장이나 높아져가는 이혼율과 마찬가지로 사회 조직을 와해시킨다.

현실적으로 모든 회사가 영구히 지속될 수 없으며, 그래야 할 필요도 없다는 것은 알고 있다. 다만 우리 사회에 공동체로서의 가치관과 지역사회에 대한 장기적인 관점이 부족하다는 것을 지적하고, 지역 경제를 희생시키는 대기업 중심의 경제 체제와 임금으로 사람을 노예화하고 환경 문제를 등한시하는 경제 체제를 문제삼으려는 것이다.

나는 작은 회사의 공동 창립자로서 30년 동안 회사를 운영해 오며 위와 같은 문제를 제기해야 할 필요성을 절감했다. 30명의 직원 중 16명이 공동 오너인 우리 회사는 다음 세대까지 이어질 수 있는 지역 사회와의 지속적인 관계를 만들기 위해 노력하고 있다. 우리의 사업은 아직 진행중이다. 그러나 한층 민주적이고 책임감 있는 회사를 이어가기 위한 노력은 서툴지만 이미 힘차게 시작되었다.

여덟 가지 기본 원칙

새로운 방식으로 회사를 운영하려고 시도하는 과정에서 우리는 여덟 가지 기본 원칙을 갖게 되었다. 이는 우리 회사가 지나온 과거를 살펴보며 얻은 것으로, 미리 여덟이라는 숫자를 정해 놓았다거나, 또 이런 원칙을 토대로 삼아야겠다고 구상했던 것은 아니다. 그저 내가 상상하는 회사를 만들려는 노력 속에서 자연스럽게 터득한 것이다. 이는 벽을 쌓아 올리는 석공의 노력과 비슷하다. 석공은 벽돌 무더기 속에서 기초를 하기에 적당한 것과 중간을 채워 넣기에 적당한 것, 또 맨 꼭대기에 얹을 갓돌로 쓸 만한 것을 골라낼 줄 안다. 내가 우리 회사의 기본 원칙을 발견한 것도, 석공이 자신이 쌓아 올릴 벽의 주춧돌을 찾아낸 것과 같다. 그것들을 찾아냈다기보다 그것들이 스스로 모습을 드러냈다고 해야겠다. 그렇게 하나씩 발견한 원칙들을 조합하여 한데 모으면 건물의 기본 뼈대가 되는 것이다. 시간이 오래 걸릴지는 모르나 견고한 토대가 된다.

이 책은 우리가 어떻게 이러한 주춧돌을 찾아내고 쌓아 올렸는지를 설명하며, 아래 소개하는 여덟 가지 토대 위에 쌓아 올린 사업이 어떻게 발전해 왔는지 그 구체적인 흔적을 보여준다.

· 민주적인 직장 만들기
· 성장이라는 불문율에 도전하기
· 다양한 가치를 실현하기
· 마서즈 비니어드 섬에 전념하기

· 장인 정신을 지키기
· 지역 주민을 보호하기
· 지역 기업가 정신을 실천하기
· 성당을 짓는 사람처럼 생각하기

이 원칙과 원리 들은 우리 회사 곳곳에 스며들어 있다. 정직과 성실, 신뢰와 낙관처럼 내가 할아버지의 사업을 통해 배운 가치들 역시 우리 회사의 핵심을 이루고 있지만, 그것은 또 다른 의미에서 회사의 토대를 이룬다고 말할 수 있을 것이다.

민주적인 직장 만들기

1987년 우리는 사우스 마운틴 사를 개인 기업에서 직원이 공동으로 소유하는 기업으로 변경했다. 이는 우리 회사의 역사에서 매우 중요한 순간이었다. 직원들이 회사 소유권을 공유하고, 책임과 권한, 그리고 이윤을 나눠 가질 수 있게 된 것이다. 《기업 윤리*Business Ethics*》의 발행인인 마조리 켈리는 《자본의 신성한 권리》에서 이렇게 말했다.

> 미국의 사상가인 토머스 페인Thomas Paine의 꿈은 '모두가 소유자proprietor'가 되는 회사였다. 직장을 자신이 소유한다는 것은 매우 이상적이다. 그러나 현대 사회에서 대부분의 시민들은 필연적으로 피고용인일 수밖에 없고, 또 앞으로도 계속 그럴 것이다. 새 시대에 맞는 새로운 경제 구조가 필요하다. 모두가 소유자가 될 수는 없을지 몰라도 모든 직원이 오너가 될 수는 있다.[5]

소유권ownership과 지배권control을 공유하는 것은 우리 회사의 방침으로, 우리 회사는 모든 직원이 오너가 되는 것을 바람직하게 생각한다. 현재 30명의 직원 중 반 이상이 오너이다. 우리는 새로운 직원이 들어올 때마다 다양한 경영 방식에 대해 의논하며 투명하고 공정한 경영과 민주주의라는 목표에 다가가려고 꾸준히 노력하고 있다.

성장이라는 불문율에 도전하기

회사 경영에서 불변의 법칙은 성장을 최고의 목표로 삼는 것이다. "성장하지 않으면 살아남지 못한다"는 사실은 대부분의 사람들에게 불문율이다. 우리 회사 역시 일종의 성장을 목표로 한다. 그러나 그것은 에드워드 애비가 '암세포의 논리the ideology of the cancer cell'[6]라고 말한 성장 자체를 위한 성장이 아니다. 성장 역시 우리의 구체적인 목표 중 하나이지만 우리는 항상 성장의 결과를 고려한다. 성장이 회사의 근본적인 가치관을 훼손할 수 있기 때문이다. 우리는 사업의 시세를 확장하지 않고도 성장하는 방법을 찾고 있다. 이는 말하자면 제한된 성장으로, 우리에게 중요한 것은 '얼마나 더 많이' 성장하는가가 아니라 '얼마나 적절하게' 성장하는가이다. 회사를 유지하고 구성원들과 나누는 데 적절한 이윤인지, 모두에게 충분한 급여인지, 일의 중요성에 걸맞게 시간이 주어지고 있는지, 의사 소통이 제대로 이루어지고 있는지, 규제와 고민거리가 지나치지는 않는지 등이 우리의 관심사이다.

다양한 가치를 실현하기

이윤은 회사를 유지하는 데 필수적인 수단이지만, 이윤보다 우선시해야 할 다양한 가치들이 있다. 우리는 직원들의 마음이 기쁜지, 생계는 잘 유지되는지, 고객과 거래처의 기대가 맞춰지고 있는지, 서로를 잘 배려하는지, 환경에 대한 고려는 잘 이루어지고 있는지, 건강하고 공정하게 일이 진행되는지, 우리의 일이 더 나은 세상을 만드는 데 기여하고 있는지 등을 항상 살핀다. 우리는 성공하는 회사가 되는 데 경쟁보다는 협동이 유효하다고 믿는다. 비유적으로 말하자면 이 모든 것이 우리의 '손익분기점'이다. 비록 정확하게 수치화하고 계량할 수는 없지만 말이다.

마서즈 비니어드 섬에 전념하기

우리는 회사가 있는 작은 섬에 긴 안목의 투자를 하고 있다. 우리의 모든 계획은 지리적으로 이 작은 섬이라는 테두리를 벗어나지 않는다. 사람들은 이따금 부자들의 휴양지로나 쓰이는 작은 섬에 왜 그렇게 열정을 쏟느냐고 묻곤 한다. 마서즈 비니어드 섬이 부자들의 휴양지로 알려져 있는 것은 사실이다. 그러나 그것만이 전부는 아니다. 다양한 장점과 단점, 가능성과 위험 요소가 있다. 지역 내 사회 · 경제적인 격차, 어업과 농업의 급격한 쇠락 등의 문제를 겪고 있는가 하면, 다른 한편에선 마을 주민들과 장인, 공예가 사이에 미약하지만 새로운 유대 관계가 생겨나고 있다. 이곳은 우리가 시작한 이 작은 사업의 실험실로 가장 좋은 장소이다. 이곳의 복잡한 사회 구성 역시 새로운 대안을 모색하는 데 적합한 조건을 갖추고 있다. 이곳에는 희망이 있다. 우리는 교육에 관련된 일 외에 모든 일을 마서즈 비니어드 섬에만 국한할 것이며, 안정된 지역 경제와 더 나은 삶을 위해 할 수 있는 모든 변화를 시도할 것이다.

장인 정신을 지키기

어떤 작업을 하건 가장 중심에 놓여 있는 것은 '장인 정신'이다. 나는 사람을 만나 이야기하고, 작업을 구상하고, 글을 쓰고, 설계하고, 답사하고, 충고하고, 배우고, 회사를 경영하고, 커피를 만들고, 재떨이를 비우는 등등 많은 일을 좋아하지만, 내 일에 가장 근본적인 영감을 주는 것은 바로 내 주위에서 볼 수 있는 장인 정신이다. 우리 회사 직원들에게도 일의 가장 큰 원동력은 장인 정신이다. 적당한 도구와 재료, 기술을 이용해 무엇인가 아름답고 우아하며 쓸모 있는 것을 만드는 일은 엄청난 성취감을 준다. 발리 섬의 한 주민이 하는 이야기를 들은 적이 있다. "우리에게는 예술이라는 것이 없습니다. 그저 무엇이든 최선을 다해 만들 뿐이죠." 그것이 바로 장인 정신이며, 우리가 추구하는 것도 이와 다르지 않다.

지역 주민을 보호하기

마서즈 비니어드 섬은 심각한 주택 문제에 처해 있다. 섬의 아름다운 경관이 그 원인이 되었다. 얼마 전까지만 해도 이곳에서 집을 구하는 젊은이들은 다양한 선택을 할 수 있었는데, 지금은 그런 여유가 없어졌다. 부동산 가격과 생활비가 폭등하여 젊은 세대가 이곳에 집을 구하는 것은 이제 불가능하게 되었다. 지역 사회는 아직 건재하지만 위험에 처해 있다. 사람들이 섬을 떠나고 있는 것이다. 우리는 지역의 중요한 구성원을 잃고 있다. 남겨진 집을 구매하는 타지 사람들은 이 지역 주민들이 했던 역할을 제대로 해내기 어렵다.

국유지 관리국Trust for Public Lands의 피터 포브스는 "얼마나 많은 땅과 건물을 특별 지역으로 지정하느냐가 아니라 얼마나 많은 사람들이 자신이 사는 곳에 관심과 사랑을 기울이느냐에 토지 보호의 미래가 달렸다"[7]고 말했다.

주택 정책은 사람을 위한 것이다. 이것은 지속 가능한 미래에 관한 이야기이다. 주택 정책에서 지역 주민에 대한 정책은 필수적이다. 이 문제가 해결될 수 있을까? 우리는 회사 차원에서 이 문제에 집중하고 있다.

지역 기업가 정신을 실천하기

휴양지에 고급 주택을 짓는 일에는 많은 혜택이 따른다. 장인 정신을 원없이 발휘할 수 있고 양질의 재료를 쓸 수 있으며 흥미로운 사람들과 만나기도 하고 경제적 이득도 상당하다. 그러나 이는 건축가에게 멋진 작업 기회를 주고 운 좋은 소수 사람들에게 멋진 집을 줄 뿐, 우리가 사회적 목적을 달성하는 것과는 큰 관련이 없다. 우리는 활용할 수 있는 모든 재정 지원과 인간 관계를 이용하여 지역이 처한 주택 문제를 개선하려고 노력하고 있다. 우리는 그동안 겪은 공공연한 실패와 소소한 성공에서 배운 점들을 바탕으로 이러한 노력을 계속할 것이다.

성당을 짓는 사람처럼 생각하기

단기적인 관점으로 회사를 운영하는 이들에게는 우리의 시간 관념이 분명 이상하게 보일 것이다. 우리 회사의 일은 우리 세대에서는 완성되지 않을 것이다. 영국의 경영철학자 찰스 핸디는 다음과 같이 말했다.

> 성당은 감동을 준다. 그 장엄하고 화려한 외양 때문이 아니라 성당이라는 건물을 짓는 데 50년이 넘게 걸리기도 한다는 사실 때문이다. 성당을 설계한 사람과 공사를 시작한 이들은 자신들이 성당의 완공을 볼 수 없으리라는 사실을 분명 알고 있었을 것이다. 그들은 단지 수세기에 걸쳐, 자신의 이름이 잊혀진 뒤에도 건재할 어떤 영광스러운 건물을 짓고 있다고만 생각했을 것이다. 그들은 숭고와 불멸성에 대한 그들만의 이상을 갖고 있었다. 현대인에게 성당은 더 이상 필요하지

> 않을지 모른다. 그러나 성당을 짓는 사람과 같은 사고방식은 필요하다. 자신의 생을 넘어서 내다볼 줄 아는 안목이 필요하다.[8)]

우리는 우리의 작업을 성당을 짓는 사람처럼 하려고 한다. 다음 세대를 생각하며 계획을 하고 작업을 한다. 우리는 우리 손에 들어오는 이윤이 이 지역의 자본에서 나온 것인 만큼 우리의 사업이 지역 사회 발전에 이바지해야 한다는 사실을 언제나 인식하고 있다. 우리는 튼튼하면서도 유연하며 우리 세대 이후까지 지속될 수 있는 사업 공동체를 만들려고 한다. 그래서 나이가 들면 남은 사람들 손에 회사를 넘겨주고 우아하게 떠나고 싶다.

여덟 가지의 기본 원칙은 앞으로 각 장에서 자세하게 이야기할 것이다. 그러나 여덟 가지 원칙은 분리되지 않고 서로 연관되어 있다. 나는 우리가 어떻게 이러한 신념을 갖게 되었는지 또 그것을 어떻게 실천에 옮겨왔는지, 시행착오를 거치며 어떻게 현재에까지 이르렀는지 보여줄 것이다. 나는 우리가 지금까지 걸어온 여정의 중요성과 의미를 낱낱이 펼쳐 보이려 한다. 그 속에서 우리의 노력이 맺은 결실을 음미하고 앞으로 헌신해야 할 새로운 일들에 대해 생각해 볼 것이다.

2. 민주적인 직장 만들기

1970년대의 사우스 마운틴 사는 대가족으로 이루어진 회사나 다름없었다. 내 아내 크리스Chris와 미첼의 예비 아내 클라리사도 중요한 일을 맡고 있었다. 크리스와 클라리사는 벽에 모르타르를 바르고 페인트를 칠하고 타일을 붙이고 목재를 정리했다. 크리스는 각종 계산과 섬 밖에서 물품을 들여오는 일을 맡았다. 우리 넷은 다 쓰러져가는 농가에서 같이 살았다. 몇 안 되는 직원은 이내 가까운 친구가 되었고 우리의 시골집에서 함께 어울려 지냈다. 직원을 더 고용하면서 크리스와 클라리사는 '읍내에서' 교사로 일하기 시작, 회사 일을 그만두게 되었다. 사업은 확장되었고 예전의 사무실 옆에 새 사무실을 지어야 했다.

1980년대 초반 미첼이 농사에 본격적으로 빠져들면서 사업에서 점점 거리를 두기 시작해, 결국 우리의 동업은 끝이 나고 말았다. 크리스와 나는 클라리사가 봐둔 가까운 언덕에 새집을 지었다. 그러나 이런 것들 외에 회사 일에는 별다른 변화가 없었다.

2004년 사우스 마운틴 사 (사진: Bob Gothard)

1984년 어느 날 밤, 잠자리에 들려고 하는데 한 친구가 크리스와 나를 다급하게 깨웠다.

"존, 일어나봐! 회사에 불이 났어!"

나는 침대를 박차고 나와 대충 옷을 껴입고 회사로 달려갔다. 치솟는 불길로 하늘이 환했다. 새로 지은 건물이 온통 불길에 사로잡혀 있었다. 그 건물 옆 이전 사무실에는 아직 연기만 올라올 뿐 불이 옮겨 붙지 않은 상태였다. 소방수들이 물을 뿌리고 있었다. 다행히도 이전 사무실은 큰 이상이 없었지만 새 건물은 이미 재가 되어버린 뒤였다. 그후 며칠 동안 우리는 타고 남은 것들을 치우며 녹아내린 쇳더미를 몇 트럭이고 내다버려야 했다. 우울한 광경이었다. 우리가 그렇게 공들여 모으고 고치고 손에 익힌 장비들, 그리고 멋진 작업장으로 쓰던 헛간이 이제는 어디에도 없었다.

우리는 곧 새로운 보금자리를 마련했다. 크리스와 나는 집을 담보로 대출을 받아 새 건물을 지었다. 몇 달 후 우리는 넓은 공간에 새로운 장비들을 들여놓은 건물로 옮겼다. 바뀐 환경이 어색했지만 공간은 훨씬 좋게 느껴졌다. 우리는 다시 정상 궤도로 돌아와 일할 수 있었다. 미첼과의 동업 관계도 모두 정리되었다. 미첼과 함께 만든 회사가 이제 내 개인 소유의 회사가 된 것이다. 미첼과 내가 회사를 만든 지 어느덧 10년이라는 세월이 흐른 뒤였다.

새로운 공간이 낯설게 느껴졌지만 느낌이 나쁘지는 않았다.

씨앗 안에 들어 있는 열매

우리는 설계와 시공 작업을 분리하지 않고 다 맡아 하기로 결정했다. 중세의 거장 건축가들, 초기 미국의 개척자들, 미술 공예 운동(19세기

말 영국에서 W. 모리스Morris를 중심으로 일어났던 공예 개량 운동. 기계 만능주의에 반대하며 수공업의 아름다움을 회복하고자 힘썼다—옮긴이), 셰이커교도(기독교 프로테스탄티즘의 한 종파로, 그들이 제작한 공예품과 가구는 미국 미술사에 큰 영향을 끼쳤다—옮긴이) 등의 자료를 접하면서 이러한 생각의 힌트를 얻었다. 우리는 실력은 초보 수준이었지만 열망은 높았다. 순수 목공예 작품에 전념하는 한편 기존의 건축 방식에 대한 대안을 모색했다. 제도권 교육에서 벗어난 우리만의 설계 감각, 목조 방식, 그리고 자연형 태양열 시스템(건물 구조나 단열 자재 등을 이용해 자연적인 방법으로 태양열 에너지를 이용하는 방식. 특별한 장치를 설치하는 방식은 설비형 태양열 시스템이라 한다—옮긴이)을 이용해 건물을 지었다. 우리는 성공하기도 하고 실패하기도 했다. 정규 교육을 받은 적이 없고 경험도 없던 우리는 우리의 능력과 기술의 한계 역시 잘 몰랐고, 쓸데없는 일에 시간을 쏟는 일도 많았다. 역사가 대니얼 부어스틴은 《미국인: 국민적 경험》에서 미국 공장 시스템의 발전에 대해 언급했는데, 그것은 우리의 경험과 비슷한 것이었다.

> 후에 엄청난 발견이나 대단한 발명이라고 판단되는 체계들은 처음에는 우연한 실험에 의해 시작된다. 그런 실험을 시작하는 사람들은 보통 복잡한 사회적 규제와 몇 세기에 걸쳐 축적된 기술을 거추장스러워하는 사람들이다. 이는 조직력과 협동의 승리이기도 하지만 솔직함의 승리이기도 하다. 왜냐하면 근본적으로 그것은 습관적인 사고방식을 거스른 결과이기 때문이다. 과감한 무시와 '역행'은 지금까지 미국인들이 낡은 관례에서 벗어날 수 있게 해왔다. 미국의 역사에서 혁신적인 사건은 단지 우리가 그보다 더 나은 방식을 알지 못했기 때문에 이루어졌다.[1]

우리의 작은 성공들도 비슷한 방식으로 이루어졌다. 우리 역시 그 외의 더 나은 방식을 알지 못했다.

나는 어렴풋하게나마 우리가 어떤 가치를 고수하고 있다는 걸 알고 있었으나 우리가 거둔 성공이 어떤 이유 때문인지는 정확히 짚어낼 수 없었다. 우리는 그저 놀라운 속도로 모든 것을 배워가고 있었고, 그것으로 만족했다. 그러던 중 1970년대에 맡은 중요한 건축 사업들이 우리의 미래를 바꿔놓았다. 나는 목공일을 그만두고 설계와 건축 사업 구상에 전념했다. 우리가 맡은 건축 사업 중 직접 설계하지 않은 것은 두 건이 있었는데, 그 일을 통해 우리는 설계와 시공을 합쳐야 한다는 점을 절실하게 깨달았다. 그 일 뒤로 우리는 설계와 시공을 결코 분리해 본 적이 없다. 결국 우리는 비영리 에너지 개발 단체와의 공동 작업을 통해 에드거타운 초등학교의 부속 건물인 태양열 온실을 기획부터 시공까지 한 묶음으로 작업할 수 있었다. 우리는 교사와 학생, 그리고 공공 기관의 직원을 초대하는 작은 파티도 열었다. 지역 공동체의 사업에 참여한 첫 번째 작업은 이렇게 시작되었다.

당시 우리 회사에는 직원이 열 명이었고 그 중 두 명은 거의 시작부터 나와 함께 한 원년 멤버였다. 나는 이 일과 사람들 모두를 사랑했다. 우리는 공동체로서의 회사라는 개념에 대해 의견을 나누고 이 지역에서 우리가 어떤 역할을 할 수 있을지 고민하기 시작했다. 우리는 주변 환경과 어울리는 부지 활용과 건축 기술을 배워나갔다. 또 서민 주택 건축 사업을 추진하는 한편 부유층을 위한 작업도 함께 했다.

이 초기의 노력은 성장으로 가는 길의 출발이었다. 작가 켄 키지Ken Kesey는 "사과 속에 들어 있는 씨앗은 셀 수 있지만 씨앗 속에 들어 있는 사과는 셀 수 없다"고 말했다. 당시 우리의 느낌을 설명해 주는 말이다.

그러나 철학적 토대를 아직 갖고 있지 못했던 우리는 예상치 못한 성공 앞에서 조직력을 잃어가고 있었다. 밀려드는 작업량에 눈코 뜰 새 없이 바빠하면서 마치 쉬지 않고 돌아가는 기계처럼 일해야 했다. 점점 우리가 하는 일의 내용이 불분명해졌다. 공동체로서의 회사라는 우리의 정체성은 희미해져 갔다. 지금 우리는 어디에 와 있는 것인가? 나는 대답할 수 없었다.

민주적인 직장

우리는 성장하고 있었지만 그 결과 회사는 불안정한 국면에 접어들었다. 마치 삐걱거리는 난간에 기대고 있는 것 같았다. 배짱과 직감만 가지고는 더 이상 일을 해나갈 수 없었다. 사업이란 너무 복잡한 것이었다. 가족적인 공동체를 만들겠다는 우리의 더 큰 바람을 실현할 수 있는 적절한 시스템이 필요했다. 그간 묻혀져 있던 문제들이 분명하고 긴급한 것으로 떠올랐다. 그러던 어느 날, 회사와 거의 처음부터 함께 했던 스티브 시네트Steve Sinnett와 피트 이브스Pete Ives가 중대 발표를 했다. 사우스 마운틴 사에서 일을 계속하고 싶지만 안정된 수입이 필요하고 시간급으로는 더 버틸 수 없다는 것이었다. 임시방편 이상의 해결책이 필요했다.

스티브는 우리 회사의 첫 번째 직원이었고 또 내게는 가까운 친구였다. 비니어드 섬의 경치에 반해 대학 졸업 후 이 섬으로 들어오기 전 스티브는 범선 셰넌도어 호의 선원으로 일했다. 그후 농장에서도 일하고 회사에서 일한 경험도 있었다. 직원으로서의 능력뿐 아니라 개인적인 성격을 보아도 결코 잃고 싶지 않은 친구였다. 그는 항상 대단한 열정으로 타인을 보살피고 회사에 대해서도 한결같은 애정을 보여주었다.

그는 팀워크를 다지는 데 중요한 인물이었다.

피트는 1978년에 회사에 들어왔다. 경력 있는 석공이자 도장공이고, 목공일을 제외하고는 건축에 관한 경험이 많았다. 배움에 열정적이었고 무엇에든 몰두하는 것을 좋아했다. 한번은 이렇게 말하기도 했다. "뭘 해야 할지 말씀만 해주세요. 제가 다른 사람의 도움을 받을 필요가 없어질 때까지 무엇이든 해보고 싶어요." 그는 헌신적이고 다재다능했다. 목공일을 배워 숙련된 목수가 되었고, 다방면에서 자신감을 얻어 곧 현장 감독을 맡았다.

우리는 머리를 맞대고 해결책을 찾아보았다. 그리고 이 두 사람의 상황이 그리 특별한 것이 아님을 알게 되었다. 회사 일이 늘면 늘수록 이런 일은 반복해서 일어날 것이다. 어떻게 하면 이 상황을 해결할 수 있을까? 또한 앞으로 회사 규모가 커질 때 다 같이 의사 결정에 참여하고 책임감을 공유하며 이윤을 분배할 수 있는 방법은 무엇일까? 이러한 문제로 함께 고심한 결과 우리는 회사의 첫 번째 기본 원칙을 세우게 되었다. 그것은 바로 '민주적인 직장 만들기'였으며, 이를 위해 우리는 종업원 주식 소유제employee ownership를 선택했다.

선례를 따르다

나는 앞에서 현재 미국 경제 체제의 문제점에 대해서는 언급하지 않겠다고 했지만, 이 점에 대해서만은 잠시 언급해야겠다. 요즘 미국인들은 현재의 경제 체제에 대해 지나치게 자기 주장을 하지 않고 있다. 자신의 삶에 영향을 미치는 결정에 대해서도 마찬가지이다. 그 결과는 심각하다. 윌리엄 그라이더의 지적에 따르면 오늘날 대다수의 미국인들은 미국의 경제적 풍요에 문제가 있다고 느낀다. 《자본주의의 정신》에

1986년 우리 회사가 만든 첫 번째 크리스마스 카드 사진. 이것은 이후로 관례가 되었다.

서 그는 이렇게 썼다.

> 물론 노동자 계급 및 빈민층의 삶은 더욱 어려워졌으며 때로 절망적인 수준이지만, 이러한 불만이 그들에게만 국한되어 있는 것 같지는 않다.…… 거의 모든 계층의 사람들이 이상하리만치 속박을 느낀다고 대답한다. 그들의 삶은 마치 '좋은 시절'에 묶여 있는 것 같다.…… 이 전례 없는 모순에 대해 생각해 보라. 풍요로움이 넘치는 막대한 부강 국가에서도 국민들은 자신의 삶이 피폐하다고 느낀다.[2)]

우리가 지금과 같이 부강한 국가가 되기까지는 상당한 사회적 · 환경적 대가가 따랐다. 앞으로 더 많은 사람을 위한 방향으로 경제적 의사결정이 이루어지지 않는다면 치러야 할 대가는 더욱 커질 것이다.

《자본의 신성한 권리》에서 마조리 켈리는 경제 체제를 훨씬 민주적으로 만드는 방법에 대해 소개한다. 켈리는 경제 엘리트들이 가진 권력을 생각할 때 쉽지는 않을 것이라면서 이렇게 말했다.

> …… 우리는 기억해야 한다. 왕의 권력이 위대한 시기는 한때이다. 절대 왕정이라는 체제는 한때 영원하고 신성한 것으로 받아들여졌지만, 미국의 작은 혁명 세력이 그에 맞서 평등을 주장함으로써 그 신성함은 깨어졌다. 혁명 세력은 현실적으로 가능할 것 같지 않던 정부를 세웠다. 그것은 오늘날 전 세계적으로 확산되었다. 왕권이란 이제 골동품이 되었다.[3)]

켈리는 민주주의가 불가항력적인 역사적 힘을 가졌음을 지적하며, 그것이 "왕의 궁전 앞에서 멈추지 않았듯이 경제적 귀족주의 앞에서도 멈추지 않을 것"[4)]이라고 했다.

나는 그라이더나 켈리처럼 풍부한 역사적 지식은 없지만, 1986년에 우리 회사의 미래에 대해 고민할 때 그들과 같은 생각을 하고 있었다. 나는 우리 회사의 직원들이 일에서 행복을 얻기를 바랐다. 나는 스티브, 피트와 함께 회사의 소유권과 지배권을 분배할 수 있는 기업 구조를 찾아보기로 했다. 그라이더는 종업원 주식 소유제를 도시 황폐화를 막기 위한 도시 정주定住 장려 정책에 비유했다. 도시 정주 장려 정책에서 정부가 땅을 임대한 방식과 똑같이, 직원이 정부로부터 낮은 이율로 대출을 받아 회사 지분(주식)을 사고, "이주자들이 임대받은 땅에서 농사를 짓고 목축을 해서 재산을 불린"[5)] 것과 똑같이 지분 투자에서 나오는 이윤으로 대출금을 갚는 것이다. 우리로서는 정부를 기다릴 필요가 없었다.

이것은 분명 사우스 마운틴 사에 있어 중요한 전환점이었다. 잠시 동안은 혼란스러운 마음이 들었다. 우리의 결정에 흥분되기도 하고 두렵기도 했다. 지금까지는 내가 이 회사에서 최종 권한을 갖고 있었고 경제적으로나 심리적으로 가장 많은 투자를 해왔다. 따라서 이번 결정으로 잃을 것이 가장 많은 사람도 나였다. 회사는 내 소유권 아래 운영되며 좋은 평판과 많은 일감을 얻을 수 있었다. 그러나 가끔은 내가 회사를 끌고 가는 것이 아니라, 마치 날뛰는 말의 고삐를 잡고 끌려가듯 앞만 보고 달리던 때도 있었다. 그러자 구조를 개편함으로써 가장 많은 이득을 보는 사람은 오히려 나라는 생각이 들었다. 소유권과 회사에 대한 책임을 나눠 가짐으로써 나는 새로운 자유를 보장받을 수 있고, 그만큼 회사를 위해 새로운 일을 할 수 있을 것이었다.

회의 끝에 우리는 종업원 주식 소유제로 회사를 전환해야 한다는 결론에 이르렀다. 다소 급진적인 것 같지만 가능성이 있는 이야기였다. 서로 보조를 맞춰 점진적인 변화를 시도한다면 가능할 것 같았다. 당시의 회의록을 보면 다른 직원들도 모두 이 결정을 환영했다.

"이제 이 회사에 들어오는 사람이라면 누구든지 특권과 책임, 보상을 나눠 갖는 거군요. 물론 그만큼 고민도 나눠야겠지요."

"앞으로 어떤 변화가 있든지 서로 믿고 존중하면서 대처해야 해요. 그 과정에서 우리가 지금까지 쌓아온 것을 잃어버리게 된다면 비극일 거예요."

"우리는 작지만 성공한 회사죠. 평판도 좋고 일감도 끊이지 않잖아요. 그러나 한 가지 약점은 조직이 너무 편하고 격식이 없다는 거예요. 습관과 경험, 또 저마다의 개성에 따라 일하지 정해진 체계는 없었죠."

"피트와 스티브는 우리 회사에 정말 많은 걸 쏟아 부었어요. 회사 구조를 개편하는 것은 좋지만 그 과정에서 피트와 스티브에게 정당한 대가가 주어져야 한다고 생각해요. 이제 회사에 공헌한 다른 사람들에게도 비슷한 보상이 돌아갈 수 있겠군요."[6)]

얼마간의 논의 끝에 우리는 산업협동조합의 고문 변호사인 피터 피테고프Peter Pitegoff를 고용했다. 산업협동조합에 의뢰한다는 것은 더 이상의 번복과 고민은 없다는 뜻이었다. 지금까지 개인 기업의 오너로서 누려온 것들을 이제 모두 놓아버려야 했다. 산업협동조합의 변호사를 고용한 것은 어느 정도는 나 자신의 마음을 다잡기 위한 것이기도 했다. 당시의 긴장된 기분을 스키에 비유해 본다면, 그것은 마치 끝이 보이지 않는 가파른 협곡을 활주하기 직전의 기분과 비슷했다. 아래에서는 친구들이 어서 내려오라며 나를 기다리고 있다. 나는 정해진 지점을 마음속으로 가리키며 조심스럽게 발걸음을 옮겼다.

1986년 5월 회의에서 나는 크리스와 내가 자산 소유권을 보유할 필요가 있다는 의사를 밝혔다. 크리스와 나는 당시 사우스 마운틴 사가 자리한 땅의 주인이었으며, 또 그곳에 거주하고 있었다. 나는 내가 지금까지 모든 것을 혼자 결정해 왔기에 소유권을 공유하는 체제 안에서 불편을 느끼게 될 것을 염려하고 있었다. 개인 소유제에서 종업원 주식 소유제로 전환한 사람들이라면 누구나 하게 되는 걱정이었다. 다시 말해 우리가 고통을 감수하며 시도한 변화가 결국 마음에 들지 않는다면 어떻게 할 것인가? 이것은 심각한 문제였다.

한편 같은 날 회의에서 다른 의견도 제기되었다. "처음에는 존(지은이를 가리킴—옮긴이)에게 거부권을 주는 것은 어떨까요? 새로운 오너를 뽑을 때, 작업을 결정할 때, 해고나 고용, 임금 문제 등에서 말이에요." 그 회의록을 지금 다시 읽으며 나는 웃음을 참을 수 없다. "그러면 달라지는 게 뭐지?" 그렇게 조정한다면 나는 기본적인 권한을 대부분 갖게 되는 셈이다. 우리의 취지는 그러한 권한을 확장해 모든 오너들의 의견을 존중하자는 것이었다. 첫발을 내딛지 않으면 어떻게 길을 떠날 수 있겠는가? 결국 우리는 자산과 직접적으로 관련된 사항에 대해서만 내게 거부권을 허락하기로 결론을 내렸다.

우리는 피터의 제안을 참고해 몬드라곤Mondragon의 방식을 모방한 민주적 소유 제도를 도입했다. 몬드라곤은 스페인 바스크 지역의 협동조합으로 직원 소유제를 시행해 대대적인 성공을 거둔 곳이다. 몬드라곤 협동조합은 직원 소유제, 노동자 중심 기업, 이윤의 분배, 회사 경영 및 의사 결정 과정에 대한 직원 참여, 최저 임금과 최고 임금 간의 격차 제한, 경력 개발과 승진을 위한 교육 등의 원칙을 지키며 50년 가까이 지속되고 있다. 우리는 애초부터 종업원 주식 소유제를 선택한 것이 아니라 개인 기업에서 종업원 주식 소유제로 전환하게 된 우리 회사만의 특성에 따라 이 모델을 조정하여 수용했다. 무엇보다 종업원 주식 소유제가 자리 잡기까지 최소 5년의 기간을 시험 기간으로 잡은 것이 중요했다. 즉 우리는 점진적인 변화를 시도했다. 직원들이 오너가 되는 데 필요한 열정과 자질을 갖출 수 있는 시간 여유가 필요했다. 또 모든 직원이 의사 결정 과정에 참여하기 전에 갖추어야 할 지식과 필요한 훈련도 있었다. 우리는 일종의 가입비 제도를 만들었다. 금액은 적지 않은 양이지만 감당할 수 있는 선으로 결정했다. 가입비가 너무 비싸면 직원의 참여가 저조해질 것이므로, 누구나 감당할 만한 중고차 한 대 정도의 값으로 정했다. 가입비는 점차 오르게 되어 있지만, 그렇다 해도 아직 괜찮은 중고차 한 대 값을 넘지 않은 상태이다.

피터는 내가 가진 회사 지분을 평가하고 매수하는 방법을 정하고, 부속 정관의 초안을 작성하고, 조직 개편을 위한 법적 사항을 알려주어 회사의 개편 과정이 순조롭게 진행되도록 해주었다.[7)]

구조 개편

1987년 1월 1일, 나는 사우스 마운틴 사의 소유권을 회사에 양도했다. 스티브, 피트, 나 이렇게 셋이 초기 오너가 되었다. 우리가 하는 일은 변하지 않았다. 나는 여전히 총괄 책임자였고, 스티브와 피트는 현장 감독이었다. 변한 것이 있다면 우리에게 돌아오는 책임감이었다. 회사를 양도함으로써 나는 5년에 걸쳐 상환할 수 있는 우선주優先株를 갖게 되었고 다른 오너와 소유권을 공동으로 갖게 되었다.(개편된 구조에 대한 더 자세한 설명은 부록 1을 참고하라.) 조직 개편 이후 첫 번째 임원회의는 1987년 1월 9일에 열렸다. 참석자는 나를 포함해 스티브, 피트, 피터 로드거스트Peter Rodegast, 이렇게 넷이었다. 피터 로드거스트는 머지않아 우리 회사의 네 번째 오너가 되었다. 당시 직원이 일곱 명 더 있었는데 그들 모두 오너로 전환하기 위한 준비를 하고 있었다. '민주적인 직장 만들기'라는 우리 회사 첫 번째 기본 원칙에 따르는 변화가 시작되었다는 점에서 이는 우리 회사 역사에서 매우 중요한 순간이었다. 당시에는 우리가 시도하고 있는 변화가 어떤 것인지 우리 스스로도 명확히 알지 못했다.

1989년 피터 로드거스트가 네 번째 오너가 되었다. 피터는 1983년부터 우리 회사에서 일했다. 그는 건축학도로 설계와 시공 분야에서 모두 뛰어났는데, 시간이 갈수록 설계 부문에서 그 위치가 중요해져 더 이상 목공일에 많은 시간을 할애할 수 없게 되었다. 그러나 그는 지금도 연례 평가에서 바라는 점을 물으면 "나는 못 박는 일을 시켜도 개의치 않아요"라고 말하곤 한다. 1990년, 전직 교사에서 목수로 전업한 마이크 드레즈너Mike Drezner가 그 다음으로 오너가 되었다. 그러나 좋은 일만 있었던 것은 아니다.

구조를 개편한 지 2년이 안 되어 구조 개편을 이끈 장본인인 스티브가 회사를 떠났다. 그는 유능한 오너였으나 다른 분야에도 다양한 관심을 갖고 있었다. 그는 자신의 관심과 회사에서 맡은 책임을 병행하는 데 어려움을 느꼈으며, 게다가 그즈음 막 아버지가 되었다. 그가 일에 집중하지 못하자 회사에도 상당한 여파가 미쳤다. 그는 회사의 원년 멤버이자 현장 감독으로서 맡은 바가 많았다. 그가 맡은 건축 작업들이 타격을 입었고 그의 팀원들 내에서 불만의 목소리가 나오기 시작했다. 우리는 함께 고민한 끝에 그가 다른 일을 선택하는 편이 낫겠다는 결론을 내렸다. 그의 퇴사는 서운한 일이었지만 우리는 좋은 마음으로 헤어질 수 있었다. 우리는 회사가 자리를 잡던 초기에 중요한 역할을 맡아 준 그에게 감사를 표시했다. 그는 회사를 떠난 뒤 동료와 함께 인디고 팜Indigo Farm이라는 조경 건축 회사를 세웠다. 인디고 팜은 우리와 일종의 자매 회사가 되어, 주거지 계획, 조경 설계 및 시공 작업을 10년 넘게 함께 하고 있다. 인디고 팜도 결국 우리와 같은 공동 소유제cooperative ownership로 전환했다. 현재 스티브는 다른 일에 전념하고 있긴 하지만, 인디고 팜은 나날이 번창하며 우리 회사와 지속적으로 관계를 맺고 있다.(스티브는 현재 몽골에서 사원 재건 사업을 하고 있다.)

1991년 회사의 사무 관리자인 비키 로마나우스카스Vicki Romanauskas가 여섯 번째 오너가 되었다. 비키는 1995년, 결혼을 하기 위해 비니어드 섬을 떠나야 했다. 우리는 10년 가까이 함께 일을 한 비키에게 고마움을 표시했다. 비키는 4년 반 동안 회사의 공동 오너로 있으며 갖고 있던 지분을 팔아 상당한 자금을 마련했다.

이후 10여 년간 회사를 떠난 오너는 없었다. 그 사이 12명의 오너가 생겨 현재 총 16명의 오너가 있으며, 곧 몇 명이 더 합류할 예정이다. 새로운 오너가 영입되는 과정은 순조롭게 진행되고 있다. 모두들 진지하게 책임을 받아들이며, 신속하게 오너로서의 역할을 수행한다. 새로운 직원을 뽑을 때 우리는 그가 5년 후 우리 회사의 오너가 될 수 있는 사람인지를 고려한다. 이는 우리가 누구를 왜 뽑아야 하는지를 더 명확히 해준다. 새로운 직원을 뽑는다는 것은 회사의 구조만큼이나 중요하다. 5년은 실질적인 시험 기간이다. 그 기간 동안 인사팀에서는 이 직원이 회사에 대한 책임을 공유하고자 하는지, 그리고 현재의 오너들이 이 직원을 파트너로 받아들이기 원하는지를 가늠한다. 특별한 사고 없이 5년을 지내는 직원은 대개 오너가 된다.

그러나 회사 소유권은 필수 사항도 요구 조건도 아니다. 그것은 오너가 되기를 바라는 사람에게만 주어지는 특권이다. 드문 경우이기는 하지만 오너가 되지 않고 직원으로 10년째 일하는 이들도 있다. 이들은 오너가 되기에 적합하지 않거나 스스로 적합하지 않다고 생각한다. 반면 오너들 중에는 이들에게 오너가 되기를 권유해야 한다고 주장하는 이들도 있다. 종업원 주식 소유제가 우리 회사의 전반적인 문화이기 때문에 오랜 시간 직원으로만 일할 경우 회사의 중대 사항을 결정할 때 소외감을 느낄 수 있기 때문이다. 또한 중대한 지분을 가질 기회를 놓치게 되기도 한다.

예비 오너들은 세 가지 기준을 만족시켜야 한다. 우선, 입사 후 일정 기간 동안은 사우스 마운틴 사의 일을 1순위로 여겨야 하고, 일종의 평가를 통해 회사에 잘 적응하고 협동적으로 일하고 있는지 검증받아야 하며, 우수한 작업, 기업 윤리, 환경 의식, 타인에 대한 배려라는 회사의 핵심 가치를 이해하고 존중해야 한다. 즉 우리는 새로 오너가 될 한 사람 한 사람이 회사를 대표할 수 있기를 바란다.

오너들은 자동으로 회사의 임원진이 되어 모든 의사 결정에 참여한다. 직원들은 임원진의 결정에 따른다. 소유권은 고용 문제와 직결되어 있다. 오너가 휴직이나 퇴직을 할 때 오너의 주식은 회사에 다시 팔아야 한다. 우리는 회계사, 변호사, 은행, 상담가 등으로부터 많은 조언을 받고 또 귀담아듣지만, 그들이 회사에 관련된 의사 결정을 할 수 있는 것은 아니다. 의사 결정은 오너들만의 몫이다.

우리가 계속해서 연구하고 있는 부분은 소유와 경영 사이의 차이이다. 임원진은 정책을 내놓는다. 경영진은 그것을 실행한다. 새로운 오너를 받아들이는 일, 인사 문제, 보상과 이윤 정책, 이윤 분배, 향후 작업에 대한 전반적 결정, 주요 구입 · 투자 · 확장, 회사 성장, 새로운 시도, 지역 관련 건축 사업, 그 외 시간과 돈의 기부 등 회사의 미래에 영향을 미치는 문제에 대해서 임원진이 책임을 맡는다. 가끔은 경영진 선에서 결정할 수 있는 문제인지, 임원진까지 검토해야 하는 문제인지 분명치 않은 경우도 있다. 우리는 계속해서 임원진과 경영진 간의 경계를 시험하며 회사 구조를 세분화해 가고 있다. 시간이 갈수록 미세한 조정과 새로운 이해가 더해지고 있다.

임원진의 모든 결정은 합의로 이루어진다. 그러나 가끔 합의에 도달하지 못하는 경우를 대비해 보완 투표제를 갖추고 있다.(이에 대해서는 부록 2, '의사 조정 및 합의 의사 결정' 을 참고하라.) 각 오너들에게는 하나의 의결권이 주어진다. 지금까지 18년 동안 투표를 거쳐야 했던 적은 세 번 있었다. 오래 전, 사소한 문제에 대해 의견 대립이 심해서 처음으로 투표제를 활용했다. 우리는 합의점에 이르지 못했고, 결국 누군가 "불필요하게 너무 많은 시간을 쓰고 있네요. 투표에 부칩시다"라고 제안했다. 우리는 합의점을 찾지 못한 채 투표를 통해 다음 단계로 넘어갔다. 간단한 해결이었다. 그후 나머지 두 번의 투표는 중요한 문제였다. 논쟁과 토론이 계속되며 많은 의견이 오갔다. 두 경우 모두 우리가 합의점을 찾을 수 없다고 결론 내리기까지 긴 회의의 시간을 가졌다.

그러나 투표 결과 반대표와 찬성표의 차이가 너무 컸기 때문에 투표 결과에 대해 이의를 제기하는 사람은 없었다. 우리는 합의 중심의 의사결정 체계를 효과적으로 사용하기 위해 보완 투표의 과정이 반드시 필요함을 알게 되었다.

모두들 회사의 효율적 운영과 구성원의 공동 참여 사이에 균형이 중요하다는 것을 알고 있다. 우리에게는 길을 보여줄 지도가 없기에 우리는 시행착오에 익숙해져야 하고 상황에 맞게 융통성을 발휘해야 한다. 로이 모리슨Roy Morrison은 스페인의 몬드라곤 협동조합에 대해 쓴 책에 '길은 우리가 가는 대로 만들어진다We build the road as we travel' 라는 제목을 붙였다. 우리 회사의 소유 및 경영 시스템을 간략히 말하자면 이와 같다. 우리 역시 가면서 길을 만들고 있다.

소유권이란 무엇인가

감사하게도 우리 회사의 오너들은 모두 사려 깊고 서로 존중하며 성격이 잘 맞는다. 지금까지 해결하기 어려운 분쟁은 거의 없었다. 오너 집단이 확장됨에 따라 다양성이 커지고 그에 따라 의견 충돌도 잦아지지만, 그만큼 더 풍부한 토론과 전면적인 연구가 이루어진다. 임원진 월례 회의는 격식 없고 친밀하며 유머로 가득하다. 그러면서도 세심하게 서로를 존중한다. 각자 자기만의 의견을 내지만 그렇다고 토론이 중심을 잃거나 주제에서 벗어나지는 않는다. 임원 회의의 평균 시간은 두 시간이다. 내 친구는 "일단 두 시간이 넘으면 워크숍이지 회의가 아냐"라고 말하기도 한다. 아무리 작은 집단이라도 좋은 회의에는 의사 조정facilitation이 필요함을 알고 있다. 이를 위해 우리는 내부적인 훈련을 한다. 의사 조정은 회의를 이끄는 사람뿐 아니라 참여하는 모든 이들을 더 훌륭하게 만든다. 좋은 회의에 필요한 것이 무엇인지 연구하다 보면 결국은 더 효과적으로 협력하는 방법을 알게 된다.

회사가 성장하면서 우리는 훨씬 더 협력 중심적인 경영 방식을 개발했다. 대다수 경영 관련 일은 크고 작은 위원회들에 의해 이루어진다. 집행위원회, 제작위원회, 설계위원회, 인사위원회가 함께 회의하고 회의한 내용을 정해진 규칙에 따라 실천에 옮긴다. 자선 및 기부위원회, 교육위원회도 필요할 경우 협동 회의를 한다. 각 위원회는 궁극적인 권한을 갖고 있지만, 대부분의 권한과 신뢰를 경영진에 위임한다.

오너의 소유권은 우리에게 각자 다른 의미를 갖는다. 종업원 주식 소유제의 본질적인 의미에 대해 우리 회사의 구성원들이 각자 어떻게 생각하고 있는지 예를 들어 살펴보자.

피터 로드거스트: "다양한 분야의 전문가들이 파트너가 되어 일하는 모습은 참 흥미로워요. 친한 친구 몇 명하고 함께 일하는 것과는 전혀 다르죠. 결과적으로 훨씬 다양한 사람, 다양한 의견을 접하게 돼요."

마이크 드레즈너: "제 개인적으로 소유권이라는 개념은 시간이 지나며 차츰 바뀌었어요. 처음에는 단순히 주주가 되는 것이라고 생각했어요. 그에 따라 의사 결정 과정에서 권한을 갖게 되겠지만 회사 내 인사 문제 등에는 관여할 수 없으리라 생각했지요. 시간이 지나면서 오너가 된다는 것은 단순히 회사의 정책 결정에 참여하는 것이 아니라, 근본적으로 회사에 관련된 모든 문제를 부모와 같은 입장에서 보게 되는 것이란 걸 알게 되었어요. 그리고 회사의 안녕에 책임을 맡게 되는 거지요. 이러한 관점이 미묘한 변화를 가져다주더군요. 직원으로서 알고 있는 바를 받아들여서 그것을 오직 재료로만 사용해야 하지요. 어려운 점은, 회사의 문제를 정직하고 객관적으로 다루어야 한다는 것이죠. 개인의 이득이나 사적인 동료애, 골치 아픈 동료와의 관계 등에 영향을 받아서

는 안 된다는 겁니다."

페기 맥켄지Peggy Mackenzie: "오너가 된 후부터 저는 회사에서 일어나는 모든 일에 깊은 관심을 쏟게 되었습니다. 작은 것 하나라도 제가 이해하지 못하거나 납득할 수 없는 부분이 있으면 물어봐서 해결하거나 제 의견을 말합니다. 소유권이라는 것은 각자가 정의 내리기 나름인 것 같습니다. 저는 소유권이란 기회인 동시에 책임이라고 봅니다. 솔직히 괜찮은 투자라고 볼 수 있죠. 물론 그게 요점은 아니지만요."

데릴 배지Derrill Bazzy: "오너가 되기 전에도 저는 항상 회사의 모든 의사 결정에 참여하고 있다고 느꼈습니다. 사우스 마운틴 사는 언제나 모든 직원이 제 목소리를 낼 수 있는 곳이니까요. 어떤 사안이든지 스스로 동의하는 것이면 함께 참여할 수 있습니다. 어디까지나 자신의 선택이지요. 오너가 되어서 달라지는 점이 있다면 경제적인 측면입니다. 오너가 됨으로써 저는 유리한 투자에 참여할 수 있게 되었어요. 그것도 제가 믿는 회사의 일부가 되어서 말입니다."

케인 베넷Kane Bennett: "이 회사의 특별한 점은 다름 아닌 사람들입니다. 맨 처음 오너 제의를 받았을 때 저는 '이 사람들이 나와 함께 일하고 싶어한다' 는 사실을 영광스럽게 생각했습니다. 제가 여러분이 열심히 일구어낸 이 회사의 일부가 되어주기를 원한다는 사실을요."

필 포레스트Phil Forest: "이 회사의 오너로 참여하게 되면서 엄청난 소속감을 느끼게 되었습니다. 스스로 회사를 이끌어나간다는 사실에 큰 자부심을 느낍니다. 회사에 대한 열정이 커졌고, 스스로 더 많은 기회를 발견해 내고 있습니다. 더 영향력 있는 존재가 되어야겠다는 생각과 함께 책임감도 더 크게 느낍니다. 이곳에 완전히 소속되어 있는 것이죠."

소속감, 다양한 관점, 권한 부여, 더 많은 기회, 깊은 연대감, 이런 것들이 바로 종업원 주식 소유제가 주는 것들이다. 법적이고 경제적인 계약에 따르면 종업원 주식 소유제란 회사가 창출하는 이윤 및 회사에 대한 일정 권한을 공유하는 것이다. 그러나 이것이 반드시 '소속감' 이나 '책임감' 을 보장하지는 않는다. 전미 종업원 주식 소유제 센터National Center of Employee Ownership의 코리 로젠Corey Rosen은 소유권에 따르는 직원들의 심리적 변화를 '식사' 에 비교했는데[8] 우리 회사가 주는 소속감은 정식 만찬이다.

이윤 분배

종업원 주식 소유제로 인해 늘어나는 경제적인 기회란, 말하자면 주요리를 위한 애피타이저이다. 회사가 이익을 현금 배당으로 지급하지 않고 회사에 유보시켜 두면, 장부상으로 내부 자본 계정(이익잉여금)에 기록되어 회사의 순자산이 증가하고, 따라서 개인 지분도 증가한다. 이렇게 개인 지분은 처음 오너 자신이 낸 가입비로 시작해서 매년 수익이 쌓여감에 따라 늘어난다.

우리 회사는 두 가지 방식으로 이윤을 분배한다. 하나는 보너스이다. 일반 직원과 오너를 포함한 모든 회사 구성원들이 매년 현금 보너스로 회사 이윤의 약 35퍼센트를 나눠 갖는다. 금액은 연간 작업 시간에 비례하여 분배된다.(이 방식은 위계 서열에 따른 임금 차이를 완화하는 데 부분적으로 도움이 된다. 우리는 지난 6년간 이런 방식으로 약 75만 달러의 이윤을 배분했다.) 보너스를 제하고 남은 금액이 순이익이 된다. 물론 순이익의 50퍼센트는 각 오너의 지분 계정으로 분배되며, 나머지 50퍼센트는 회사의 유보 이익으로 남는다. 지분 계정은 각 종업원 오너들의 부를 알 수 있는 척도이다.

종업원 주식 소유제에 대한 의문점

1987년에 종업원 주식 소유제로 회사를 개편하기로 결정했을 때 나는 이 문제를 다소 상징적인 것으로 받아들였다. 그러나 이것은 내 예상보다 훨씬 의미 있고 가치 있는 일이었다. 이는 또 심리적인 부분에서뿐 아니라 법적인 부분에서도 커다란 모험이자 실험이었다. 나는 이 실험적인 선택이 우리 회사의 장기적인 성공에 중요한 역할을 한다고 믿고 있다. 그러나 몇 가지 짚고 넘어가야 할 점이 있다.

—회사에 대한 투자가 왜 반드시 종업원 주식 소유제의 형식으로 이루어져야 하는가? 예를 들어 스티브와 피트처럼 동업자의 위치에서도 투자할 수 있지 않은가?

=기존의 동업자적인 접근법에는 함정이 있을 수 있다. 동업자 관계는 스티브와 피트 개인에게는 더 편하고 이득이 될지 모르지만, 우리는 장기적인 해결책을 원했다. 우리는 소유권과 지배권을 분배함으로써 민주적이고 인간적인 작업 환경을 만들고자 했다. 그리고 우리가 공유할 수 있는 더 높은 목표가 있다면 문제가 더 쉽게 해결될 것이라고 생각했다. 스티브와 피트, 내가 각자 살아온 환경과 개인적인 삶의 경험도 중요한 요소였다. 우리의 반문화적 특성, 공동체 의식, 정치적 견해 등을 고려할 때 우리는 공동 소유제가 당면 문제에 적절한 대응책이라는 생각에 이르렀다. 우리의 순진함 역시 이유 중의 하나가 되었을 것이다.

—종업원 주식 소유제가 미국 기업의 주류가 될 전망이 있는가?

=그렇게 될 수 있다는 증거가 있다. 종업원 주식 소유제의 가장 흔

한 형식은 우리 사주 신탁 제도Employee Stock Ownership Plan(ESOP)이다. 우리 사주 신탁 제도는 일종의 연금 계획이지만, 직원들이 자사 주식의 전부 혹은 일부를 구입하게 한다는 점에서 종래의 연금 계획과는 차별화된다. 우리 사주 신탁 제도는 회사 외부보다는 내부에 투자하며, 이 제도를 통해 금융 회사로부터 대출을 받을 수도 있다. 오하이오 종업원 주식 소유제 센터Ohio Employee Ownership Center의 존 로그와 재클린 예이츠는 최근에, 오하이오에서 우리 사주 신탁 제도를 시행하는 165개 회사를 대상으로 대대적인 조사를 실시했다. 그들이 펴낸 책자 《종업원 주식 소유제의 현실》에 따르면 1998년 당시 전국에 대략 11,400개의 우리 사주 신탁 제도 회사가 있고, 이 제도에 참여한 직원은 850만 명(민간 기업의 약 8퍼센트)에 달하며, 그들이 약 4천억 달러의 자산을 보유하고 있는 것으로 드러났다. 이 중에는 유나이티드 항공United Airline, 앤더슨 윈도우즈Andersen Windows, 프록터 앤 갬블Procter and Gamble, 퍼블릭스 슈퍼마켓Publix Supermarkets 등 익숙한 이름도 있다. 나머지 대부분의 회사는 잘 알려지지 않은 회사들이다.[9)]

조합 회사cooperative corporations와 달리 우리 사주 신탁 제도는 일부의 소유권만을 분배하며, 직원의 참여와 의사 결정 권한의 확장을 반드시 수반하지 않는다는 특징이 있다. 오하이오 종업원 주식 소유제 센터의 연구에 따르면 "우리 사주 신탁 제도의 4분의 3 정도가 회사 경영 참여를 더 넓히는 절차를 밟고 있다. 그러나 이 같은 회사들의 변화는 상당히 점진적으로 이루어지고 있으며, 나머지 4분의 1은 전혀 변화의 가능성을 보이지 않고 있다"[10)]고 한다.

피터 피테고프는 〈엔론 사의 직원 소유제—지역 공동체 발전 전략을 재고하다〉[11)]라는 최근 글에서 엔론의 실패로 회사 주식에 투자했던 많은 직원들이 10억 3천만 달러에 달하는 돈을 잃으면서 이런 종류의 종업원 주식 소유제가 퇴색했다고 지적한다. 물론 엔론 사는 직원들에게 회사 일과 관련해 실질적인 발언권을 주지 않았다. 그러나 이들의 분식회계와 최고 임원진의 불법 주식 매각을 본 일반 대중은 종업원 주식 소유제가 이렇게 남용될 수도 있다는 인상을 받게 되었다.

그러나 우리 사주 신탁 제도는 이제 시작 단계에 있고, 로그와 예이츠는 우리 사주 신탁 제도의 잠재력을 믿는다. 그들은 훨씬 민주적인 직장을 만들고 직원 소유제를 더 넓게 확장시킬 수 있는 장려책을 논의하고 있다. 그들은 레이건 전 대통령의 연설 원고 작성자이자 보수적인 공화당 의원 다나 로르바허Dana Rohrbacher의 제안에 관심을 둔다. 다나 로르바허는 연방 정부의 세금 장려책을 개편하면 전국 기업의 30퍼센트가 앞으로 10년 안에 종업원 주식 소유제로 전환할 수 있다고 주장한다. 로그와 예이츠의 말을 들어보자.

> 1999년에 처음 제출된 로르바허의 종업원 주식 소유제 법안은 종업원 소유 및 지배 기업Employee Owned and Controlled Corporation이라는 새로운 기업 형태를 요구했다. 그들이 제안한 종업원 소유 · 지배 기업 법안에 따르면 직원들은 기업 지배권을 갖는다. 적어도 90퍼센트의 직원들이 이 제도에 참여하며 직원들은 주식 1주당 1개의 의결권을 갖는다.……[12]

—종업원 주식 소유제라는 개념은 새로운 지지자들을 얻고 있는가?

=로그와 예이츠는 직원 참여가 장려되는 회사일수록 생산성과 이윤이 크게 증가하고 이직률이 줄었음을 밝혀냈다. 이러한 장점이 더 널리 알려질수록 효과가 더 커지리라고 본다.

소유권과 지배권을 더 완벽하게 공유하는 공동 소유제는 매우 느리게 성장하고 있다. 그러나 그것은 지난 몇십 년, 심지어 몇 세기 전부터 시도되고 있는 것이다. 피테고프의 말을 들어보자.

> 자료에 따르면 미국의 노동조합은 1790년대부터 있었으며 남북전쟁 당시에도 노동 조직의 형태로 이어졌다. 한 예로 1791년에 필라델피아에서는 파업을 일으킨 목수들이 조합 조직을 만들어 지역 고용주들에 대항한 사례가 있다. 1830년대에는 가구 노동자, 재단사, 모자 제조업자, 마구馬具 제조업자 등이 조합을 형성했다.[13]

피테고프는 1970년대 이래 노동조합 활동이 활발해졌다고 밝히면서, 그들이 미국 경제에 아무런 이득도 주지 않음에도 불구하고 특정 기간, 특정 장소, 특정 분야의 산업에 영향을 미친다는 사실을 지적한다. 산업조합은 1800년대 말에 널리 확산되었다. 《미국 노동조합의 역사 *The History of Work Cooperation in America*》의 저자 존 컬John Curl에 따르면 그보다 최근인 "1980년 미국에 7,500개의 농업협동조합이 있으며 약 600만 명의 회원이 있어 전체 농업 생산 및 시장의 3분의 1을 조합이 차지하고 있다"고 한다.[14]

전통적으로 미국의 노동조합들은 직원을 오너로 전환하는 데 의구심을 갖고 있다. 직원에게 주식을 분배하는 것은 종종 자본가와 노동자 사이의 경계를 흐리게 함으로써 노동조합을 와해하려는 고도의 전략으로 이해된다. 한 노동조합 관계자는 "노동이 경영과 결탁할 때 노동자의 대립 세력은 하나에서 둘로 늘어난다"[15]고 말했다. 그러나 우리 회사와 같이 정말 협력적으로 소유된 회사는 직원 오너들이 이윤과 권한을 동시에 소유할 수 있다. 회사 전체가 이윤뿐 아니라 분배된 권한에서 오는 책임까지도 나눠 갖는 것이다.

—사회적 책임이 더 큰 기업들이 종업원 주식 소유제를 더 적극적으로 받아들이지 않는 이유는 무엇인가?

=1990년대에 벤 앤 제리Ben and Jerry's, 파타고니아Patagonia, 바디샵Body Shop, 스토니필드 팜Stonyfield Farm과 같은 대기업이 보여준 기업의 사회적 책임 운동을 통해 기업은 단순한 상업 활동 외에 새로운 이미지를 부여받게 되었다. 이제 기업은 인간 중심적 인재 양성, 환경 보호, 지역 생활 참여, 새로운 방식의 상호 협력 등 새로운 기준에 의해 평가된다. 그러나 내가 아는 한 소유권이라는 개념은 아직 수면 위로 떠오르지 않았다. 기업가들은 모험가들이다. 그러나 그들에게 소유권의 분배는 아직 너무나 큰 모험인지 모르겠다.

권한을 포기하는 것은 위험이 따르는 일일 수 있다. 그러나 그 위험 안에는 엄청난 보상이 따르는 소중한 가능성이 들어 있을 수 있다. 이는 아기를 낳을 것인지 말 것인지를 선택하는 문제와 같다. 우리 인생에 아기를 갖는 것만큼 큰 모험이 있을까? 그러나 대부분의 사람들에게 그 위험성은 다가올 기쁨과 충만함에 비하면 아무것도 아니다. 권한의 포기는 가치 있는 모험이다. 그러나 권한을 포기하지 않는다면 자동차를 주면서 차 열쇠는 주지 않는 것과 같다.

—종업원 소유 회사는 자금을 모으는 데 어려움을 겪는가?

=종종 그렇다. 몬드라곤의 경우에는 회사 보유 이익의 50퍼센트를 회사에 재투자하는 방식으로 이 문제를 해결했다. 몬드라곤은 이런 방식을 통해 기존의 자본 구조에 의존하지 않을 수 있었다. 직원들에게는 회사에 재투자할 기회가 주어지며 회사 입장에서는 자본이 밖으로 새어나가지 않아서 좋다. 우리도 이와 같은 체제를 채택했다. 지분은 각 오너들에게 할당되고, 우리는 점차로 보유 기금reserve fund을 적립하여

오너가 퇴사할 때 그의 지분을 사들인다. 그렇게 되면 결국 회사 안에서 이윤 분배가 이루어지는 셈이다.

—어떤 집단, 특히 지속적으로 확장하는 집단이 소유권에 대한 전적인 책임을 지는 것이 가능한가? 모든 사람이 참여한다는 것이 정말 가능한가? 서로 다른 직업과 목적과 환경을 가진 사람들이 이윤이 걸린 문제에 대해 깊이 있게 참여하거나 조화롭게 관계를 유지할 수 있을까?

=우리의 경우에 국한해 보자면, 지금에 이르기까지 어려움이 있었고 오랜 시간이 걸렸다. 그러나 결국 꾸준한 노력으로 여기까지 오게 되었다. 참여의 정도는 매우 다양하고 회사의 사정도 끊임없이 변하고 있다. 지금의 종업원 주식 소유제를 일구어내기까지 결코 쉽지 않았고 앞으로도 안정된 길이 보장되어 있지는 않다. 성공은 우리가 상상하는 방식대로 오지 않는다. 우리는 복잡한 인력 체제 안에서 근본적인 변화를 만들어나가는 중이다.

회사의 구성원이 바뀌어도 회사가 안정적으로 운영되기 위해서는 새로운 인간 관계를 잘 맺어야 한다. 새로운 얼굴들이 회의에 참여하면 이전에는 없던 가능성과 잠재력이 회사에 보태진다. 새 구성원들은 차츰 전문성과 자신감만이 회사의 유일한 원동력임을 깨닫고, 변화를 통해 서로 신뢰 관계를 만들어간다. 어떤 일을 할 것인지는 중요하지 않다. 한 대의 트럭을 한 쌍의 소로 교체하고자 한다면 당신이 해야 할 일은 다른 이들에게 왜 그렇게 하려고 하는지 납득시키는 것이다. 우리가 계속해서 트럭을 사용한다면 그것은 소보다 트럭이 더 유용하다고 모두가 동의했기 때문이지 어떤 한 사람이 결정을 내렸기 때문이 아니다.

험난한 길

나는 나와 같은 분야에서 종업원 주식 소유제로 전환한 소규모 회사들을 많이 보았다. 전환의 과정이 언제나 순조로운 것만은 아니다.

가까운 친구 멀 애덤스Merle Adams는 몬태나의 보즈만 근처에서 빅 제재소Big Timberworks를 운영하고 있다. 그들은 내가 본 것 중 가장 멋지고 독창적인 집들을 설계하고 시공했다. 몇 년 전 그들도 우리처럼 종업원 주식 소유제를 도입했다. 얼마 전 그 친구에게 물었다. "멀, 한 4년쯤 뒤에는 과거를 회상하며 뭐라고 말할 것 같은가?"

"함정이 많은 험난한 여정이었다고 말할 거야. 야생 동물들이 튀어나와 길을 가로막는가 하면 타이어가 구멍 나기도 하고. 정말 아찔한 순간이 한두 번이 아니었지. 무엇보다도 사람은 여섯인데 우리가 타는 차는 4인승이었던 것 같아. 그 중에는 지금까지 남아 있는 이도 있고 떠난 이도 있어."

나는 그의 부정적인 자기 평가에 조금 놀랐다. "왜 그래, 멀. 그다지 좋게 들리지는 않는군. 다시 예전으로 돌아갈 수 있다면 다른 길을 택할 건가?"

멀은 더 심각해지더니 이내 이렇게 말했다. "아니야. 개인적으로도 더 나아졌고 회사 형편도 좋아졌지. 나는 다른 방식으로 시도해 보고 싶어. 모든 일이 너무 급하게 진행되었거든. 다시 기회가 주어진다면 많은 이들을 끌어안으려 하기보다는 소수의 사람들과 작업해 보겠어. 회사 체제를 개편하면서 배운 게 아주 많지. 오너로서의 책임을 맡기에는 적합하지 않은 20퍼센트의 직원들 때문에 불균형이 생겼거든. 그 일을 통해 알게 됐어. 사람을 뽑고 오너로 받아들일 때 좀더 신중해야 한다는 것을 말이야."

나는 작년에 젊은 기술자 다섯 명을 만났다. 그들은 버몬트의 벌링튼에 있는 월넛 스트리트 건축Walnut Street Builders이라는 작은 건축 회사에서 함께 일하고 있었다. 그 중 한 명인 던바Dunbar가 오너로서 회사를 경영했다. 그들은 모두 좋은 친구 사이로 몇 년째 함께 일하고 있었다. 그들은 종업원 소유제 회사로 전환할 생각을 하고 있었다. 기존의 방식에 몇 가지 어려움이 있었던 것이다. 던바는 동료들로 이루어진 회사에서 혼자 책임을 지는 것을 힘들어했다. 그들 다섯 명 중 두 명은 회사에 소속되기 싫다는 이유로 하도급업자로 일했다. 그들은 이 팀의 중요한 구성원이었는데, 회사가 지금과 같은 형태로 지속되는 한 독립하여 자신들의 회사를 차릴 계획이었다. 다른 두 명은 독립할 여건은 아직 갖추지 못했으나 이제 준비를 시작할 참이었다. 그들 중 아무도 오랜 기간 동안 던바 밑에서 일할 생각이 없었다. 그들은 모두 일과 개인적 친분을 결합할 수 있는 방법을 찾고 있었다.

종업원 주식 소유제로의 전환에 대해 던바는 이런 이야기를 했다. "저는 매일 함께 일하는 사람들이 곧 동료예요. 그러나 기존의 방식에서는 도급업자나 목수를 동료로 여기지 않죠. 저는 친구들과 함께 일해 온 이 회사가 양분되지 않도록 최선을 다했어요. 그러나 이제는 구조적인 해결책이 필요하다는 사실을 깨달았죠. 임시로 7개월간 회사 개편을 시도해 보았는데 회사에 대한 태도와 노력, 미래상에 커다란 변화가 있었어요. 새로운 체제 안에서는 서로가 서로에게 예상치 못한 방식으로 도움이 될 수 있었죠. 무척 인상적이더군요."

이들은 2003년 8월 레드 하우스 건축 회사Red House Building Inc.로 개편되었다. 개편 직후 흥미로운 변화가 있었다. 그들은 보통 다섯 명이 함께 한 번에 한두 가지 작업을 진행해 왔다. 그런데 이번에는 다섯이 감당하기는 어렵지만 거절하기 힘든 제안이 들어왔다. 그래서 그들은 과감하게 여섯 명의 직원을 더 고용했다. 갑자기 회사 규모가 두 배로 확장되고 한 번에 네 개의 건축 일을 진행하게 되었다. 이제 오너가 된 회사의 원년 멤버들은 오너로서의 열정을 발휘할 뿐 아니라 매일 처리해야 하는 일상 업무도 맡고 있다.

나는 그들 중 몇 명과 점심을 함께 했다. 내가 물었다. "요즘 하루가 다르게 규모가 커지고 있으니 들어오는 일을 감당하기도 벅차겠군요. 종업원 주식 소유제로 전환하고 무슨 일이 있었는지 정리할 시간도 없었던 건 아니에요?"

던바가 대답했다. "아뇨. 매번 모여 회의하지 않으면 지금 체계가 운영되지 못할 거예요. 어림도 없죠. 전 절대로 혼자 일하지 않을 거예요. 다른 멤버들 생각도 같고요. 어렵지만, 이게 우리에게 맞는 방식인 것 같아요."

작은 회사에 갑자기 일이 두 배로 늘어날 때의 모습이 어떤지 나는 잘 알고 있다. 이때는 아주 중요한 시기로, 제품의 질, 작업 계획, 그리고 재정상의 실수를 하지 않도록 주의해야 한다. 그들은 자신들이 과감한 선택을 할 수 있었던 것은 종업원 주식 소유제 덕분이라고 말했다.

20년 이상 된 건축 업체인 그레이엄 컨트랙팅Graham Contracting도 최근에 종업원 주식 소유제로 전환했다. 그레이엄 컨트랙팅은 유명한 설계 시공 회사로 특히 보스턴 지역의 고급 주택과 상가의 개조 및 보수를 전문으로 하는 업체이다. 이들은 열여덟 명의 오너로 시작했는데 빅 제재소처럼 한 차례 위기를 겪고 현재 열세 명의 오너만 남았다.(이들 외에 일곱 명의 직원이 있다.) 사장인 그레이엄의 말에 따르면 개편 이후 회사의 상황은 안정적이지 못했다고 한다. 그래서 함께 회사의 미래를 진지하게 고민하면서 그만큼 직원들 개개인에 대해서도 돌아보게 되었다고 한다. 직원 중에는 숙고의 기간을 거쳐 회사에 대한 새로운 비전을 갖게 된 이들이 있는가 하면, 조합 형태의 새로운 환경에 잘 적응하지 못하는 이들도 있었다.

체제 개편 직후 그레이엄 컨트랙팅은 상당한 수익을 잃었다. 오너들은 그해 임금 인상을 취소하기로 결정했다. 매년 임금 인상이 이루어져야 한다고 생각해 왔던 그레이엄은 그런 생각을 한 번도 해본 적이 없었다. 그는 동업자들의 반응에 크게 놀랐다.

그레이엄은 자신이 갖고 있는 권한을 '놓아버리는' 것이 가장 어려웠다고 회상했다. 그러나 일단 권한을 포기하고 나자 일종의 편안함을 느꼈고, 대신 나날이 발전하는 직원들과 지속적으로 성장해 가는 회사를 보는 기쁨을 누리게 되었다고 한다. 그는 시행착오의 기간을 견디지 못하고 회사를 떠난 이들 덕분에 더 편안하게 권한을 포기할 수 있었다고 느낀다.

평가는 아직 이르다

지금까지 우리 회사는 종업원 주식 소유제를 유지하고 있다. 회사의 연대기를 쓰며 종업원 주식 소유제로 막 개편했던 18년 전을 돌아보니 우리가 초기의 어려움을 잘 견뎌냈다는 생각이 든다. 시간이 흐르며 그에 따른 적절한 변화와 조정이 있었다.

내가 우려하는 점 하나는 회사의 문화적인 침체이다. 때때로 나는 우리가 회사의 안정성에 주의를 기울이는 한편으로 좋은 기회를 놓치고 있지 않나 생각한다. 안정되어 갈수록 혁신 정신을 거부하게 되는 걸까? 잘 모르겠다. 그러나 목표는 안정성과 모험 사이에서 건강한 균형을 맞추는 것이다. 경영 컨설턴트 피터 반즈Peter Barnes가 말했듯이, 생명력을 유지하는 비결은 '세대를 아우르는 유연성intergenerational yielding' 일 것이다. 사우스 마운틴 사의 오너이자 지도자인 우리는 새로운 지도자들을 환영해야 할 뿐 아니라 더욱 젊은 인재를 찾아야 한다. 성장하고 싶다면 진화해야 한다. 우리는 이 점을 고려해 오너 집단의 연령대를 점차 넓혀가고 있다. 다양성을 유지하고 확장하는 것이 앞으로 가장 주요한 임무가 될 것이다. 그래야 도전 정신과 실행력을 갖춘 새로운 세력이 회사에 존재할 수 있다.

또 한 가지를 자문해 보자면, 소유권이 계속해서 확장될 경우 어떻게 될 것인가 하는 점이다. 지금은 16명이지만 언젠가는 30명의 오너가 함께 모여 임원 회의를 하게 될까? 그렇게 규모가 커졌을 때도 현재의 체제가 유효할까? 이것에 대해서도 생각해 보아야 한다.

나는 종업원 주식 소유제가 성장의 원동력이라고 보지는 않는다. 그에 앞서 건강한 경영과 구성원 사이의 굳은 신뢰가 전제되어야 하고, 극적인 변화를 감당할 수 있는 토대가 마련되어 있어야 한다. 경영과 구조가 건강하지 못한 회사에서는 종업원 주식 소유제가 생산적인 제도가 될 수 없다.

우리 회사의 지배 구조는 책임과 권한이 명확히 나누어진 민주제이다. 실행 권한의 대부분은 경영진에 위임되어 있다. 종업원 주식 소유제를 실시하기 이전부터 역할 분리의 토대가 마련되어 있었으므로 권한 위임이 쉽게 이루어졌다. 달라진 점이 있다면 의사 결정 및 변경의 명확한 체제가 만들어졌다는 것뿐이다. 처음부터 직원 소유제로 시작한 회사보다는 중간에 직원 소유제로 전환한 회사에서 권한의 위임이 더 자연스럽게 이루어진다. 새로운 경영 방식은 무리 없이 받아들여지며 그것에 적합한 회사가 만들어진다. 이렇게 이루어지는 구조 개편은 성장해 가는 하나의 과정이다.

더 많은 오너가 참여해 더 많은 의견이 개진된다고 해서 회의가 난항을 겪는 일은 거의 없다. 이는 우리 회사의 위계가 권력 대신 전문성에 의해 정해지기 때문이다. 위계를 나누는 주요한 목적의 하나는 능률이요, 다른 하나는 권력 유지이다. 신탁관리협회Trusteeship Institute의 설립자 테리 몰너Terry Mollner는 이렇게 말했다. "권력으로 다스리던 시대는 갔다. 사람들이 위계를 인정하는 것은 그것의 효율성 때문이다. 그리고 사람들은 더 이상 위계를 원활한 의사 소통의 걸림돌로 받아들이지 않는다."[16] 몰너의 말은 우리 회사에 딱 들어맞는다. 우리 회사가 권력을 분산하려고 노력하는 것은 위계 질서를 약화시키기 위해서가 아니라, 그렇게 함으로써 각 분야의 전문성을 살리면서 동시에 더 활발한 참여를 유도할 수 있기 때문이다. 우리는 직원들이 모두 둘러앉아 누가 창문을 손보고 누가 계단을 지을지 제비뽑기를 하고 싶지는 않다. 우리는 자기 부서 직원이 어떤 일에 능숙하고 어떤 책임을 맡을 수 있는지 잘 알고 있는 능력 있는 관리자를 원한다. 결국 중요한 것은 전문성에 근거한 결정이다. 그와 같은 전문가의 결정이 전체 임원진의 일을 줄여준다. 우리는 지난 18년간 이런 식으로 의사 결정을 해왔다.

종업원 주식 소유제의 특성은 로마 군대가 하루치 식량을 조달하던 방식을 상기시킨다. 로마 군대에서 하루치 식량은 두 명의 군인에게 배당되는 커다란 빵 한 덩어리였다. 이것이 문제가 되었다. 군인들은 서로 더 큰 빵 덩어리를 차지하려고 걸핏하면 싸움을 벌였다. 로마인들은 재치 있는 해답을 찾았다. 그들은 한 병사가 덩어리를 나누면 나머지 한 사람이 빵을 선택하기로 규칙을 정했다. 종업원 주식 소유제도 이와 비슷한 자기 강제력이 있다. 각 오너는 회사와 다른 오너의 이익을 고려해 결정을 하지만 그것은 곧 자신의 이익과 직결된다.

이렇게 말했다고 해서 종업원 주식 소유제에 대해 두려움을 갖지는 않길 바란다. 종업원 주식 소유제가 더 책임감 있고 민주적인 직장을 만드는 유일한 방법은 아니다. 그러나 회사의 구성원이 권한과 이윤을 나눠 가질 때는 근본적인 차이점이 만들어진다. 현재 경제 체제에서 자본의 분배는 특히 어려운 문제이다. 어떻게 하여 주주들이 대부분의 부를 차지하게 되었을까? 찰스 핸디는《코끼리와 벼룩》이라는 책에서 이 문제를 언급했다.

> 나는 앵글로 색슨 방식의 자본주의에서 주주들이 그토록 큰 우선권을 갖는 이유를 아직도 모르겠다. 그들은 실제로 회사를 '소유' 한 사람들이 아니며, 대부분의 경우는 자본을 제공하지도 않는다. 처음에 모든 주주는 주식에 대한 대가로 회사에 자금을 공급하지만, 그후 주식 투자를 통해 발생하는 이득은 회사로 환원되지 않는다. 주주들은 회사에 투자하는 것이 아니라 그저 돈을 벌기 위해 '베팅' 할 뿐이다.[17]

한 가지는 확실하다. 회사가 구성원들에 의해 소유될 경우, 즉 구성원들이 회사의 객체가 아니라 주체로서 자리할 경우 회사에서 발생하는 이윤은 훨씬 더 평등하게 분배될 것이다.

《위기에 빠진 민주주의》라는 책에서 제프 게이츠는 '진정으로' 민주적인 사회에 대해 이렇게 썼다. "민주주의는 여행의 목적지가 아니라 여행의 방식이다. 행동이 아니라 존재 방식이며, 특히 타인과 관계를 맺는 방식이다. 이 점에 민주주의의 매력이 있다."[18]

내가 우리 회사에서 경험한 종업원 주식 소유제도 이와 같은 매력을 갖고 있다. 그것은 우리가 회사를 경영해 온 방식이다. 종업원 주식 소유제는 직원 개인과 회사 전체의 정체성의 일부가 되었다. 우리는 민주주의를 추구하는 과정에서 공정성과 투명성, 공평한 책임 분배라는 회사의 공동 목표를 분명히 이해하게 되었다. 이러한 노력들이 회사에 완성도를 더한다.

우리는 문제를 더 잘 해결할 뿐 아니라 더 많은 것을 꿈꾸는 사람들이 되었다. 소유권과 그에 따른 책임에 대해 논의해야 할 것이 많이 있다. 누군가 말했듯이 "인류 역사상, 빌린 차를 세차하는 사람은 아무도 없다."

3. 성장이라는 불문율에 도전하기

몇 년 전 우리는 새로운 고객의 집을 설계하게 되었다. 과정은 순탄하지 않았다. 고객은 언덕 꼭대기 경관이 멋진 곳에 집을 짓고 싶어했다. 우리는 정상에서 약간 벗어난 곳에 집을 짓는 것이 어떠냐고 제안했다. 언덕 위에는 거대한 얼음 바위가 형성되어 있었는데 그것을 보호하기 위해서였다. 그러나 고객은 우리의 제안을 거절했다. 사진까지 보여주며 설명을 했지만, 경관 좋은 곳에 집도 짓고 자연도 보호할 수 있다는 우리의 해결책을 받아들이려 하지 않았다. 나는 이 작업을 계속해야 할지 말아야 할지 고민했다. 설계 단계에서 이렇게 근본적인 문제에 합의를 보지 못하고 서로에 대한 믿음도 없다면 제대로 된 건물이 지어질 수 있을지 확신이 서지 않았다. 그러나 이것은 규모가 매우 큰 일이어서 이 일을 해야 뒤에 오는 작업들을 할 만한 경제적 여유가 생겼다.

나는 동료들을 부지로 데려갔다. 우리는 커다란 바위에 앉아 문제를 생각해 보았다. 그들도 내가 제안한 해결책이 자연 경관도 보존하고 고

천천히 편안한 마음으로 (사진: 저자)

객의 세심한 욕구도 만족시키는 것이라는 데 동의했다. 이미 진행이 된 시점에서 일을 포기한다면 대체할 다른 작업을 찾기도 어렵고, 내년의 작업 일정을 맞추기도 어려울지 몰랐다.

우리는 잠시 고심했다. 침묵을 깨뜨린 사람은 나와 가장 오래 일해온 한 동료였다.

"포기합시다."

다음날 나는 고객을 만나 이야기했다. "아시겠지만, 이런 식으로 일하는 것은 저희에게 맞지 않는 것 같습니다. 일이 더 많이 진행되기 전에 여기서 물러나겠습니다." 어리둥절해하는 고객에게 우리는 이것이 서로에게 더 좋은 해결책이라고 설득했다.

다행히도 다른 기회가 곧 주어져 일감을 맡지 못하는 사태는 피할 수 있었다. 이 경험을 통해 우리는 회사의 안정성이나 성장을 대가로 작업의 질을 떨어뜨리지 않을 수 없을 경우 우리의 직관을 믿고 따르는 법을 배웠다.

그때까지 우리는 의뢰받은 작업을 거절해 본 적이 없었다. 의뢰가 들어오면 무조건 받아들였고, 들어오는 일의 규모가 커질수록 회사의 규모도 커져갔다. 이것이 대부분의 회사들이 성장해 가는 방식이고 우리 역시 이에 의문을 제기할 이유는 없었다. 기회가 끊이지 않는다는 것은 신나는 일이다. 그러나 이 예기치 않은 사건을 통해 우리는 '성장'의 의미에 대해 다시 생각하게 되었다. 그리고 고객의 요구에 맞추는 수동적인 작업 방식이 우리에게 의미가 있는지 자문하게 되었다. 우리는 '성장'이라는 개념을 근본적으로 재고하고 이윤과 손실에 대해서도 다시 생각해 보게 되었다.

30명의 직원을 가진 회사가 '성장'에 대해 자문한다는 것이 이상하게 들릴지 모르겠다. 어쩌면 바로 그 이유 때문에 우리 회사가 이렇게 소규모를 벗어나지 못하는지도 모른다. 확장의 기회는 꾸준히 있었지만, 우리는 그 기회를 철저하게 따져보곤 한다.

나는 회사의 규모가 지금보다 몇 배 더 커질 경우 사정이 어떻게 될지 알지 못한다. 따라서 소규모 회사의 미덕에 대해 확신을 갖고 말하기는 어렵다. 그러나 지금보다 규모가 큰 회사였다면 현재 우리가 추구하는 가치를 고수하기는 어려웠을 것이라고 짐작한다. 물론 "성장하지 않으면 소멸한다"는 법칙은 아주 고전적인 것이다. 많은 생태주의자들과 몇몇 용기 있는 경제학자들은 무한 성장을 추구하는 전 세계 경제를 지구가 견뎌낼 수 있을지 문제를 제기한다. 그러나 기업 각각의 성장의 문제는 수면으로 떠오른 적이 거의 없다. 나는 다양한 경영학 책을 읽어봤는데 성장의 장점에 문제를 제기하거나 회사의 적정 규모에 대해 언급한 책이 거의 없다는 사실에 놀랐다. 사실 전통적인 사고방식으로 보면 소규모 회사란 그저 아직 덜 성장한 회사에 불과하다.

우리가 무조건적으로 성장을 거부하는 것은 아니다. 우리도 성장을 원한다. 그러나 우리는 성장 자체를 위한 무한한 성장(에드워드 애비가 말한 '암세포의 논리')은 거부한다. 우리는 특정 목적을 이루기 위해서는 성장이 필요하다고 느끼지만, 규모를 확장하면서 우리가 지켜온 가치를 잃어버릴 수도 있음을 알고 있다. 발전을 제한해야 한다는 뜻은 아니다. 경제학자 허먼 데일리는 물질을 흡수하여 규모를 확장하는 성장과 더욱 큰 잠재력을 깨달아가는 질적 성장을 구분했다. 그에 따르면 지구는 규모를 확장시키지 않고도 발전하고 있다. 따라서 지구의 하위 체계인 경제 역시 결국에는 비슷한 방식으로 적응해야 한다는 것이다.[1)]

데일리의 시각을 우리 회사에 적용해 보자. 즉 성장의 내적 의미와 규모를 확장시키지 않는 발전의 가능성을 생각해 보면, 우리는 작고 가족적인 회사로 남아 있어야 할 분명한 이유를 발견하게 된다.

성장을 제한하는 나의 입장을 지지하는 사람 중에 《작은 거인》의 저자 제이미 월터스가 있다. 제이미는 이를 귀금속에 비유한다. "중요한 것은 끊임없이 보석을 문지르고 개선하는 것이다. 보석의 질에 상관없이 개수만 늘리는 것은 그저 돌을 고갈시키는 행위일 뿐이다."[2)]

그러나 성장의 이점과 본질에 대해 문제를 제기하지 않는 것은, 전통적인 기업 관념이 변화하고 있는 현실을 매체들이 아직 따라잡지 못한 탓일 수도 있다. 《기업》지에 실린 최근 기사 〈미국에서 가장 사랑받는 사업〉에서 편집장 조지 젠드런은 이렇게 말했다.

> 요즘에는 단시간 안에 규모를 확장하는 것이 목표가 아니라고 말하는 기업주들을 종종 만나게 된다. 그들 역시 회사의 재정 상태에 신경을 쓰지만 또 그만큼 개인적 발전과 직업상의 발전을 장려할 수 있는 회사를 만드는 데도 열정을 쏟는다. 또한 지역 사회와 친밀한 관계를 유지하며, 그곳이 아니라면 불가능했을 것이라는 자부심과 만족감을 주는 회사를 만들려고 노력한다.…… 그들에게 없는 것은 사업의 정통성이다. 주류 문화에서는 그러한 사고방식을 지원해 줄 세력이 전무하다. 이와 같은 길을 간 창업자들의 선례는 거의 없다.[3)]

기업의 사회적 책임과 성장의 관계에 대해서는 오래된 논쟁이 있다. 어떻게 하면 성장을 계속하면서도 회사의 가치관을 지키며 사회적으로 책임 있는 기업이 될 수 있는가 하는 것이 논쟁의 주제로, 여기서 규모는 중요한 문제이다. 소명 의식을 갖고 시작해서 일찍이 성공을 거둔 기업들은 자금 조달 능력을 확장하기 위해 기업 공개(투자자들에게 기업 정보를 공개하여 투자를 유도하는 것—옮긴이)의 필요성을 느낀다. 그러나 기업 공개를 할 경우 해당 기업은 더 큰 기업에 인수될 가능성이 높아지며, 따라서 주주들의 이익을 우선시하는 종래의 회사법을 따르게 된다. 유니레버Unilever가 벤 앤 제리(미국의 대형 아이스크림업 체인—옮긴이)를 인수한 것이 가장 잘 알려진 예이며, 이 밖에도 셀 수 없이 많은 예들이 있다. 소규모 자연 및 유기농 식품 회사이며 소신 있고 독립적인 기업의 상징인 스토니필드 팜, 오드왈라Odwalla, 캐스캐디언 팜Cascadian Farm은 현재 코카콜라, 다농 그룹Groupe Danone(프랑스 식품 업체, 에비앙 생수 제조사—옮긴이), 제너럴 밀스General Mills(세계적인 종합 식품 회사—옮긴이) 등의 대기업에 인수되었다. 회사 고유의 가치를 지키기 위해 어느 정도의 자유를 가져야 하고 성장을 위해 어느 정도까지 타협해야 하는가가 문제의 핵심이다.

이에 대해 다른 접근법을 취하는 회사들이 있다. 친환경 생활용품을 만드는 세븐스 제너레이션Seventh Generation은 1993년에 기업 공개를 했지만, 장기적인 결과를 우려해 6년 뒤에 다시 주식을 사들였다. 회사는 다시 개인 소유가 되었으며 지금은 독자적인 길을 가고 있다. 기업의 사회 및 환경에 대한 책임에 앞장서는 파타고니아(미국의 친환경 의류 업체—옮긴이)는 비공개 회사(기업의 주식이 분산되지 않고 특정 개인이나 소수 주주에게 집중되어 있는 회사—옮긴이)로 유지되고 있다. 그래서 많은 비용을 들여 유기농 면제품을 생산하는 문제에서 자신들의 가치관에 따라 자유로운 선택을 할 수 있었다.

우리 회사에는 외부 투자자도 없고 직원이 아닌 오너도 없다. 모든 오너가 동시에 사우스 마운틴 사의 직원이다. 우리는 회사의 방향과 과업을 내부적으로 결정한다. 부분적으로는 경제적인 문제이고 부분적으로는 철학적인 문제이다. 구성원들은 이해 관계의 충돌 없이 논의를 이끌어나간다. 우리는 숙고 끝에 회사가 무조건적인 성장이라는 규범에 지배되지 않는다면 더 큰 유연성과 자유를 갖게 될 것이며, 이러한 특성의 회사가 우리의 목표에 더 적합하다는 사실을 깨닫게 되었다.

나는 모든 회사가 소규모여야 한다고 말하는 것이 아니다. 무조건적으로 소규모를 장려하는 것은 무한한 성장에 대한 집착과 다르지 않다. 다만 우리 회사의 경우 공격적인 성장이 우리의 관점을 제한할 수 있으며 창의성과 개인적 만족, 작업 결과의 전반적인 질을 해칠 수 있다고 생각할 뿐이다. 내가 이야기해 본 대부분의 사람들은 이러한 좋은 특성들이 자신의 직장에서도 유지되기를 바라지만 더 큰 압력 때문에 그렇게 하기 어렵다고 말한다. 대부분의 경우 성장이란 능력 향상과 발전을 위한 것이 아니라 더 많은 이윤을 위한 것이다. 나의 동료들은 경제적 성장이라는 압력에서 벗어나도록 서로를 도와주면서 다른 방향에서 받을 수 있는 보상을 소중히 여긴다. 나는 지금의 동료들과 일하게 된 것을 감사하게 여긴다.

왜 반드시 성장인가

소규모 회사에서는 '적절함'의 정도를 잘 아는 것이 중요하다. 회사를 유지하고 직원들과 공유할 수 있는 적절한 이윤, 모두에게 적절한 보수, 적절한 건강, 일에 최선을 다할 수 있는 적절한 시간, 적절한 의사 소통, 적절한 고민, 적절한 시행착오들. 영국의 경영철학자 찰스 핸디는《헝그리 정신》에서 이렇게 말했다.

> 대부분의 경우 우리는 '적절함'이 어느 정도인지 안다. 어느 정도가 적절한 음식 섭취인지, 어느 정도가 적절한 냉방이나 난방인지, 어느 정도가 적절한 수면이며 적절한 준비인지 안다. 그 정도를 넘어가면 과잉이며 이는 때로 장애 요인이 되기도 한다.…… 적절함이 어느 정

> 도인지 모르는 자들은…… 새로운 세계를 탐험하지 못한다. 배우지 못하며 단지 양적인 차원에서만 성장할 뿐이다.[4]

때로 거대 성장은 그것 자체가 목적이 되고 다른 목적을 희생시키기도 한다. 예를 들어 우리의 목적이 가장 맛있는 베이글을 만드는 것이라고 해보자. 그런데 모든 베이글을 최상으로 만들어야 할 필요가 있을까? 아니 그것이 가능할까? 하나의 제품을 최고로 만드는 것과 모든 제품을 최고로 만드는 것은 어쩌면 양립할 수 없는 것인지도 모른다. 모든 제품을 훌륭하게 만들고자 한다면 그만큼 제품 각각의 품질이 절충되어야 한다. 혹은 새로운 접근법이라면, 가령 최고의 제품을 만드는 법을 여러 사람들과 공유해 지역 내 그와 같은 제과점을 여러 개 설립한다면 가능하다.

어떤 이들은 기업에 있어 성장을 논하는 것이 위선적이라고 말한다. 그들의 입장에서 성장은 필수적이다. "자연이 성장하듯이 기업이 성장하는 것도 당연한 이치이다." 나는 "그것은 논란의 여지가 있다"고 말하겠다. 월스트리트에서는 성장이 필요하다. 그러나 일반 회사들은 그렇지 않다. 자연 또한 그렇지 않다. 자연은 적절한 성장을 추구하며 그 안에 제한선을 갖고 있다. 귄터 파울리는《업사이징》이라는 책에서 참나무를 예로 들어 이를 설명한다. 참나무는 45미터까지 자라면 비바람을 견딜 만한 충분한 내구성을 갖는데, 더 풍부한 자연 환경이 주어진다고 해서 450미터까지 자라지 않는다. 그 대신 다른 열 그루의 나무가 자랄 공간을 만들어준다. 만일 450미터까지 자란다면 그 참나무는 안정성과 내구성을 잃어버릴 것이다.[5] 자연은 다른 종과 공생하기 적합한 정도로 자체적인 크기 제한을 갖고 있다. 모든 조직과 기업 역시 그와 같은 방식을 택한다면 바람직할 것이다. 경영생태학자 폴 호켄은 이렇게 말했다. "버섯이 되고 싶은가, 참나무가 되고 싶은가? 포자는 도토리보다 성장률이 뛰어나다. 그러나 수명이나 내구력에 있어서는 결코 그렇지 않다."[6)]

왜 대부분의 기업은 성장을 원하는가? 때로는 기업이 살아남기 위해 필수적으로 성장해야 하는 경우가 있다. 버몬트에 위치한 크로마 테크놀로지Chroma Technology Corp.는 종업원 소유의 기업으로 현미경 광학 필터를 전문으로 생산하는 업체이다. 현미경 광학 필터는 오직 주문에 맞추어서만 제작하는데, 현미경 산업이 성장할 때는 더 많은 필터를 생산해야 한다. 물품을 조달하지 못하면 거래처를 잃을 것이다. 사업의 특성상 이들에게 성장은 필수적인 것이다.

워싱턴 외곽에 위치한 위버 스트리트 마켓Weaver Street Market은 시세를 확장할 의도가 없었으나 지역 주민 및 소매점에 의해 규모를 넓힌 예이다. 지역 주민들은 그 지역에 대형 마트 체인점을 유치하려고 했으나 관심을 보이는 기업이 없었다. 그래서 주민들은 이미 지역에 있는 위버 스트리트 마켓에 두 번째 지점을 열어줄 것을 요구했다. 600명의 주민이 자금을 지원하겠다고 서명했다. 지역 주민들이 자신들의 이익과 직결되는 문제에 투자자를 자처한 것이다. 위버 스트리트가 어떻게 이 요구를 거절할 수 있었겠는가?

그러나 여전히 많은 사람들이 부와 권력의 축적을 행복 추구와 동의어로 여기고 있다. 이는 우리가 그저 당연히 성장해야 하며 적자생존의 경쟁에서 이겨야 한다는 교육을 받고 자랐기 때문이다.

우리의 관심사는 성장과 비성장 간에 우열을 가리려는 것이 아니다. 우리는 성장의 질에 대해 말하는 것이다. 우리는 어떤 부분에서는 성장을 꾀하지만 다른 부분에서는 그렇지 않다. 우리는 능력, 평판, 만족감, 성취감, 회사의 구성원들과 지역의 행복에 대한 공헌 등에서는 성장하고 싶다. 반면 쓰레기, 공해, 미지근한 열정, 스트레스, 그리고 불량품 회수 부분에서는 성장하고 싶지 않다.

찰스 핸디는 확장의 개념을 좀 넓게 생각한다. 그는 성장이란 동일한 것이 더 많아지는 것이 아니라 한 가지의 '깊이'의 문제라고 말하며 확장보다는 발전을 지지한다. 그는 규모가 커질 때 초점이 흐려지고 과도하게 복잡해지며 효율적인 관리가 어려워진다고 지적한다.

> 어느 정도 규모가 있는 기업은 '더 크게'가 아니라 '더 깊이 있게' 성장해야 한다. 이것은 독일의 미텔슈탄더mittelstander(소규모 가족 회사)가 시도하여 큰 이익을 본 공식으로, 이들은 끊임없는 발전과 혁신을 통해 작은 틈새 시장을 장악했다. 이익과 규모도 중요하지만 그들은 무엇보다 제품의 우수한 품질을 추구했다.[7)]

핸디의 입장은 데일리가 '규모 확장'과 '질적 성장'을 구분한 것과 일맥상통한다. 규모를 확장하지 않고 질적으로 성장할 수 있는 기회는 얼마든지 있다.

사우스 마운틴 사와 성장

회사가 혼란스러웠던 1994년, 성장의 문제가 우리 회사의 주요 이슈로 떠올랐다. 당시 우리는 대형 건축 사업 서너 개를 맡아 직원 수와 수입이 두 배로 늘어난 상태였다. 네 명의 새로운 오너가 임원진에 합류할 예정이었다. 회사 내에는 의견 대립과 전에 없던 스트레스가 팽배해 있었다. 모두들 '회사가 예전 같지 않다'고 느끼고 있었고 새로운 절차와 경영 시스템에 부정적인 반응들을 보였다. 우리가 너무 빨리, 지나치게 많이 성장하고 있다는 견해가 전반적으로 형성되어 있었다.

우리는 회의에서 사람들의 의견을 묻기로 했다. 종이 한 장을 벽에 붙여놓고 그 위에 직선을 하나 그었다. 각 끝에는 화살표를 했다. 오른쪽 끝에는 "1992년의 수준으로 규모를 줄인다"라고 썼고, 왼쪽 끝에는 "계속해서 점차적으로 규모를 늘린다"라고 썼다. 중앙에는 "지금 규모를 유지한다"라고 썼다. 모든 임원진들에게 스티커를 나눠주고 직선 위에 자신의 의견을 표시하라고 했다. 결과를 보니 중앙 부근에 가장 많은 스티커가 붙어 있었다. 두세 개 정도가 왼쪽 끝에 붙어 있었고 정확히 두 개가 '현상 유지' 지점에 붙어 있었다. 오른쪽에 붙은 스티커는 한 장도 없었다. 흥미로운 결과였다. 평소에 생각했던 것과는 사뭇 달랐다. 우리는 임원진의 소망을 반영한 그림을 앞에 놓고 토론을 통해 그 그림의 의미를 명확히 했다. 우리가 속도를 조금 늦추고 최근의 변화와 성장에 적응할 시간을 가져야 한다는 것이 전반적인 견해였다. 더 성장해야 한다고 생각하는 몇몇의 의견도 들어보았다. 그들은 규모면에서 볼 때 우리 회사가 더 많은 일을 수용할 능력과 더 큰 이윤을 남길 수 있는 잠재력이 있다고 생각했다.

그때 이후 우리는 2~3년 간격으로 비슷한 회의를 했다. 우리가 바라는 성장은 특별한 종류의 성장이었다. 직원 수를 유지하되 현재 직원들에게 작업 부담을 늘리지 않으면서 더 많은 이윤을 남길 수 있다면 그것은 긍정적인 성장, 즉 발전이다. 직원 수가 늘어나면 늘 경영상의 부담이 가중되며 직원 수가 늘어나지 않는 상태에서 업무량이 더해진다면 스트레스가 커진다. 우리는 새로운 직원을 고용할 때마다 그들 개인의 사정을 크게 고려한다. 우리는 그들이 미래에 직장을 옮기게 되기를 원하지 않는다. 30년 후 일감 부족으로 직원을 해고하는 일이 일어나서는 안 된다고 생각한다. 현재의 규모를 반드시 유지해야 할 필요는

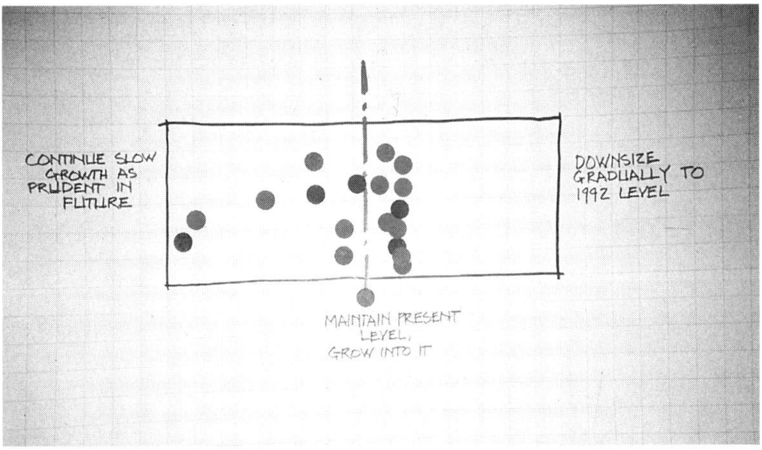

1994년, 직원들의 의사를 파악하기 위한 스티커 붙이기 (사진: Derrill Bazzy)

없다. 그러나 이것은 우리의 바람이다. 일정치 않은 작업량과 기회는 다양한 방법으로 조정할 수 있다. 그러나 우리가 무한한 성장을 받아들일 생각이 없는 이상 직원 수를 늘리는 방법은 적합하지 않다. 반면 직원을 더하지 않고 작업량만 늘린다면 작업 시간은 늘어나고 업무의 강도는 높아지며 그만큼 작업에 세심한 신경을 쓸 수 없을 것이다. 그리고 아마도 더 이상 일을 즐길 수 없을 것이다. 이런 상태를 원하는 사람은 아무도 없다. 직원 수와 작업량, 그리고 조화로운 작업 환경 사이에 세심한 균형을 맞추기란 쉽지 않은 목표이다.

지난 10여 년 동안 우리는 달팽이의 속도로 성장하는 것이 가장 적당하다고 생각해 왔다. 우리는 느리지만 신중한 태도를 기했다. 그러나 작년 회의에서 새로운 의견이 도출되었다. 우리가 이제 더 이상 성장할 필요가 없는 적정 규모에 도달했다는 것이다.

이것은 보수적인 입장일까? 그렇다. 하지만 백 명이 넘는 직원 가족들이 이 회사에서 지급되는 급여에 의존하고 있는데 "이번 건은 거절합시다"라고 말하기가 쉬운 일은 아니다. 직원 가족이 서른 명 정도라면 부적절한 건축 일을 거절하고 다른 일거리를 찾을 수도 있을 것이다. 경제적으로 안정된 소규모 회사에게는 선택의 폭이 넓다.

그러나 이러한 입장은 보수적인 동시에 근본적인 것이라 해야 하지 않을까? 나는 그렇게 생각한다. 성장할 수 있는 기회를 거절하는 것은 우리 회사 직원들이 성장의 가능성 대신 작업의 질을 높이는 데 더 큰 가치를 두고 있다는 뜻이다. 우리는 트럭 대신 소를 택했다. 이 경우에는 소가 우리 작업에 더 적절한 수단이기 때문이다.

우리는 새로운 기회에 유연하게 대처하려 한다. 인간 관계를 활용하면 규모를 늘리지 않으면서도 능력을 높일 수 있다. 우리는 오랫동안 소규모 건축 회사들, 장인 정신이 투철한 도급업자들과 함께 일하고 있다. 일시적으로 우리의 능력을 넘어서는 일을 맡게 될 때 우리는 그들에게 도움을 청한다. 그들은 1~4인 규모의 아주 작은 회사이다. 우리는 그들이 우리 회사와 협력해서 일하는 데 만족감을 느끼게 하려고 노력한다. 자신들의 독립성을 유지하면서도 그들보다 규모가 큰 회사와 함께 일할 수 있다는 것은 그들에게도 기회가 아닐 수 없다. 그들은 동업 관계와 새로운 배움의 기회를 좋아한다. 우리는 이러한 방법을 통해 현재의 작업 구조를 흐트러뜨리거나 변경하지 않고도 작업 반경을 늘릴 수 있다. 그들의 아이디어와 작업 방식을 접할 수 있는 것도 하나의 소득이다. 그들은 일시적인 동업자가 아니라 우리와 장기적인 관계를 맺고 있는 독립적인 전문가들이다. 그들은 객원 교수와 같다. 우리 모두 이런 만남을 즐겁게 생각한다.

성장에 대해 고민할 때마다 우리는 우리 회사 직원들이 이 회사에서 오래 일하려고 한다는 점을 떠올린다. 새로운 직원을 뽑기 전에 우리는 자문한다. "그를 뽑으려는 것은 그가 지금 당면한 문제를 해결할 능력이 있어서인가? 아니면 5년 뒤 그를 회사의 오너로 받아들이고 싶어서 인가?"

성장에 대한 우리의 태도는 견고한 분석이나 명백한 논리에서 나온 것이 아니다. 이는 우리가 어떤 회사가 되고 싶은지, 매일 대부분의 시간을 보내는 직장이라는 곳을 어떻게 만들고 싶은지 고민하는 과정에서 나온 것이다. 이런 점에서 우리 회사는 원리 원칙에 얽매이지 않는 사람, 자신의 일에서 만족을 찾으려고 노력하는 책임감 있고 능동적인 사람을 필요로 한다. 규모를 늘림으로써 이윤을 얻는 것보다는 제한된 규모 안에서 이윤을 얻으려고 노력하는 것이 더 흥미로운 일이다. 이는 이윤을 최대화하기 위해 애쓰는 것보다 더 인간적이고 보람 있는 일이다. 현재의 작은 규모에서도 우리는 현장 일, 목공 작업, 사무, 설계 등 여러 개의 부서와 팀을 두고 있다. 회사의 규모가 더 컸다면 더 세부적인 조직으로 나뉘었을 것이며, 부서간 의사 소통은 더 어려웠을 것이다. 이러한 어려움을 상쇄할 만한 성장의 필요성을 느낀다면 모르겠지만, 지금 현재로서는 그만한 이점을 발견할 수 없다.

기회를 만들기

규모보다 질을 우선시하는 우리의 태도는 회사의 경우만이 아니라 우리가 짓는 집하고도 관련이 있다. 젠드런은 주택 건축에 대해 다음과 같이 언급한다. "나는 주택 건축 분야의 경향이 문화적 변화의 전조임을 알게 되었다. 과거 40여 년간 미국의 가족 규모는 3분의 1로 축소된 반면 새로 지어지는 집의 전반적인 규모는 50퍼센트 정도 커졌다. 그러나 최근에는 경향이 바뀌고 있다. 오두막 형태의 작은 집들에 대한 책이 눈에 띄게 팔리고 있다."[8)]

건축가 사라 수잔카가 쓴 《그리 크지 않은 집》을 비롯해, 공간의 크기와 질을 비교한 여러 저작들이 거둔 이례적인 성공은 이러한 유행을 증명한다. 작지만 질이 뛰어난 집에 대한 선호는 규모보다 질을 더 우선시하는 기업을 만드는 것과 긴밀한 연관이 있다. 수잔카는 말한다. "다른 종류의 집이 필요한 시점이다.…… 미래 세대의 집은 과거의 낡은 개념의 집과는 다르다. 미래의 집은 집주인의 가치관과 개성을 반영한다. '그리 크지 않은 집'의 시대가 오고 있다."[9)]

우리는 작은 규모, 높은 질, 땅의 활용, 환경에 대한 관심 같은, 수잔카가 제시한 기준을 일에 접목하고 있다. 기업에 있어서도 같은 기준을 적용하면 안 될 이유가 있겠는가? '그리 크지 않은' 기업도 있을 수 있는 것이다.

규모가 작은 회사는 직무 능력을 개발할 기회를 주기 어려울 수도 있다. 교육을 실시하고, 다양한 업무 경험과 부서 이동의 기회를 주며, 지역 사회에 공헌하는 등 대규모 기업이 잘하는 이런 일들에 대한 필요성을 느끼는 때가 있다. 우리가 이런 일들을 하는 데는 한계가 있다.[10)] 우리가 직원들에게 업무에 대한 다양한 경험과 기회를 제공한다면 직원들은 자신들의 재능과 관심을 가지고 그 다음을 만들어간다.

10년 전, 새로운 경리 직원으로 디어드리 보한Deirdre Bohan을 고용했다. 그녀는 1년도 채 안 되어 일주일에 40시간이 걸리던 일을 20~25시간짜리 일로 바꾸어놓았다. 그녀는 "일이 충분히 없어요"라고 말했다. 나는 그녀에게 어떤 일을 원하는지 물었다. "그건 사장님이 말씀해 주셔야죠." "아뇨. 내 말은, 디어드리가 진심으로 원하는 게 무엇이냐고요."

그녀는 실내 장식에 관심이 있다고 했다. 실내 장식 일을 할 직원이 필요하긴 했으나 매번 임시로 해결했을 뿐 인원 보충을 심각하게 생각해 본 적은 없었다. 우리는 주당 20시간이라는, 그녀가 만들어낸 시간을 활용해 디자인 교육을 받을 수 있도록 했다. 그녀는 지금 실내 장식 부서를 이끌며 이윤도 창출하고 있다.

우리는 때로 특별한 능력이 있는 직원에게는 이례적인 임무를 맡기기도 한다. 우리 회사의 오너이자 목공일을 담당하는 마이클 드레즈너는 회사의 연금 기금 및 보유 기금 투자를 맡고 있다. 그는 금융과 주식 시장 등에 대해 오랜 기간 공부하고 사회적 책임 투자 전문가의 도움을 받아 다년간 이 두 기금을 운영하면서 기술을 쌓았다. 이 두 기금은 현재 약 150만 달러를 보유하고 있다. 더 이상은 가볍게 생각할 수 있는 직책이 아닌 것이다.

물론 작은 규모를 유지하면서 내부에서 많은 작업을 해결하는 구조는 이점뿐 아니라 위험도 안고 있다. 경리 직원으로서는 유능하지만 실내 장식가로서는 평범하다면 어떻게 할 것인가? 목공일에는 뛰어나지만 투자 선택은 현명하지 못하다면? 그러나 한 사람에게 여러 역할을 맡겨본 지금까지의 경험을 볼 때 결과는 긍정적이었다. 최근에는 교육을 장려하며 직원들에게 더욱 다양한 경험 기회를 만들어주고 있다. 앞으로도 잠재적인 오너가 될 자질을 기준으로 직원을 고용한다면 회사는 다재다능한 인재들로 채워질 것이다.

그러나 가끔은 나도 회사의 규모를 더 키워 직원들에게 더 많은 가능성을 열어주고 싶다는 생각이 든다. 예전에 근무했던 한 경리 직원이 떠오른다. 상냥한 인상의 30대로, 사교적이고 활달하며 재미있는 사람이었다. 그는 전화를 받고 스케줄을 정리하고 행사 일정을 잡는 등 일반적인 회사 업무를 처리했다. 다른 직원들과의 관계도 원만했다. 그러나 그는 경리와 사무 구조 개선에는 소질이나 관심이 없었다. 그에 반해 우리는 그가 그런 쪽으로 성장하길 원했다. 그래서 그에게 맡길 큰 일이 없었다. 나는 생각했다. "우리가 직원 백 명쯤 되는 큰 회사였다면 그를 쓸 수 있겠지. 그를 '홍보 직원, 이벤트 기획자, 그리고 회사 전반을 두루 잘 아는 쿨 가이' 라고 해줄 수 있을 거야." 우리는 규모가 작은 데서 오는 한계를 감수해야 한다. 이 친구는 결국 퇴사하고 건축 학교에 입학했다. 이것은 서로에게 좋은 선택이었을 것이다. 그로서도 우리 회사에서의 경험을 통해 자신에게 만족을 주는 일이 무엇인지 발견하게 되었을 것이다.

150의 법칙[11]

성장은 격렬한 운동과 같다. 회사가 급속도로 성장할 때는 1초를 다투는 스릴이 있다. 높은 산을 오르거나 행글라이더를 타고 암벽 위를 날아오를 때의 짜릿함과 비슷하다. 어떤 이들은 안정성과 친근함을 이러한 스릴과 맞바꾸고 싶어하지 않지만, 어떤 이들은 두 가지를 동시에 잡으려 한다. 바로 이들이 중요한 발견을 한다.

조직체가 커질 때 효율적인 의사 소통, 유연성, 생동감을 유지하기 위해 거대 구조 내에 작은 단위들을 만드는 경향이 있다. 말콤 글래드웰의 책 《티핑 포인트》는 어떻게 작은 변화들이 커다란 영향력을 가지며 생각뿐 아니라 물건, 메시지, 행동까지도 바꾸는 주요 흐름을 만드는지 탐구한다. 글래드웰은 이 책에서 로빈 던바Robin Dunbar의 이론을 언급한다. 인류학자인 던바는 다양한 숫자의 집단을 대상으로 조직의 적정 규모가 어느 정도인지 연구했다. 그 결과 서로 인간적인 소통을 나눌 수 있는 조직 구성원의 수가 150명이라는, 이른바 '150의 법칙' 을 도출해 냈다. 구성원이 150명 이하일 때 조직이 가장 효율적으로 운영된다는 것이다.

150이라는 숫자는 다양한 실험을 거쳐 나왔다. 던바는 전 세계에 걸쳐 21개의 수렵 채집인 사회를 조사하고 각 마을의 적정 주민 수가 150명 안팎이라는 사실을 발견했다. 군대 조직도 마찬가지여서 가장 효율적인 전투 단위가 150명에서 200명으로 이루어진 군대이다.

후터파派 교도도 이러한 방식을 따르고 있다. 그들은 수세기 동안 유럽에서, 1900년대 초 이래로는 북미 지역에서 농사를 지으며 자급자족하고 살아가는 종교 집단이다. 그들 집단은 구성원이 150명에 이를 경우 새로운 집단을 형성하는 것을 원칙으로 한다. 후터파 지도자는 글래드웰에게 이렇게 말했다.

> 150명 이하로 구성원 수를 유지할 때 사람들을 가장 효율적으로 지도할 수 있습니다. 집단이 이보다 더 커질 때 구성원들은 서로에게 이방인이 되지요. 함께 할 수 있는 일도 적어지고, 긴밀한 유대감이 사라지기 시작합니다. 큰 집단 안에 두세 개의 하위 집단을 갖게 되지요.[12)]

고어 사W.L. Gore Company는 이러한 원칙에 가장 근접한 회사이다. 고어텍스 제품 및 다양한 첨단 기술 제품을 생산하고 있는 개인 소유 기업인 고어 사는 미국에서 모범 경영 사례에 속한다. 7천 명의 직원과 45개 지사를 갖춘 10억 달러 규모의 이 기업들은 각 지사에 150명 이내의 직원만 둔다. 회사 경영진은 150의 법칙을 고수하고 회사 전반에 소유권과 책임을 확장하여 소규모 회사의 느낌을 유지할 수 있게 한다. 각 지사의 직원들은 '조합원'이라고 불린다. 작업장에는 위계 질서가 거의 없으며 직원 대다수가 의사 결정 과정에 참여한다. 회사는 고어 일가一家와 조합원 소유로 되어 있으며, 퇴직하는 직원에게는 조합원 주식 소유제Associate Stock Ownership Plan(ASOP)를 통해 주식을 지급,

경제적 안정을 제공한다. 모든 직원은 조합원 주식 소유 제도에 참여할 기회가 있다. 주식은 비공개로 유지되며, 공개 시장에서 거래되지 않는다. 고어 일가가 아니라 조합원 주식 소유 제도가 회사의 주 오너이다. 여러 가지 점에서 독특한 경영 방침을 고수하는 이들은 하위 단위의 성장과 회사 전체의 규모 사이에 적절한 균형을 유지하고 있다.

캘리포니아의 성공적인 중소기업인 채트워스 사Chatsworth Products Inc.도 150의 법칙을 활용하고 있다. 모든 직원이 오너인 이곳 역시 회사 내부에 더 작은 규모의 하위 단위들을 갖고 있다. 윌리엄 그라이더는 《자본주의의 정신》에서 채트워스의 성공에 대해 언급하며 최고경영자 조 캐브럴Joe Cabral의 말을 인용했다.

> 대부분의 기업 경영자들은 내가 미쳤다고 생각해요. 이렇게들 말하죠. "조, 자네가 생각하는 것처럼 작은 단위들을 꾸려나갈 수는 없어." 우리의 철학은 특정 규모를 넘어서는 단위는 원하지 않는다는 거예요. 우리가 생각하는 이상적인 숫자는 150입니다. 가족 같은 환경을 유지하려면 이 정도가 적당하지요. 함께 일하는 사람들이 모두 잘 알기 때문에 서로에 대해 신경 써주고 도울 일이 있으면 기꺼이 돕습니다. 이 이상을 넘어가면 직원들 사이에 벽이 생기죠. 한 사람의 동료로서보다는 얼굴만 알고 지내는 사람, 숫자로 전락하고 말아요.[13)]

고어 사와 채트워스 사의 접근 방식은 어떤 회사들에게는 성장의 모범적인 사례가 될 수 있다. 또 어떤 회사들에는 더 작은 규모가 바람직하다고 느낄 수도 있다. 극단적인 예로 보스턴에서 일하고 있는 의사 필 골드스미스Phil Goldsmith를 들 수 있다. 아내와 나는 10년이 넘도록 그에게 1년에 한 번씩 전반적인 진료를 받고 있다. 그의 진료는 다른 의사들과는 다르다. 그는 환자를 자세히 관찰하고 환자의 이야기를 들어주며 환자의 의견을 묻고 하고자 하는 말을 끌어낸다. 환자를 연구하며 치유한다. 간호사나 보조원 없이 모든 것을 혼자서 한다. 그렇기 때문에 환자와 이야기하고 환자의 상태를 더 자세히 살펴볼 수 있는 시간이 있다. 보조원 없이 혼자 일한다고 해서 그를 엉터리 시골 의사로 생각하면 곤란하다. 오히려 그는 보스턴 의학계에서 잘 알려진 인물이다. 필은 이렇게 말했다. "나는 모두를 위해서 일할 수는 없어요. 여기 처음 온 어떤 사람은 너무 오래 기다리게 한다며 불평하더니 다시는 오지 않더군요." 필은 소신이 있다. "저는 결장암은 진료하지 않습니다. 그것은 얼마든지 개인적으로 예방할 수 있거든요." 50세가 넘으면 결장암 검사를 받게 될 것이다.(병원에서 50세 이후부터는 결장암 검사를 받을 것을 권장하는 것을 가리킴—옮긴이) 그리고 그 뒤로 5년에 한 번씩 검사를 받아야 한다.

최근에 진료를 받으며 필에게 어떤 기업들은 작은 규모를 유지하는 것이 더 적합하다는 이야기를 했더니 그가 말했다. "내 일과 같네요. 나는 내가 좋아하는 일, 그리고 잘할 수 있는 일을 하지요. 진료 규모를 더 키웠다면 좋아하는 일만 할 수는 없었겠죠." 필 골드스미스의 진료는 질이 아주 높고 정보를 소상히 알려주며 인간적이다. 어떤 면에서 이것은 시대착오적인 것인지도 모른다. 그러나 이는 좋은 결과를 얻기 위해서, 일에 전념하기 위해서, 때로 특권을 얻기 위해서 반드시 규모가 커야 할 필요는 없다는 사실을 보여주는 것이기도 하다. 모순적이게도 명예란 포기할 때 따라온다. 내가 만나본 많은 의사들은 의료보험 제도라든지 보험 회사에 의해 좌우되는 의료계의 관료화된 풍토에 불편한 심기를 드러냈다. 그러나 필은 그렇지 않았다. 그는 명쾌하다. 불평하지 않는다. 남다른 선택, 때로는 어느 정도의 희생을 통해 스스로의 진료 활동에 만족하고 거기서 성공을 거두고 있기 때문이다.

프랜차이즈를 다시 본다

논쟁의 요소가 많이 있지만 확실한 것이 한 가지 있다. 만일 우리가 사람들의 삶의 질을 높일 수 있는 서비스, 물건, 회사 모델을 개발한다면 우리는 그 모델을 가능한 한 많은 이들이 사용하기를 바랄 것이다. 그러나 그렇게 하기 위해 회사의 규모를 늘린다면 지역과 사람으로부터 멀어지며, 우리가 지키고자 하는 가치를 잃어버릴 수도 있다. 나는 새로운 방식의 프랜차이즈를 통해 회사의 기본 원칙을 지키면서도 회사의 영향력과 효율성을 확장할 수 있지 않을까 궁리하고 있다.

프랜차이즈 경영은 우리에게 친숙한 개념으로, 매우 대중적이고 성공적인 경영 방식이다. 미국 소매업의 35퍼센트 이상이 프랜차이즈 방식으로 경영되고 있으며, 그 수치는 지금도 증가하고 있다. 프랜차이즈는 1950년대에 유행하기 시작했지만, 이미 1900년대 초부터 자동차, 휘발유, 농장 기계화, 재봉틀 등과 함께 경제의 주요 요소로 자리 잡고 있었다. 1960년대 후반에는 거의 모든 종류의 상품과 서비스를 판매하는 데 프랜차이즈 경영이 사용되었다. 프랜차이즈 경영은 큰 기업과 작은 기업을 동일한 관리 체제로 통일한다. 즉 많은 독립 점포를 만들어 기업을 빠르게 성장시키는 방법으로, 독립 점포들은 모회사의 엄격한 경영 방침에 따라야 한다. '프랜차이즈'라는 말은 원래 고대 프랑스어로 '~을 자유롭게 하다'라는 뜻의 단어에서 나왔다. 그러나 모순적이게도 대부분의 프랜차이즈에는 자유가 없다.

프랜차이즈는 한 회사의 상품과 서비스를 특정 지역에서 판매할 수 있도록 인정된 기업이다. 그 대신 정해진 창업비를 내고 정기적으로 인세를 지불해야 한다. 특정 물품이나 서비스로 성공한 회사들은 이 방법을 통해 기업의 규모를 기하급수적으로 늘렸다. 프랜차이즈 방식에는 두 가지가 있다. 하나는 상품을 확산하는 것이고, 다른 하나는 영업 방식을 확산하는 것이다. 포드 자동차는 상품형 프랜차이즈에 속하며, 맥도날드는 영업 방식형 프랜차이즈에 속한다. 상품형 프랜차이즈 방식이 먼저 개발되었지만, 기업주들은 프랜차이즈 자체가 독특한 상품으로 팔릴 수 있다는 것을 알았다. 따라서 프랜차이즈의 대세는 미용실, 보험 회사, 해충 관리업, 복사 전문점, 피자 전문점, 사진 현상소, 세탁업, 태극권 도장 등의 영업 방식형 프랜차이즈가 차지하게 되었다.

프랜차이즈 경영은 가맹점 점주에게는 위험이 크지 않은 선택이다. 어떤 점에서 그것은 민주적인 데가 있다. 소량의 투자 자본만 있으면 누구나 창업할 수 있고 고도로 자본화된 기업 시스템이 주는 혜택을 누릴 수 있기 때문이다. 이는 또한 소규모 기업들이 서로 경쟁하는 조건을 만들기도 한다. 그러나 동시에 전국의(나아가 전 세계의) 기업 문화를 급속하게 동일화하는 결과를 낳았다. 이제 장소에 상관없이 같은 상품을 소비하고, 같은 간판과 같은 광고를 접하며, 같은 경험을 할 수 있다. 대중은 유명 브랜드를 선호한다. 독특하지만 잘 알려지지 않은 상품보다 친숙한 상품이 품질이 더 우수할 것이라고 믿는 것이다. 이러한 이유로 많은 회사들이 프랜차이즈 경영을 선택하게 된다.

그러나 소비 특성은 바뀌는 법이다. 이제 대중은 다양한 선택 가능성과 개성을 추구하고 차별화와 주문 제작을 선호하기 시작했다. 사회평론가인 버지니아 포스트렐은 《스타일의 전략》이라는 책에서 다음과 같이 말했다.

미적 취향이 다양해지면서 다양성에 대한 욕구가 급증하고 있다. 제품 디자이너의 궁극적인 목표는 '대량 주문 제작'이 되었다. 산업 디자인의 대가 하르트무트 에슬링어Hartmut Esslinger는 기존의 규격화된 상품은 개개인의 개성을 반영한 10만 개의 개별적인 디자인으로 탈바꿈할 수 있어야 한다고 말한다. 또 다른 디자인 전문가는 에슬링어의 주장에 동의하며 "대량 생산은 모두에게 백만 개 중의 하나인 어떤 것을 제공한다. 그러나 대량 주문 제작은 단 한 사람에게 수백만 개의 독특한 모델을 제공한다"고 덧붙였다.[14]

포스트렐이 시류를 짚어낸 게 맞다면 프랜차이즈는 이제 바뀌어야 한다. 동일성의 단조로움은 더 이상 매력이 될 수 없을지 모른다. 그러나 지금까지는 소매점간의 일관성, 모든 지역에서 동일한 소비 경험, 본점을 중심으로 한 체계적인 의사 결정 방식 등 프랜차이즈 경영만의 특성이 주류를 이루고 있다. 다만 자율적인 의사 결정을 원하는 기업가라면 프랜차이즈를 선택해서는 안 된다.

프랜차이즈 경영에서는 쓰레기를 처리하는 방식까지도 정해진 기준에 맞추어야 한다. 텔레비전 광고에 나오기도 했던 웬디스Wendy's(미국의 대표적인 패스트푸드 업체—옮긴이)의 최고경영자 데이브 토머스는 이렇게 말했다. "새로운 직원을 교육하는 것이 가장 중요합니다. 교육에는 끝이 없지요. 우리는 탁자 닦는 법까지도 교육합니다. 믿으실지 모르겠지만, 탁자를 닦는 데도 옳은 방법과 그른 방법이 있습니다."[15]

정말 그럴까?

세상에서 가장 맛있는 빵집, 그레이트 하비스트

웬디스의 방식에 대한 저항은 독특한 제과 회사 그레이트 하비스트

Great Harvest의 경영 철학에서 찾아볼 수 있다. 몬태나의 딜런에 본점이 있는 이 작은 제과 회사는 독특한 프랜차이즈 경영과 의사 소통 방식을 개발했다. 이는 갓 구운 통밀빵이 햄버거나 감자 튀김과 다르듯 웬디스의 방식과 다르다. 그들의 프랜차이즈 방식에는 포스트렐이 말한 '대량 주문 제작'의 요소가 들어 있다. 미국에는 약 186개의 그레이트 하비스트 매장이 있다. 그런데 각 지점들은 기본적으로 요구되는 규칙을 공유할 뿐, 그 외에는 자유이다. 그레이트 하비스트의 점주들은 자신의 상품에 대한 자부심뿐 아니라 각 지점 점주로서의 자유와 개성, 지역 정서에 대한 신뢰를 갖고 있다. 모든 매장은 몇 가지 기본 원칙을 제외하고는 지역 특성에 맞게 자율적으로 운영된다. 그레이트 하비스트 사의 프랜차이즈 원칙은 신뢰와 존중에서 나온 단순한 것이다. 그들이 유일하게 요구하는 규칙은 제품의 질을 자신할 수 있어야 한다는 것이다. 믿을 수 있는 경로로 밀을 구입해 매일 신선하게 갈아야 한다는 것, 이것이 규칙의 전부이다. 그 외에 계약서에 명기된 조항은 "이 계약서에서 금지하고 있는 조항이 아니라면 무엇이든 허용된다"[16]이다. 이런 계약 조항을 들어본 적이 있는가?

내가 다소 단순화한 것일지 모르겠지만, 그레이트 하비스트 사가 독특한 제품을 만들면서도 진보적인 기업 윤리를 지키고 있다는 점만은 전적으로 사실이다. 나는 이들의 이야기를 톰 맥마킨이 쓴 《세상에서 가장 맛있는 빵집 이야기》라는 책에서 처음 접했다. 톰 맥마킨은 1993년부터 그레이트 하비스트에서 일했으며, 사보 편집장을 지냈고, 뒤에는 창립자 피트 웨이크먼Pete Wakeman, 로라 웨이크먼Laura Wakeman 부부의 뒤를 이어 회사를 경영했다. 나는 서부의 그레이트 하비스트 매장을 여러 군데 방문한 적이 있다. 각 빵집은 저마다 특색이 있었으며 빵 맛은 모두 뛰어났다.

이 회사에 대해 궁금증이 생긴 나는 현재 최고경영자인 마이크 페레티Mike Ferretti에게 연락했다. 웨이크먼 부부가 건강상의 이유로 회사를 내놓았을 때 그와 함께 다른 소규모 투자자 집단이 회사를 인수했다고 했다. 마이크는 회사에 대해 말할 때 매우 신중하고 조심스러웠지만, 그런 겸손함 속에서도 회사에 대한 자부심이 드러났다. 그는 맥도날드나 스타벅스와 같은 체인점과 그레이트 하비스트를 명확히 구분했다. 차이점은 놀라웠다. 그는 맥마킨과 마찬가지로 그레이트 하비스트 사가 '자율적 프랜차이즈'라고 규정했다. 회사는 모든 방법을 동원해 각 지점의 독립성과 창의성을 장려한다. 다른 프랜차이즈 업체는 회사 규칙과 광고 방식에 있어서 기준을 엄격히 준수할 것을 요구하고 회사의 현장 관리자들이 규칙이 잘 지켜지는지 감시한다는 점에서 경찰과 다르지 않다.

그러나 그레이트 하비스트 사의 경우는 프랜차이즈의 선택에서부터 결정적인 차이점이 있다. 마이크의 설명에 따르면 창업자는 "지점을 선택하는 과정에서 거의 무한대의 권한을 갖는다." 그들은 회사를 위해서나 지점을 위해서나 그렇게 해야만 하는 윤리적인 의무감을 느낀다고 한다. 새로운 지점을 내는 것은 회사의 생명에 영향을 미치는 중요한 일로, 본점의 입장에서는 최대한 큰 성공을 바라는 게 당연하다. 새로운 지점을 내기까지 수차례 인터뷰가 오가고 만남이 이루어지는데, 인터뷰는 "양방향으로 이루어진다. 우리는 서로에게 공정해야 한다." 이들에게 새로운 지점을 내는 것은 새로운 동업 관계를 시작하는 것과 같다고 한다. 이는 우리 회사가 직원을 고용할 때 오너로서의 자질을 가늠하는 것과 비슷하다. 일단 가맹점 창업이 결정되고, 본사가 지점의 위치를 정해 주면 전폭적인 지원과 교육이 시작된다. 이는 새로운 지점이 문을 연 후 1년간 계속된다.

그레이트 하비스트 사 본점이 확인하는 것은 서비스와 제품 품질 기준이 어떻게 지켜지고 있는가이다. 이는 각 지점과의 상의를 통해 이루어지며, 본사가 아니라 '그레이트 하비스트 점주위원회'가 판단한다. "각 지점의 점주들이야말로 무엇이 제일 중요한지 가장 잘 알고 있지요. 그들은 동료이자 배심원입니다." 마이크의 말이다. 그래서 "매일 새로 간 엄선된 통밀로 빵을 만든다"는 유일한 요구 사항에 따라 각 지점은 최상의 빵과 훌륭한 서비스를 제공해야 한다. 그러나 그 방법은 각 지점에 달려 있다. 조리법이나 상점 디자인, 제품 선택에 있어서 규정은 없다. 유일한 철학은 "자신만의 방식으로 만들어라. 단, 잘 만들어라"이다. 본사는 원칙적인 지침만 제시할 뿐 엄격한 규칙을 제시하지는 않는다. 필요한 경우 다양한 정보 등의 도움을 받을 수는 있다.

그레이트 하비스트 사 시스템의 또 다른 특징은 점주들간의 자체 규정self-regulating 시스템이다. 이는 몇 년간 지속되는 것으로 모든 지점의 점주들은 회사 네트워크를 통해 아이디어와 문제점, 공유되고 있는 이슈에 대해 의견을 주고받을 수 있다. 아직 자리를 잡아가는 중인 이 시스템은 회사 내 의사 소통의 주요 수단이다. 누구나 원하는 만큼 의견을 듣고 의견을 낼 수 있다. 마이크는 "가끔은 삭제하고 싶은 의견도 있었어요"라고 말하지만, 본사에서는 단 하나의 의견도 삭제하지 않았다. 이런 이유로 현장 관리자에게도 '감시' 이상의 역할이 주어진다. 맥마킨이 책에 썼듯 "그레이트 하비스트의 현장 관리자가 하는 일은 조금 다르다. 현장을 방문하는 목적은 오너들이 얼마나 본사의 매뉴얼을 잘 따르고 있는지 확인하는 것이 아니다. 벌들이 이 꽃에서 저 꽃으로 이동하며 꽃가루를 옮기듯이 각 지점들이 갖고 있는 지식을 서로 공유할 수 있도록 돕는 것이다."[17)]

본사가 할 일은 점주들이 아이디어를 활용할 수 있는 기회를 만드는 것이다. 이들은 온라인 회의뿐 아니라 대회의, 지역 회의, 점주 교육 등을 제공하고, 각 점주들이 타 지점을 방문할 수 있도록 경비를 지원한다. 이 모든 것의 결과는? 맥마킨의 말을 들어보자.

> 그레이트 하비스트 사가 활기를 띠는 것은 각 지점의 점주들에게 두 가지 이점이 주어지기 때문이다. 우선, 그들은 자신과 똑같은 일을 하고 있는 다른 사람들과 친밀하게 협력 관계를 유지한다. 그리고 이러한 동업 관계를 토대로 놀라운 아이디어들을 창출한다. 그러나 이들은 전적으로 자율적이다. 매장을 어떤 생각으로 채울 것인지는 순전히 그들 스스로 결정한다. 우리 회사의 모든 사람은 바로 '자율적 프랜차이즈' 라는 특성 때문에 빠른 속도로 사업에 적응하고 배운다.[18]

그레이트 하비스트 사는 몇 가지 점에서 다른 프랜차이즈와 현격한 차이를 보인다. 각 지점이 지불하는 로열티는 5년 단위로 줄어든다. '개혁적인 공인회계사' 라고 자처하는 마이크 페레티는 이것이 이례적이라는 사실을 알고 있다. 그러나 동시에 실용적이고 논리적인 것이기도 하다. 이는 그레이트 하비스트 사의 가맹점으로 속해 있는 시간에 대한 부분적인 보상에 불과하다. 장기간 가맹된 지점들은 그만큼 본사로부터 지원받는 부분이 줄어들므로, 본사의 업무량을 줄여준다는 논리이다.

그레이트 하비스트 사는 성장에 대해서 남다른 관점을 갖고 있다. 그들의 장기적인 목표는 한 달에 평균 두 개의 지점을 개점하는 것이다. 그 이상도, 그 이하도 아니다. 그 정도가 회사가 가장 효율적으로 운영될 수 있는 규모이다. 물론 이는 해가 지날수록 성장률이 감소한다는 것을 뜻한다. 그러나 이렇게 꾸준한 방식으로 회사를 운영함으로써 본점의 오너들은 회사의 직원을 늘릴 필요가 없으며(186개의 지점이 운영되는 지금도 본사에는 직원 28명이 있을 뿐이다), 다운사이징에 의한 시장 변동에 영향을 받지 않는다. 회사는 사적이고 친밀하며 민첩하게 유지된다. 그레이트 하비스트 사는 회사의 규모를 늘리는 데 열중하는 대신 각 지점들이 독특한 색채를 가지고 자립할 수 있도록 돕는다.

나는 마이크에게 그레이트 하비스트와 같은 회사를 또 알고 있느냐고 물었다. "경솔하게 말하고 싶지는 않지만, 한 군데도 없는 것 같아요. 50개 이상의 지점을 가진 규모로는 없다고 자부합니다." 그는 프랜차이즈 경영을 택한 많은 회사들이 초기에 많은 지점을 모집하려고 무엇이든 하지만, 일단 20~50개의 지점을 개점하고 나면 지점을 더욱 엄격하게 규제하면서 더 빨리 성장하는 것만을 회사의 목표로 삼는다고 말한다. 그가 알기로 현재 그레이트 하비스트 사 정도의 규모에서 이와 같은 프랜차이즈 방식을 갖고 있는 회사는 한 군데도 없다. 이 회사의 장기적인 목표는, 월스트리트의 압력이나 주주들에게 이익을 최대한으로 남겨야 한다는 절대적인 의무에 종속되지 않기 위해 비공개 회사로 남는 것이다.

그레이트 하비스트와 바디샵의 경우는 비교해 볼 가치가 있다. 바디샵은 사회적 책임 투자 기업으로 유명하다. 바디샵의 설립자인 아니타 로딕Anita Roddick도 초기에는 각 지점의 독립적 권한과 개성, 대담한 시도를 지지했다. 로딕과 그녀의 남편은 사회 의식이 강했다. 그러나 사업에 있어서 그들은 거대 성장과 기업 공개라는 전통적인 방식을 채택했다. 그들은 월스트리트에 공개된 이후 그레이트 하비스트 사는 한 번도 부딪히지 않았던 문제들에 직면했고, 지금도 해결책을 찾지 못하고 있다.

몇 년 전 건축가 고든 털리Gordon Tully로부터 "지금 당신이 하는 것을 꼭 프랜차이즈해야 합니다"라는 말을 들은 뒤로 나는 줄곧 우리 회사를 프랜차이즈하는 생각을 하고 있다.

나는 "우리도 우리가 뭘 하고 있는지 잘 모르는데 어떻게 가맹점을 낼 수 있겠어요?"라는 말로 적당히 받아넘겼다. 그러나 직원들의 역량을 최대한 끌어내는 방법을 놓고 토론할 때마다 나는 이 아이디어를 떠올리곤 한다.

우리 회사 직원의 반 정도는 목공일을 한다. 그 중에는 너무 늦게 목공일을 시작한 사람도 있다. 나는 그들이 건물을 짓는 일 대신 다른 사람이 건축 회사를 운영하도록 돕는 일을 할 수도 있겠다는 생각을 했다. 몇 가지 사건을 계기로 나는 이 발상을 더 진지하게 생각하게 되었다. 우선 나는 《세상에서 가장 맛있는 빵집 이야기》를 읽었다. 그처럼 독특한 방식의 프랜차이즈로 사업을 확장할 수 있다는 생각은 미처 해보지 못했다. 물론 우리는 빵처럼 금방 만들어지는 제품을 생산하지는 않는다는 차이점이 있고, 우리의 작업인 건축에는 장소가 갖는 특성이 아주 중요하게 작용하기 때문에 건축 방식을 프랜차이즈로 빌려줄 수 없다는 문제가 있다. 그러나 나는 무엇이 요점인지 다시 생각하고 있다. 우리가 쌓아온 30년의 경험과 지식이 어쩌면 '정보 프랜차이즈'로 쓰일 수도 있지 않을까? 지역에 헌신하고 민주적인 구조를 갖추며 이윤을 남기면서도 장기적으로 지속 가능한 소규모 건축 회사! 이러한 회사에 대한 '정보 프랜차이즈'가 어떻게 가능할지는 아직 구체적으로 그려내지 못했지만 말이다.

소규모

나는 우리 회사가 150명이나 그 이상 되는 것은 기대하지 않는다. 기껏 해봐야 50명이나 60명으로 늘어나는 상상을 해볼 뿐이다. 나는 지금도 우리 직원의 자녀들 이름을 다 기억하지 못한다. 많은 직원들이 각각 자신의 작업장에서 일을 하기 때문에 어떤 이들은 몇 주 동안 보지 못하기도 한다. 가끔은 면접 때 이야기를 나눈 이래로 서로 깊은 대화를 나누지 못해 그들의 근황을 따라잡는 데 몇 달, 심지어 1년이 걸리기도 한다. 나는 내가 모두를 더 잘 알았으면 좋겠다. 직원 모두의 삶에 관심을 기울일 시간이 더 많았으면 좋겠다. 어려운 점이 무엇인지, 성공과 실패의 요인이 무엇이었는지…… 그들이 맡고 있는 작업의 속내를 더 잘 알 수 있었으면 한다.

권력과 부만을 추구하는 것은 고슴도치를 좇는 것과 같다. 아무런 생각이 없으면 그것을 잡을 수도 있을 것이다. 그러나 기업과 조직에는 각자 자신에게 맞는 규모가 있다. 따라서 우리는 성장의 의미라든지 '적절함' 의 개념에 대해 더 넓게 생각해 보고 더 많이 토론해 보아야 한다. 오너의 수가 계속 늘어난다면 우리는 오너의 수만큼 개인의 지분이 줄어드는 것을 막기 위해 대책을 마련해야 할지도 모른다. 우리의 목표가 성장을 통해 회사의 영향력을 확장하는 것이라면 150의 법칙을 따르든지, 새로운 형태의 프랜차이즈를 시도하든지 뭔가 지금까지와는 다른 방식의 성장을 시도해야 할지 모른다. '성장' 에 대한 개념을 새롭게 정의하는 것은 우리 회사의 두 번째 기본 원칙이다. 이것은 현재 우리 회사의 가장 중요한 화두이다. 무한 성장이라는 신화는 우리 회사의 원칙으로는 맞지 않는다.

한 어부 이야기가 있다. 어느 날 오후 그는 아내와 함께 일광욕을 하며 해변에 앉아 있었다. 아침에 커다란 물고기를 잡은 터라 그날은 바다에 더 나가지 않기로 했다. 한 부유한 사업가가 지나가다가 그에게 물었다.

"왜 바다에 나가서 물고기를 더 잡아오지 않나요?"

"왜 그래야 하죠?" 어부가 물었다.

"그러면 돈을 더 벌 테니까요. 아마 배도 한 척 더 사고 사람도 몇 부릴 수 있지 않겠어요?"

"그건 왜 그래야 하죠?" 어부가 다시 물었다.

"그렇게 되면 돈을 더 많이 벌고 배를 더 살 수 있겠지요. 그렇게 몇 년간 더 열심히 일하면 당신은 부자가 될 거예요."

"내가 왜 그렇게 해야 하는데요?"

"그렇게 되면 일을 그만두고 아내와 함께 해변에서 일광욕이나 즐기며 살 수 있을 것 아닙니까?"

"그게 바로 내가 지금 하고 있는 것이잖소?"

4. 다양한 가치를 실현하기

얼마 전 우리 회사의 오너들이 내린 결정에 나는 깊은 감동을 받았다.

최근에 아이를 입양한 동료가 있었는데, 그는 입양 혜택과 관련해 한 가지 제안을 했다. 친부모는 자녀를 키울 때 의료보험의 혜택을 모두 받지만, 입양한 부모는 전혀 받지 못한다. 그는 부모 자격은 입양한 부모에게까지 공식적으로 확대되어야 한다고 주장하면서, 그 경우 입양한 부모들은 2,500달러에서 5천 달러의 혜택을 받아야 한다며, 이렇게 생겨난 이득은 또 다른 입양으로 이어질 것이라고 주장했다. 토론은 이어져 우리는 친부모와 입양 부모의 권한을 동등하게 볼 경우 5천 달러라는 액수는 너무 적다는 결론에 이르렀다. 마지막에 누군가 물었다. "이 원칙이 실제로 적용되어야 한다고 생각하는 사람이 얼마나 되나요?" 거의 모든 이들이 손을 들었다. 우리는 드디어 합의된 의견을 갖게 되었다. 처음 이 제안을 내놓은 동료는 예상치 못한 큰돈을 받게 될 것이었다. 그는 아무 말도 하지 못하고 눈물을 흘렸다.

이것을 일이라고 하겠습니까? (사진: 저자)

적절한 보상을 받고 있다고 느낄 때 우리는 자신의 풍요로움을 나누고 싶어한다. 이 순간 우리는 경제적 손익분기점이란 회사가 궁극적으로 추구하는 다양한 가치를 실현시킬 수 있는 하나의 수단일 뿐이라는 걸 알게 된다.

와인의 맛을 설명하다

자본을 성공의 유일한 지표로 삼을 때 우리는 삶, 가족, 공동체를 간과하게 된다. 모두 어느 정도까지는 이 사실을 깨닫고 있지만, 실생활에서는 너무 쉽게 잊어버린다. 많은 사람들은 급여만큼이나 작업 환경의 질을 중요시한다. 경제적으로 합당한 생활을 하는 것에 더해 일에서 만족을 느끼고자 한다. 우리는 고객 및 동업자들의 요구를 만족시키고 싶어하고, 지역 사회의 안정과 활성화에 기여하고 싶어하며, 환경을 생각하고, 안전하고 건강하며 보상이 주어지는 작업 환경을 유지하고 싶어한다. 좋은 서비스를 제공하는 기쁨, 유머에서 나오는 웃음, 강한 유대감을 나누며 안정적으로 지속되는 회사를 만들고자 한다. 우리 회사는 이 모든 가치를 만족시킬 수 있을 만큼 충분한 이윤을 남겨야 한다. 그러나 이윤은 우리 회사의 다양한 가치 중 하나일 뿐이다.

우리의 세 번째 기본 원칙은 이윤이 제 역할을 하도록 하면서 다양한 가치를 실현하는 것이다.

최근 많은 기업, 비영리 단체, 심지어 정부 기관까지도 이른바 '다양한 가치multiple bottom line'에 주목하기 시작했다. 그들은 보통 기존의 경제 제도에 환경 및 사회적인 문제를 덧붙여 '삼중 가치triple bottom line'를 주장한다. 삼중 가치라는 용어는 1998년 존 엘킹턴의 책 《포크를 든 식인종: 21세기 기업의 삼중 가치》[1]를 통해 알려졌으며 몇 년 뒤 매우 대중적인 개념이 되었다. 웨인 노먼과 크리스 맥도널드는 계간 《기업 윤리》의 기사에서 오늘날의 대규모 회계 법인은 "경제적 가치를 제외한 두 가지 가치, 즉 환경과 사회 문제에 공헌하는 정도를 수치화하는 서비스를 제공하고 있다"[2]고 밝혔다. 그러나 노먼과 맥도널드는 이 단어가 사용되는 방식에 비판적이다. 왜냐하면 사회 · 환경적인 가치를 경제적인 기준처럼 비교하고 수치화할 수 있는 방법은 없기 때문이다. 그들은 이러한 종류의 수치화를 통해 오늘날 쓰이는 삼중 가치라는 용어가 모호해지고 오용되고 있다고 결론을 내린다. "한마디로 그 말이 사실상 의미가 없고 모호하기 때문에 사회 · 환경 문제에 냉소적인 기업들도 쉽게 사회 · 환경적인 지속 가능성을 중요시하는 것처럼 비칠 수 있다."

우리 회사는 어떤 삼중 가치도 주장하지 않는다. 물론 우리는 이윤뿐 아니라 환경과 사회를 절대적으로 고려한다. 그러나 우리 회사의 사회 · 환경적 영향력, 그리고 비영리적인 목표를 달성하는 과정에서 얻은 성공과 실패를 측정하고 수치화하지 않는다. 그보다는 더 넓은 의미로, 그리고 상징적으로 '다양한 가치'라는 말을 쓰고자 한다. 이는 우리가 중요시하는 가치관과 문제, 관심사 등을 모두 가리킬 수 있는 말이다. 이 모든 것은 건강한 재정 상태가 뒷받침되지 않으면 실현할 수 없지만, 경제적인 손익분기점만큼이나 중요하다. 우리 회사가 추구하는 다양한 가치 중 수치화할 수 있는 것은 경제적인 가치뿐이다. 누군가 지적했듯 "와인의 맛을 설명하는 것보다는 병의 개수를 세는 것이 더 쉽다."

그러나 우리는 맛을 '설명'하는 것도 충분치 않다고 생각한다. 회사가 원하는 가치를 실현하려면 단지 말만 하는 것이 아니라 다양한 노력과 시행착오를 거쳐야 한다. 이런 점에서 회사를 세운다는 것은 정원을 가꾸는 것과 같고, 다양한 가치를 추구하는 것은 밭을 준비하고 씨를 뿌리고 기르고 추수하는 것과 같다. 오너들에 의해 공동으로 소유되고 있는 우리 회사는 마당에 가꾸는 텃밭에 비유할 수 있다. 우리는 상품으로 팔기 위해서가 아니라 우리 자신의 일과 삶의 만족을 위해서 일을 한다.

가입비를 지불하고 소유권 서류에 사인하면 법적인 오너가 된다. 그러나 그것은 경제적인 의미에 그칠 뿐이다. 당신이 부동산에서 막 땅을 구입했다면, 이제 그 땅의 주인은 당신이다. 그러나 그곳에서 해가 지고, 달이 뜨고, 비가 내리고, 우박을 맞는 경험을 해보기 전까지, 그곳에 어떤 나무와 풀이 있는지 알기 전까지, 그곳에서 정원을 가꿔보기 전까지는 당신이 그 땅의 진짜 주인이라고 할 수 없다. 적어도 그 앞으로 스컹크 한 마리가 지나가는 것을 보기 전까지는 그렇다.[3] 우리 회사도 마찬가지이다. 각 개인이 작업 경험과 의견을 나누고 축적해 갈 때 회사는 점진적으로 그들의 것이 된다. 길 위에서 스컹크를 만난 경험들을 통해 더 훌륭한 오너가 될 수 있다. 그들이 사우스 마운틴 사라는 정원을 가꿈으로써, 즉 다양한 책임과 직무를 맡음으로써 회사의 다양한 가치들이 의미를 가지며 현실화될 수 있다.

왜 이 일을 하는가

1993년 2월, 모든 직원이 참석한 전체 회의는 우리 회사의 다양한 가치에 대한 이해를 넓히는 중요한 계기가 되었다. 그날 임금을 비롯한 여러 불만을 놓고 오간 이야기들은 생산적인 대화로 수렴되었다. 당시 우리는 수시로 전체 회의를 했는데, 개인적으로 가끔은 토론이 목표 지점에서 벗어나 겉돌고 있다는 느낌을 받았다. 마치 음악 없이 춤을 추고 있는 듯 공허해 보였다고 할까. 그날의 회의는 특히나 어수선했다. 그래서인지 마이크의 문제 제기에 모두들 충격을 받은 것처럼 보였다.

마이크가 물었다. "그래서 여러분에게 중요한 것은 무엇입니까? 더 큰 보상을 바라나요? 회사가 여러분에게 해줄 수 있는 더 중요한 것이 있습니까? 물론 우리가 더 많은 돈을 쓸 수도 있을 겁니다. 그러나 그게 중요한 것이 아니지요. 가장 중요한 것은 회사 내에서 균형이 유지되는 것, 그리고 최우선의 가치가 지켜지는 것입니다. 여러분에게 가장 중요한 것은 무엇입니까?"

당시 우리가 던질 필요가 있던 적절한 물음이었다. 모두들 고개를 들고 눈빛을 반짝거렸다. 하품들이 멎었다. 그리고 진심에서 나오는 이야기를 하기 시작했다. 당시 광범위한 지지를 받은 의견들을 정리하면 다음과 같다.

· 우리는 회사가 사회적 문제에 덜 참여한다면 일에 대한 만족도 역시 줄어들 것이라고 생각한다. 서민 주택 공급, 순응 임금제(물가 상승에 따른 실질 임금의 저하를 방지하여 종업원의 생활을 안정시키기 위한 제도—옮긴이), 환경에 대한 고려, 사회적 명분에 대한 공헌 등은 우리 회사 직원들의 자부심과 작업 만족도에 큰 영향을 미친다.

· 우리는 정규적인 연례 평가와 임금 계획을 가져야 한다. 직원들은 회사 경영이 오너들뿐 아니라 회사 전체에 공개되기를 바란다는 의사를 표시했으며, 회사의 임금 및 이윤 체계가 공정하고 적절하게 운영되고 있는지 의문을 제기했다.

· 수입의 안정성이 확보되어야 한다. 대부분의 직원이 이윤을 직원 개인

의 경제력에 대한 일차적 지표가 아니라 회사의 수명과 역할을 지원해 주는 수단으로 보고 있었다.

· 우리는 사회 참여적인 회사로서의 입지를 굳혀야 한다. 회사의 사회 참여가 회사가 좋은 인상을 갖게 된 부분적인 이유이며, 따라서 사회적 활동이 회사의 안정성과 이윤에 직결된다는 지적이 나왔다.

· 우리는 다양한 작업 기회를 원한다. 직원들은 장기적인 관점에서 회사를 바라보고 있으며, 나이가 들어 현장 작업에 부적합해질 경우를 대비해 회사가 새로운 종류의 일을 창출하기를 바랐다.[4)]

오너 임원진은 이 회의를 통해 직원들의 불만과 개선점에 대한 의견을 듣고 그들의 다양한 욕구를 더 깊이 이해하게 되었다. 또 오너가 아닌 직원들은 오너가 된다는 것이 무엇인지 더 잘 알게 되었다. 나는 이 회의가 끝난 후 직원들 앞으로 글을 남겼다. 그 중 일부를 공개한다.

지난주 전체 회의에 참석해 준 직원들께 감사드립니다. 열정적으로, 진심으로, 솔직하게 의견을 말해 주어 고맙습니다. 나는 우리가 전환점에 다다랐다고 생각합니다. 지금까지 우리는 회사의 신규 오너들을 잘 맞이해 왔습니다. 그러나 오너가 아닌 평사원들도 그 과정에 참여하도록 만드는 데는 그다지 성공하지 못했습니다. 그들 역시 오너로 참여하도록 만드는 것은 중요합니다. 그 이유는 단순합니다. 그렇게 해야 여러분 개개인이 원하는 직장을 만드는 데 참여할 기회가 주어지기 때문입니다. 우리는 완벽한 집을 지으려고 하지 않습니다. 마찬가지로 완벽한 회사를 만들려는 것도 아니지요. 우리는 완벽한 집이나 완벽한 회사에 대해 합의된 정의조차 갖고 있지 않습니다. 그러나 여러분이 욕구와 바람, 의견을 표현해 줄 때 우리 회사는 더욱 튼튼하고 생기 있는 회사가 됩니다. 또한 그렇게 해야 우리 모두의 개인적 만족도 더 높아지겠지요.

회의는 우리 회사에 많은 것들이 필요하다는 사실을 일깨워주었습니다. 필요한 변화들은 몇 년에 걸쳐 서서히 일어날 것입니다. 지금 당장은 전진이 아니라 후퇴하고 있는 것처럼 보일 수도 있겠지요. 그러나 익숙한 해안을 떠나 망망대해에 나가지 않고서는 새로운 섬을 발견할 수 없습니다. 나는 우리의 여행을 기대하고 있습니다. 여러분들이 만드는 이 회사에 감사의 마음을 전합니다.

우리는 석 달 후에 가진 회의에서 보상과 평가의 문제를 중점적으로 다루었다. 그리고 직원들을 비교 · 평가한 결과로 급여를 산정해서는 안 된다는 데에 합의를 보았다. 구체적인 부가 혜택이 바람직하다고 판단되었다. 임원진들이 따로 모여 회사의 소명 의식과 핵심적 가치, 목표 등을 다시 규정해야 한다는 데에도 합의를 보았다. 새로운 의식의 눈이 떠지는 순간이었다. 이전에 우리가 함께 고민했던 문제들은 우리가 하는 일을 어떻게 하면 더 잘할 수 있느냐에 집중되어 있었다. 이제 우리는 스스로에게 "우리는 누구인가, 왜 이 일을 하고 있는가?"라고 묻고 있었다. 우리는 바로 이것을 기점으로 '다양한 가치'에 대해 깊이 생각하게 되었다.

다음 전체 회의는 비니어드 섬의 추위가 가장 매서운 2월에 열렸다. 다양한 반대 의견과 불만이 쏟아져 나왔다. 한 직원이 말문을 열었다. 25년간 도급업자로 일한, 경험이 아주 풍부한 직원이었다. 코네티컷에 집과 일터를 가지고 있었으나 아내와 함께 비니어드 섬에서 안식년을 보내던 중 우리와 함께 일할 기회가 있었다. 그는 비니어드 섬이 마음에 들어서 안식년을 마친 뒤 고향 집을 처분하고 다시 이곳으로 이사와 우리와 함께 일하게 되었다.

그는 "제가 2년 전에 있었을 때와 많이 달라진 것 같아요"라고 말했다. 그 말은 사실이었다. 회사는 더 커지고 더 바빠졌으며, 새로운 긴장과 스트레스 요인들이 생겨나 있었다.

회의가 계속되면서 스트레스가 일뿐만 아니라 일 외적인 삶에서도 나오고 있다는 사실을 깨닫게 되었다. 새로 아기를 낳은 사람도 있었고 새집으로 이사한 사람도 있었다. 다시 돌아온 그 직원이 어딘가 '달라졌다'고 느낄 수밖에 없었다. 2년 전 그와 그의 가족은 새로운 곳에서 전원적인 안식년을 보냈다. 그러나 이제 그들은 땅을 사고 은행과 거래하며 계획을 짜고 새로운 직장에 적응하느라 바쁜 나날을 보내야 했다. 삶의 거의 모든 부분이 변했기 때문이었다. 회사가 변한 것만이 문제의 원인은 아니었다.

우리는 회의를 통해 많은 것을 알게 되었다. 직원들은 새로운 작업 계획에 문제가 있다고 느끼고 있었다. 우리는 전에는 그토록 자세하게 계획을 짜본 적이 없었다. 직원들은 예산에 대해서도 걱정하고 있었다. 그러나 예산은 이전보다 더 나아진 상황이었다. 변한 것이 하나 있다면 정보의 공개 여부였다. 작업 계획과 예산안을 전자 화면에 공개해 직원 모두가 볼 수 있게 했었다. 그러자 모두들 걱정을 하기 시작한 것이다. 임금, 예산, 작업 계획, 작업량 등에 대해 우려의 목소리가 생기기 시작한 것은 결국 과도한 정보로 인한 부작용이었다. 이 정보들은 내 머릿속에 있을 때는 문제를 일으키지 않았다. 그것들이 서서히 오너 집단과 공유되었고, 이제는 오너들이 갖고 있는 정보가 회사 전체와 공유되고 있었다. 새로운 정보들은 소화되기 어려운 법이다. 그러나 정보에 대한 요구는 점점 높아지고 있으며, 정보가 주는 스트레스에도 불구하고 혹은 바로 그 스트레스 때문에 정보를 받아들이는 능력은 더 커지고 있다. 이러한 긴장은 우리가 로열 더치/셸 그룹Royal Dutch/Shell의 최고 경영자를 지낸 아리 드 호이스Arie de Geus가 말한 이른바 '학습 조직learning organization'[5]으로 발전했음을 보여준다. 우리 회사의 경우 '학습'은 다양한 가치를 골고루 실현하는 법을 배우는 것이었다.

이 외의 다른 중요한 임원진 회의도 회사의 중심 가치를 정하는 데 도움을 주었다. 1996년 나는 회사에서 쓰는 문구류에 '생태적인 건축'이라는 문구를 새겨 넣는 것이 어떠냐고 제안했다. 반대 의견이 강했다. 많은 이야기가 쏟아져 나왔고, 결국 우리의 건물과 작업에서 드러나는 반反생태적인 요소들이 지적되었다. 우리는 때로 필요 이상으로 큰 집을 짓기도 하고 재료를 과다하게 사용하기도 하기 때문에 환경 친화적인 기업을 표방하기에 무리가 있다는 것이었다. 우리가 하는 일들에 환경에 해로운 요소들이 포함되어 있는 것이 사실이었다. 그러나 나는 우리 회사가 사회적 가치만큼이나 환경적 가치도 중요시한다는 사실을 다시 한 번 강조하며, 에너지 사용, 쓰레기 처리, 친환경적인 토지 활용 전략 등에 있어서 우리 회사가 어떤 노력을 기울여왔는지 해명하려 애썼다.

물론 우리가 하는 일이 완벽할 수는 없다. 그러나 최선을 다하려고 노력하고 있지 않은가? 그렇다면 우리 스스로를 환경 친화적인 기업이라고 규정할 수 있지 않은가?

나의 이와 같은 대답은 소용이 없었다. 의견 조율이 되지 않았다. 토론을 거듭할수록 나는 그들의 비판이 옳다는 것을 서서히 깨닫게 되었다. 나는 왜 우리 회사를 친환경 기업이라고 부르는 것이 적절하지 않는지 이해하게 되었다. 우리의 작업 자체로 우리 회사가 친환경적임을 증명하는 편이 더 나았다. 그들의 열정적이고 정확한 지적이 고마웠다. 그것은 우리 회사의 정체성을 결정하는 중요한 문제였다.

이러한 대화들을 통해 우리는 회사의 기본 원칙을 마련할 수 있었다. 그때의 대화를 통해 우리는 우리가 공유하는 가치와 서로에 대한 열정을 확인할 수 있었다. 우리는 회사의 다양한 가치들을 만들어낸 것이 아니라 발견했다. 이 장을 쓰기 전, 나는 당시 오고간 이야기를 기억해 내기 위해 6권이나 되는 커다란 서류철을 이틀에 걸쳐 통독했다. 그것은 우리가 처음 공식 회의를 가진 1985년부터 지금까지의 회의 내용과 메모를 기록해 놓은 자료이다. 당시의 기록들은 지루하기도 하고 당황스럽기도 하며, 재미있고 유쾌하기도 했다. 또 격려와 교훈을 주기도 했다. 마치 풍부한 자원을 수혈해 주는 피와 같았다. 이 모든 것을 그 안에서 한 번에 발견할 수 있다는 것이 놀라웠다. 소란스러운 시기도, 비교적 조용한 시기도 있었다. 우리 회사의 다양한 가치가 무엇인지 당시에는 모호하기만 했는데, 이제는 제법 알아볼 수 있을 만큼 명확해졌다.

경쟁을 지양하고 협력을 지향하다

약 10년 전에 나는《경쟁을 넘어서: 경쟁에 맞선 사례*No Contest: The Case Against Competition*》라는 책을 읽었다. 교육자이자 사회 이론가인 알피 콘Alfie Kohn의 책이었다. 이 책을 읽은 일은 내게 기념비적인 사건이 되었다. 이 책은 나의 깊은 속마음을 정확히 표현해 놓아 나는 알피 콘이 마치 내 친구인 양 느껴졌다.

콘은 미국에서 '경쟁'의 개념을 가장 신랄하게 비판한 학자로 알려져 있다. 그는 승자와 패자를 나누는 우리 사회를 해박한 지식과 깊이 있는 사고로 비판하며 성공이라는 신화를 낱낱이 해체한다. 콘의 주장은 우리 회사의 핵심적인 가치와 많은 부분 중첩되며, 다른 조직체와 기업, 가족, 학교 등의 핵심 가치에 대해서도 많은 점을 시사한다. 콘은 우리가 당연하다고 생각했던 많은 것들에 의문을 제기한다. 그의 책에는 건강한 직장과 지역 사회를 만들고자 하는 사람이라면 누구에게나 필요한 중요한 정보들이 담겨 있다.

콘은 인간의 본성이 경쟁보다 협동에 적합하다며 그 이유를 설명한다. 경쟁은 유대 관계를 해치고 자아 존중감에 손상을 준다. 경쟁의 특성상 '모두가 승자가 될 수는 없으므로' 승자를 제외하고 경쟁에 참여한 대부분의 사람들은 결과적으로 시간을 낭비하게 된다. 이기기 위한 경기는 우리 대부분을 패자로 만든다. "쥐들의 경주에서 비극은 설령 경주에서 이긴다 해도 여전히 쥐일 수밖에 없다는 사실이다"라는 릴리 톰린Lily Tomlin(미국의 배우이자 코미디언—옮긴이)의 말처럼 말이다. 콘은 경쟁이 인성 개발에 도움이 된다는 말을 믿지 않는다. 그는 경쟁은 사실 직장이나 학교에서 구성원들이 최선을 다하는 데 방해가 된다고 주장한다.

그렇다면 우리는 왜 그렇게 큰 대가를 치르고서라도 경쟁을 고수하려 드는가? 어떤 작가의 말처럼 왜 경쟁이 "미국인의 또 다른 종교"[6]가 되었나? 콘에 따르면 그것은 우리가 협동을 모호한 이상주의로 받아들이거나, 기껏해야 아주 작은 인간 관계에서만 가능하다고 생각하기 때문이다. 이러한 잘못된 연상은 아마도 협동과 이타주의를 혼동하기 때문이 아닌가 한다.

협동은 성공률이 매우 높은 기민한 전략이자 일을 더 효율적으로 처리할 수 있는 실용적인 선택이다. 그러나 우리는 경쟁하도록 교육받아 왔다. 더 중요한 것은 경쟁을 신봉하도록 교육받았다는 것이다. 유치원에서 대학까지 우리는 경쟁은 바람직하고 필요하며 피할 수 없는 것이라고 배운다. 거의 모든 과정에 스며들어 있는 경쟁 중심적 교육의 결과는 경쟁의 불가피함을 증명하는 데 쓰였다. 그러한 믿음은 그러한 행동을 낳을 수밖에 없다.

콘은 이러한 교육 현실에서도 소수의 사람들이 협동의 윤리를 가르치고 있다는 것을 알고 있다. 분명 인간의 본래적인 의사 소통 방식이 협동이라고 가르치는 교사들이 있다. 그러나 대부분의 교사는 협동의 개념조차 제대로 이해하지 못한다. 그들은 협동을 복종으로 해석한다. 그들에게 있어 협동은 정해진 규율을 따르는 것이다. 이러한 오해는 우리의 교육 현장에 협동 행동에 대한 이해가 부족하기 때문이다. 우리는 맡은 일을 처리하고 게임에서 이기는 법을 배우지만 진정한 협동의 기술은 배우지 못한다.

회의를 이끄는 법이나 훌륭한 회의 참석자가 되는 법을 학교에서 가르치지 않는다는 사실이 나에겐 참 놀랍다. 회의의 방식을 교육받은 사람은 거의 없다. 이는 불행한 일이다. 회의의 법칙은 매우 근본적인 것이기 때문이다. 정치, 경제를 비롯한 공동체 생활은 올바른 회의 기술과 협력적인 의사 결정 기술의 부족으로 고통받고 있다.

콘의 연구는 성공과 경쟁이 별개의 것으로 서로 아무 관련도 없다는 걸 보여준다. 그는 더 나아가 이렇게 말한다. "훌륭한 결과를 위해 반드시 경쟁이 필요하지는 않다. 오히려 경쟁이 없는 경우 더 훌륭한 결과가 나온다."[7] 그는 몇 가지 연구 결과를 덧붙이며 다음과 같은 결론을 이끌어낸다.

> 데이비드 존슨David Johnson과 로저 존슨Roger Johnson 등은 1981년 기존의 연구 결과들을 분석한 메타 분석서 한 권을 출간했다. 그들은

> 1924년에서 1980년까지 이루어진 122개의 연구 결과를 분석했다. 그 중에는 경쟁과 협동, 그리고 개인 행동에 따른 상이한 수행 결과에 대한 자료도 있었다. 놀라운 결과가 나왔다. 65개의 연구에서 협동이 경쟁보다 더 높은 성취를 이루는 동기가 된다고 밝혔다. 그 반대의 결과는 8개였으며, 36개는 수치상으로 중요한 차이를 보이지 않았다. 모든 분야, 모든 연령대의 집단에서 경쟁보다 협동이 우위를 차지했다.[8)]

콘은 또 다른 실험을 통해 어떻게 우리가 경쟁하는 법을 교육받고 경쟁을 당연한 것으로 받아들이게 되는지 보여주었다. 실험 결과에 따르면 협동적인 개인은 일반적으로 다른 사람 역시 협동적일 것이라고 생각하는 반면, 경쟁적인 개인은 다른 사람도 경쟁적일 것이라고 생각하며 경쟁이 인간의 본성이라고 믿는다.

콘에 따르면 자연 세계에서도 협동의 법칙이 적용된다. 널리 알려진 다윈의 적자생존의 법칙과는 반대로 자연은 경쟁보다는 협동의 요소를 더 많이 갖고 있다는 것이다. 자연 선택은 경쟁을 요구하지 않는다. 반대로 경쟁을 지양한다. 생존을 위해서는 보통 다른 종의 개체뿐 아니라 같은 종의 개체가 반드시 필요하며 타자와의 대립보다는 협동이 더 효과적이다. 자세한 조사에 따르면 동물들은 극한 상황을 제외하고는 서로 협력한다.

콘은 러시아 무정부주의자 표트르 크로폿킨Pyotr Kropotkin의 저작을 언급한다. 그 책은 동물의 세계에서 협동의 법칙이 적용되고 있음을 보여준 첫 번째 책이었다. 그는 1902년에 낸 책《만물은 서로 돕는다 *Mutual Aid*》에서 종간에 경쟁이 치열해질 때 생물들은 반드시 해를 입는다고 밝혔다. 그에 따르면 협동하려는 본성적인 경향은, 항상 인지되지는 않지만, 자연 세계 어디에서도 발견할 수 있다고 한다. 상호 부조는 일종의 암호이다. 콘은 많은 과학자들의 최근 저작을 인용하여, 동물이 단지 경쟁을 피할 뿐만 아니라 전적으로 협동에 근거해서 행동한다고 주장한다. 그는 협동의 본성이 왜 그렇게 많은 이들에게 생소한 것으로 받아들여지며 경쟁보다 더 실현하기 힘든 것이라고 여겨지는지 의문을 제기한다.

> 얼리Allee가 말했듯이 "경쟁은 쉽게 눈에 띄는 반면 협동은 잘 알려져 있지 않다." 댕기물떼새는 천적으로부터 다른 새들을 보호한다. 아프리카 원숭이인 비비와 아프리카 영양인 가젤은 위험을 감지하기 위해 서로 돕는다.(비비가 관찰을, 가젤이 듣기와 냄새를 맡는다.) 침팬지는 무리지어 사냥하며 포획물을 나눈다. 펠리컨 역시 무리지어 먹이를 찾는다. 사실 식물이 만들어내는 산소와 동물이 만들어내는 이산화탄소 역시 협력에 근거한 상호 작용의 한 예로 볼 수 있다. 그러나 이 예들 중 그 어떤 것도 텔레비전에서 방영되기에는 적합하지 않다. 우리는 우리의 관념에 맞지 않는 예들은 쉽게 무시하기 때문이다.[9)]

《경쟁을 넘어서》의 대부분은 콘이 지적한 경쟁의 '4가지 주요 신화'를 체계적으로 해체하는 데 할애되어 있다. 4가지 주요 신화는 "① 경쟁은 불가피하다 ② 경쟁은 최대한의 능력을 이끌어낸다—경쟁하지 않을 경우 우리는 생산적이 될 수 없다 ③ 경쟁은 즐거운 시간을 갖기 위한 가장 좋은 방법이다 ④ 경쟁은 인성 개발에 도움이 되며 자신감을 심어준다"이다.[10)]

대부분의 사람들은 경쟁을 협동으로 대체하면 세상이 활력을 잃고 재미가 없어지며 생산력이 떨어질 것이라고 말한다. 경제, 정치, 스포츠, 교육 등 사회의 모든 분야에서 그렇게 생각된다. 경쟁은 우리가 더 높은 목표를 성취할 수 있도록 도와준다는 믿음이 형성되어 있다.

높은 목표를 달성하는 방법으로 경쟁이 효율적이라는 사실은 지극히 당연하게 받아들여진다. 그러나 내 경험으로 볼 때 협동의 방식으로, 구성원의 다양한 욕구를 충족시키는 방식으로 일할 때 성취도가 더 높고 더 훌륭한 결과와 더 지속적인 만족감을 얻을 수 있다.

제2차 세계대전 후 일본의 산업 혁명에 대한 연구로 유명한 W. 에드워드 데밍Edward Deming 박사도 독단적인 경쟁 원리가 미치는 영향을 실험한 바 있다. 1950년대 일본이 전쟁의 후유증을 극복하고 막 경제 재건을 이룰 당시 일본 상품은 세계적인 조롱의 대상이었다. '일본산 Made in Japan' 은 값싸고 저급한 상품의 대명사였다. 그러나 오늘날 소니, 도요타, 혼다 등이 이룬 성공은 이러한 기억을 지워놓았다.

일본 정부는 일본 상품에 대해 전 세계적으로 퍼진 나쁜 인식을 바꾸는 일을 데밍 박사에게 의뢰했다. 그는 매우 짧은 시간 내에 이 일에 성공했는데, 일본인들에게 그만의 전반적인 경영 방식을 전수한 데 그 비밀이 있었다. 그것은 직원들을 팀별로 구성할 것, 공장 현장에 있는 사람들에게서 배울 것, 위계에 대한 두려움을 버릴 것, 훈계를 금지할 것, 경쟁적인 입찰을 지양할 것, 일방적인 수치상의 목표를 세우지 말 것, 장인 정신에 대한 자부심을 키울 것 등이었다. 일본 상품은 곧 세계 시장에서 주목을 받았고, 미국 회사들은 재빨리 데밍의 교육법을 받아들였다.

데밍에게 있어 직원들간에 경쟁을 부추기는 것은 "공정하지 못할 뿐 아니라 비생산적"이다. 그에 따르면 경쟁은 배움의 기쁨을 앗아가며 성과급제와 작업량 평가는 "팀워크를 불가능하게 만든다." 1993년 사망하기 얼마 전에 그는 알피 콘의 책을 읽고 이렇게 말했다. "우리는 잘못된 교육이라는 감옥에 갇혀 살았다. 알피 콘은 경쟁이 아니라 협동

이야말로 진정한 해결책이라는 것을 밝힘으로써 새로운 세상을 열었다. 그에게 깊이 감사한다."[11]

콘의 주장은 성과급제나 시험 등을 폐지하라는 것이 아니라 그것을 '승자'를 결정하는 수단으로 사용하지 말라는 것이다. 겨루기를 그만두라는 것이 아니라 승리에 대한 강조를 멈추라는 것이다. 우리가 어떤 팀을 좋아하는 것은 그들이 항상 승리하기 때문은 아니다. 때로 한 번도 승리하지 못한 팀도 우리의 마음속에 소중하게 남아 있다. 레드 삭스 네이션Red Sox Nation(베이브 루스가 소속되어 있었던 미국 야구팀—옮긴이)은 86년 동안이나 단 한 번도 승리하지 못했다.

나는 콘의 이론이 우리 회사에서 실현되는 모습을 보고 싶다. 콘의 이론대로 평등하고 협력적인 관계에 놓인 우리 직원들이 경쟁적인 환경에서 일하는 사람들보다 더 높은 효율성과 창조성을 보여주기를 바란다. 이것은 강요한다고 실현할 수 있는 것이 아니다. 스스로 드러날 뿐이다. 나는 협동의 정신이 점점 더 우리 회사에 스며들기를 바란다. 경쟁의 필요성을 잃지 않으면서도 대립과 논쟁은 최소화할 수 있기를 바란다. 그리고 상호 협력에 의한 성공에 언제나 감사해하고 자랑스럽게 생각할 수 있기를 바란다. 그것이야말로 우리가 앞으로 나아갈 수 있는 원동력이다. 협동 중심의 모델이야말로 앞으로 우리 회사의 방향을 가늠하는 주요 요소가 될 것이다.

《가장 중요한 것》에서 저자 제프리 홀렌더는 '환경에 책임을 지는 경제를 위한 연합Coalition for Environmentally Responsible Economies'(CERES)의 전 위원장 밥 메시Bob Massie의 말을 인용한다. 메시는 현재 가장 중요한 문화적 변화는 경쟁에서 협동으로의 이동이라고 주장한다. "어느 공항에든 가서 경영서들을 살펴보라. 그들은 모두 팀워크와 협동에 대해서, 그리고 회사를 좀더 가족적으로 만드는 방법에 대해 이야기한다. '이해 관계자' 라는 개념이 전 세계적으로 자리를 잡았다. 이는 경쟁에 대해 협동이 승리했다는 증거이다."[12]

이 승리가 앞으로도 계속 이어지기를 희망해 본다. 이탈리아 북부에 있는 에밀리아 로마냐 지방은 수많은 소규모 기업이 모여 제조업의 중추를 이루고 있는 곳이다. 그곳 기업들은 개별적으로 일하는 것보다 서로 협력할 때 이윤이 더 크게 발생한다는 것을 알게 되었다. 같은 직종의 소규모 회사들은 보통 경쟁자가 되기 쉽지만 이들의 경우는 공동 출자를 통하여 더 큰 구매력과 권한을 누리고 수익을 분배한다. 공동 출자를 통해 손해를 보는 회사는 없으며, 이들은 소규모를 유지하면서도 대기업 규모의 이윤을 창출한다. 이러한 합작을 통해 에밀리아 로마냐 지역은 세계에서 가장 번성한 경제 지구가 되었다. 로버트 퍼트남은 《사회적 자본과 민주주의》에서 이 지역을 "사적인 경제 협력과 정치 조직의 풍부한 조직망을 통해 협력을 지원하고 소규모 회사로서는 감당할 수 없는 기반 시설을 제공함으로써 시장을 번성하게 하는 환경을 만들었다"[13]고 언급한 바 있다.

악수하는 기업

협동과 협력은 잘못을 지적하고 다시 작업하는 과정에서 시간의 낭비를 막아준다. 경쟁을 바탕으로 한 회사에서는 계약서상의 조항을 따져야 하지만, 협동과 협력이 일상적인 환경에서는 악수와 상호 이해만으로도 문제가 해결된다. 소송으로 모든 것을 해결하는 요즘의 현실에서도 이것이 가능하다.

어느 날 집을 의뢰한 고객이 건축중인 집을 구경하러 왔다. 건축이 거의 완료되어 가는 시점이었다. 크기가 큰 중요한 창문이 있었는데 고객은 그것이 약간 마음에 들지 않는 모양이었다. 분명 도면에 그려진 것과 똑같게 만들었지만, 실제로 만들어진 것을 보니 창의 크기가 다른 창들과 잘 어울리지 않았다. 나는 말했다. "이대로 조금 지내보면서 눈에 익으면 괜찮아지는지 한번 보시겠어요?"

그의 대답을 나는 지금도 잊을 수 없다. "익숙해질 수야 있겠지요. 무엇에든 적응이야 할 수 있지 않겠어요? 아마 제 이마에 손바닥만한 흉터가 생겨도 익숙해질 수 있을 걸요. 그런데 왜 그래야 하죠?"

그의 말이 옳았다. 우리는 사람들이 우리 건물에서 잘못된 부분에 적응해 가기를 바라지는 않는다. 우리는 잘못된 것을 바로잡기를 원한다. 우리는 창문을 교체했다. 우리는 우리가 맡은 모든 작업마다 최선을 다하기로 약속한 고객의 동업자이다. 톰 맥마킨이 《세상에서 가장 맛있는 빵집 이야기》에서 쓴 이야기와 같다.

> 우리가 만든 빵들은 각각 누군가의 집으로 가게 될 것이다. 이때 그날 만든 다른 빵들이 어떤지는 전혀 중요하지 않다. 빵을 만드는 사람은 999개의 다른 빵을 만들었다 해도, 소비자는 자신이 구입한 한 덩어리의 빵으로 품질을 판단한다. 어떤 일을 하든지 마찬가지이다. 평판이란 하루하루, 모든 빵 한 덩어리에 근거해 만들어진다.[14]

믿기 어려울지 모르겠지만, 목표를 공유하는 이들 사이에서는 악수도 사업의 주요 원리가 될 수 있다. 그리 오래지 않은 과거에도 대부분의 상거래는 회사, 고객, 지역 간의 공통된 이해를 바탕으로 이루어졌다. 협동의 정신과 다양한 가치를 실현하려는 노력을 계속한다면 잃어버린 상호 신뢰를 상당 부분 되찾을 수 있을 것이다.

우리 회사의 계약서는 3쪽이다. 비교적 중요하지 않은 세부 사항들이 들어 있을 뿐인 간단한 계약서이지만 우리는 이 계약서로 25년간 400만 달러 규모의 건축 일을 성사시켰다. 새로 거래를 맺는 고객들이 계약서가 너무 단순하지 않느냐고 물으면 우리는 계약서를 그렇게 만든 이유를 들려준다. 이야기를 하면서 혹시 우리 스스로도 잊어버리고 있지 않은지 확인하고 우리가 서로 동의했던 바를 다시금 되새긴다. 고객들과 우리는 같은 바람을 갖고 있으며 서로를 신뢰한다. 그렇기 때문에 계약에 동의하고 함께 작업할 수 있는 것이다. 우리는 한 번도 소송에 휘말린 적이 없다. 만일 그랬다면 우리는 모든 것을 잃었을 것이다. 30년 동안 우리는 한 번도 법정에 설 일이 없었다.

계약을 맺을 때 우리는 계약서에 빠진 사항이 없는지 확인하거나 예기치 못한 일이 발생할 경우 어떻게 대처할 것인지 이야기하기보다는 그저 스스로에게 몇 가지를 물어본다. 우리가 기억하고자 하는 것은 정확히 무엇인가? 그 점을 고객에게 말했는가? 고객과의 관계가 좋은 인간 관계를 바탕으로 맺어졌는가? 서로에 대해 이해가 충분한가? 이 질문들에 그렇다고 대답할 수 있다면 그것은 좋은 계약이다. 그렇지 못하다면 계약은 성사되지 않는 편이 낫다. 계약을 맺는 목적은 사기를 당하지 않기 위함이 아니라 만남을 기록하기 위함이다. 우리는 서로에 대한 신뢰가 가능한 사람들만을 상대로 일한다.

다른 지역에서 회사를 운영하는 사람들이 나에게 이렇게 말했다. "고객을 선택할 수 있는 여유가 있다면야 얼마나 좋겠어요? 비니어드 섬같이 호황을 이루는 곳이니까 가능한 이야기지요." 그러나 여기라고 해서 경쟁이 없는 것은 아니다. 비니어드 섬 안에는 수많은 건축 회사가 있다. 건축 전문가들이 모인 실리콘 밸리라고 해도 과언이 아니다. 이 섬은 배를 만들어온 역사가 오래되었기 때문에 섬 안에 장인들이 많았는데, 그들 상당수가 주택 건축으로 업종을 바꾸었다. 섬이 유명해지고 건축가들에게도 기회가 많아지자 케이프 코드, 보스턴, 뉴욕 등에서 건축 전문가와 상인이 대거 모여들었다. 어떤 이들은 아주 낮은 가격을 제시하기도 한다. 어디서 일을 하건 자신이 하는 일에 대한 믿음이 있고 훌륭한 건물을 만들겠다는 열정이 있으면 하고 싶은 일, 함께 작업하고 싶은 고객을 선택하지 못할 이유는 없다. 우리는 신뢰할 수 없는 고객 혹은 우리를 신뢰하지 않는 고객과 일할 때 돈뿐 아니라 마음도 낭비하게 된다는 사실을 알고 있다.

몇 년 전 비니어드 섬에 사는 어떤 부부의 집을 지은 적이 있다. 남편은 작가, 아내는 판사였다. 나는 지금도 그들과 탁자에 마주보고 앉아 건축 과정을 설명하던 그 순간을 기억한다. 우리는 계약서의 의미를 설명했다. 말을 하면서 나는 계약서를 그들 쪽으로 넘겨주었다.

계약서를 먼저 받아본 아내는 즉시 마지막 페이지로 넘기더니 서명을 하고 남편에게 계약서를 밀었다. 그리고 말했다. "당신도 서명해요."

남편은 의아한 눈초리로 물었다. "안 읽어봐요?" 그러자 아내가 말했다. "물론 읽어봐야죠. 나중에요. 바꾸고 싶은 게 있으면 언제든지 존에게 전화해서 바꾸면 되잖아요. 그러니까 서명해요."

그러자 남편도 서명했다.[15)]

차 마시는 시간

다양한 가치를 실현하려는 우리의 노력은 회사 문화나 작업 등 절차적인 문제에만 국한되지 않는다. 직장에 대한 전반적인 느낌을 바꾸려는 노력도 그에 속한다. 회사 문제에 대해 진지하게 이야기할 때 우리는 반드시 차 마시는 시간을 가진다.

건축 설계사, 사무직 직원, 작업장 직원은 팀별로 정기적인 차 시간

단풍나무 아래에서 차 시간을 갖는 모습 (사진: 저자)

을 갖고 있다. 물론 때에 따라 주위에 있던 사람들도 합류한다. 작업장별로 차 시간이 있어 마찬가지로 모여 앉아 이야기를 나누곤 한다. 요즘은 나도 정기적인 차 시간을 갖는다. '차 시간' 하면 짐 베르크뤼스Jim Vercruysse가 떠오른다. 짐은 오너 중 한 명으로 거의 15년 동안 목공 작업장을 책임지고 있다. 목공팀은 늘 차 시간을 가졌는데, 짐도 자주 함께 했다. 특히 짐은 음식을 좋아하고 요리를 즐겼기 때문에 가끔 멋진 음식을 만들어서 차 시간에 나누어 먹고는 했다. 차 시간을 처음 만든 사람이 짐은 아니지만 이런 이유로 짐은 차 시간의 상징이 되었다.

우리 회사의 점심 시간은 차 시간의 모습과 비슷하다. 사실 가장 최근에 입사한 직원 베치 스미스Betsy Smith는 처음 평가 회의에서 내게 이렇게 말했다. "저는 처음 직원들이 대부분 회사에서 점심을 먹는다고 들었을 때 조금 걱정했어요. 저는 저만의 공간이 필요했거든요. 전에 일하던 회사에서도 차 시간이 있었지만, 저는 한 번도 함께 차를 마시지 않았어요. 차 시간이란 나이 든 사람들이 모여 옛날이 좋았다며 불평이나 늘어놓는 시간이었거든요. 그런데 이곳의 차 시간은 전혀 다르네요. 재미도 있고, 중요한 일들이 많이 일어나는 시간 같아요. 차 시간이 정말 좋아졌어요."

베치가 우리 회사에서 하는 일은 일상적인 것이다. 타자기를 치고 전화를 받고 파일을 정리하고 메일을 보낸다. 그러나 베치가 하는 일들은 아주 다양하고 또 중요하다. 고객들을 위해 꽃을 사고 새로 아기가 태어난 직원을 위해 선물을 사며, 직원들이 찾는 물건을 찾아주고 때로는 사람도 찾아준다. 모든 종류의 약속을 잡고 보험 문제를 처리한다. 사실 아주 핵심적인 일을 맡고 있는 것이다. 베치는 언제나 다양한 일을 해내는데, 그것이 꿈꾸던 일이라고 한다. 그녀의 작업도 사실 '다양한 가치를 실현하는 일'이라고 할 수 있다. 베치는 우리 회사에 들어오기 전에, 자신의 일에 진심으로 자부심을 갖는 회사에서 일하는 것이 목표였다고 한다. 이제 베치는 아름다운 집을 만들고 지역에 공헌하는 일에 한몫을 하고 있다. 많은 업무를 처리하고 있지만, 그녀가 진정으로 하고 있는 일은 그것이다.

바디샵의 아니타 로딕은 기업을 평가할 때 화장실과 식당을 본다고 말한 적이 있다. 화장실이나 식당이 단조롭고 어두우면 문제가 있다는 것이다. 로딕의 기준에 따르면 우리 회사는 좋은 점수를 받을 것이다. 우리 회사의 작업장과 사무실은 가정집처럼 꾸며져 있다. 무엇보다 집에서와 같은 차 시간을 가질 수 있도록 만들어졌다.

점심 시간이나 차 시간에는 다양한 대화들이 오간다. 정치, 스포츠, 영화, 여행, 예술, 음악, 그리고 비니어드 섬에 대한 이야기도 오가며, 회사 일과 사람들, 지역의 주요 문제 등도 화제가 된다. 회사에서 이루어지는 가장 중요한 의사 소통은 바로 이 시간을 통해 이루어진다. 설익은 아이디어라도 자유롭게 이야기할 수 있는 기회인 것이다. 이는 중요한 사안을 사전에 모색해 보는 시간이다.

어느 날 나는 샌프란시스코에 갈 준비를 하고 있었는데, 차 시간에 그레그 스몰Greg Small이 말했다. "우리 회사 비행기는 언제 마련해요?" 그러자 엔론 사의 전용 비행기와 전 최고경영자 켄 레이Ken Lay, 제트기를 타고 낸터킷으로 골프 여행을 오는 주말 인파들, '저렴한 제트기' 등 그에 관련된 이야기들이 쏟아져 나왔다.

"회사 비행기? 회사 차를 만드는 것도 이야기해 본 적이 없는데 웬 비행기예요?" 내가 물었다.

그러자 짐이 말했다. "그레그 말이 맞아요. 회사 비행기가 필요해요."

차 시간은 의견 수렴의 장이다. 그것은 우리가 만드는 직장에 대해서, 또 우리 자신에 대해서 표현하는 공간이다. '다양한 가치'라는 복잡하고 추상적인 개념을 이야기하면서 차 시간을 예로 드는 것이 시시해 보일지 모르겠다. 그러나 차 시간이 우리 회사의 문화 전반에 미치는 영향은 결코 사소하지 않다. 차 시간은 중요한 문제에 대한 의사 결정 과정을 공유하고 친밀하게 의사 소통을 나눌 수 있는 수단이며 다양한 가치들이 실제로 구현되는 공간이다.

다양한 가치를 추구하면서 우리는 직장이란 직원들이 '진심으로 만족을 느낄' 수 있는 곳이어야 한다는 생각을 하게 되었다. 이는 소니의 창업자 이부카 마사루Ibuka Masaru가 한 말이다. 직장은 직원들이 만족을 느낄 수 있는 곳이어야 한다. 베치처럼 자신의 일에 대한 자부심을 느낄 수 있는 곳이어야 한다. 그것이 우리의 목표이다.

서툴게 회사를 시작한 이래로 거의 30년이 흘렀다. 우리는 여전히 작은 규모를 유지하고 있다. 그래서 직원들은 서로 처음 입사했을 때를 기억하고 있고, 전 직원이 모여도 작은 방 하나에 모일 수 있으며, 서로가 서로에게 동료일 뿐 아니라 친구이고 공동의 목표를 추구하는 협력자이다. 지난 30년간 우리는 우리의 가치관과 목적에 부합하는 삶을 살고 서로 돕는 법을 배워가며 더 유능하고 열정적인 사람들이 되었다. 아무도 부자가 되지는 못했다. 그러나 우리는 스스로 선택한 곳에서, 자신이 하는 일을 즐기며 마음 편하게 살고 있다. 어쩌면 우리 중 '어느 누구'도 부자가 되지 않았기 때문에 '우리 모두'가 적절한 생계를 유지할 수 있는지도 모른다. 어쩌면 우리 모두 "스스로 만족할 수 있는 사람이 부자이다"라는 중국 철학자 노자의 말을 시나브로 마음속에 새기고 있었는지도 모르겠다. 다양한 가치를 실현하려는 노력 속에서 우리는 모두 부자이다.

동료애

2002년 12월 초, 직원 한 명이 음주 운전으로 구속되었다. 몇 달 전에 이런 일이 한 번 있은 후 두 번째였다. 그는 오래 전 우리 회사에서 일하다가 선원 일을 하기 위해 잠시 퇴사한 후 다시 회사로 돌아온 직원이었다. 회사에서 그는 동료들의 사랑을 받는 섬세한 목수였다. 첫 번째 사고로 받은 면허 정지가 해제된 지 얼마 지나지 않은 시점에서 두 번째 사고가 난 것 같았다. 사태가 가볍지 않은 게 확실했다.

그의 팀 동료 몇 명과 다른 팀의 친한 동료들, 그리고 몇십 년 전에 음주 운전 문제로 고생한 적이 있는 오너 한 명이 그를 만나보기로 결정했다. 회사 인사위원회의 의장을 맡고 있던 페기 맥켄지가 대회의실에 자리를 마련해 주었다.

나중에 한 말이지만, 그는 두려움에 떨며 회의실로 들어갔다고 했다.

자신이 얼마나 한심한 짓을 했는지 모두들 알고 있을 것이기에 심판받는 기분이 들었는데, 한 시간 뒤 회의실에서 나올 때는 자신이 사랑받고 있음을 느꼈다고 한다. 그는 며칠 뒤 이 동료들과 함께 알코올 중독 치료소를 찾아가 검사를 받았다. 그로부터 1년 후, 당시의 동료들은 그와 저녁을 함께 하며 그의 금주禁酒 1년을 축하했다.

그는 지난겨울 나와 함께 스키를 타러 가 이런 이야기를 들려주었다. 그의 이야기를 들으며 나는 그가 다른 사람이 되었음을 깨닫게 되었다. 동료들에 대한 고마움이 그의 인생을 변화시킨 계기가 된 게 분명했다. "정말 놀라운 변화야. 이런 식으로 회사가 운영되어야 해." 나는 혼잣말을 했다. 그러나 회사는 이러한 변화를 만들 수 없다. 그와 같은 변화는 동료들의 우정에 그의 성격이 결합되어 가능했다. 이는 마음이 모아질 때 가능한 것이지 특정한 경영 방식으로 만들어낼 수 있는 것이 아니다. 아마도 서로 공감하고 협동하는 직장 문화 속에서 그처럼 놀라운 동료애가 발휘되었을 것이다. 짐 콜린스는 지속 가능한 회사에 대한 연구서 《성공하는 기업의 여덟 가지 습관》에서 이렇게 말했다. "회사의 핵심 이데올로기는 '창조' 하거나 '설정' 할 수 없다. 그것은 '발견' 할 수 있을 뿐이다. 그것은 외부 환경을 관찰해서 얻는 것이 아니라 그 내부를 들여다볼 때 얻을 수 있다. 이데올로기는 만들어질 수 없다."[16)]

우리 회사의 여덟 가지 기본 원칙도 이와 마찬가지일 것이다. 우리는 기본 원칙을 만들어내는 것이 아니라 이미 존재하던 원칙들을 잘 보이는 곳으로 꺼내놓았을 뿐이다.

5. 마서즈 비니어드 섬에 전념하기

최대 열 명이 앉을 수 있는 이 작은 제트기는 편안함이나 속도를 위해 만들어진 것이 아니다. 케이프 에어 세스너 402기의 트윈 엔진은 에빈루드 선외기처럼 날렵하다. 기체를 덮고 있는 알루미늄에는 못들이 일렬로 박혀 있고, 날개 부근에는 세월의 흔적을 말해 주는 흠집들이 나 있다. 번쩍거림 같은 것은 없다. 일체의 장식을 배제한 실용성이 있을 뿐이다.

비행기 안에는 기장과 나 둘뿐이다. 청명한 4월 오후, 보스턴에서 마서즈 비니어드 섬으로 가는 사람은 아무도 없다. 지금은 비수기이다. 비행기가 이륙하기 위해 움직이기 시작한다. 이 작은 비행기는 버팔로를 모는 보더 콜리(스코틀랜드산 개의 한 품종—옮긴이)처럼 보잉 747기와 DC-9기 사이를 날쌔게 비집고 다닌다. 기장이 내게 이륙할 때의 주의 사항을 설명해 주고, 비행기는 이제 이륙할 차례를 기다린다. US 항공 비행기가 뜨고, 델타 항공 비행기가 그 뒤를 따른다. 콘티넨탈 항공, 다시 US 항공, 유나이티드 항공, 이제 우리 차례이다. 비행기가 땅

해변으로 이어지는 길 (사진: 저자)

에서 멀어진다.

위에서 보니 로건 공항은 무질서하게 배치된 건물들 때문에 우둘투둘한 자갈밭처럼 보인다. 도시 전체는 잘 맞춰진 퍼즐처럼 조화롭다. 비행기는 남쪽으로 날아가고 있다. 헐Hull 반도를 지날 때 나는 거대한 풍력 발전기를 잠시 넋을 잃은 듯 바라보았다. 그것은 우아한 모습으로 작은 마을에 동력을 제공하고 있었다. 날개를 회전시키는 단순한 원리로 항구, 도시, 빅 딕Big Dig(보스턴에서 하는 환경 복원 사업의 하나. 우리나라의 청계천 복원과 같이 기존 도심을 녹지 공간으로 만든 사례—옮긴이) 등 복잡한 기관에 동력이 제공된다는 사실이 놀라웠다. 우리는 900미터 상공을 날고 있었다. 비행기는 변화하는 기류에 따라 심하게 흔들려 나는 마치 자전거로 울퉁불퉁한 산길을 달리는 기분이 들었다. 바다와 강, 호수의 눈부신 푸른빛과 땅, 크랜베리 들판, 숲의 초록빛, 붉은빛, 갈색 빛깔이 아름답게 어우러져 보였다.

버자드 만에 다다르자 앞에는 비니어드 섬이, 서쪽으로는 엘리자베스 섬이 보였다. 비니어드 사운드에 착륙하기 전 기장은 고도를 낮추었다. 우리는 670미터 상공에서 우드 홀을 지나고 있었다. 비니어드 섬의 해안선은 들쑥날쑥하고 복잡해서 각 부분이 눈에 잘 들어왔다. 북쪽 해안 절벽에 드문드문 집이 보였다. 체스 판 위에 쏟아져 있는 말들처럼 곧 더 많은 집들이 눈에 들어왔다. 그러나 눈에 들어오는 것은 대부분 나무와 들판, 물이었다. 처음으로 비니어드 섬을 위에서 내려다보는 사람은 이곳이 그다지 개발되지 않았으며 많은 곳이 자연 그대로 남아 있다는 사실에 놀란다.

비행기는 이제 집에 가까워져 낮게 날고 있다. 아래로 내려갈수록 더 자세한 풍경들이 펼쳐진다. 섬의 가장자리에는 작은 마을이 해안 절벽과 항구에 줄지어 있는 것이 보인다. 숲으로 채워진 중심부에는 채석장, 학교, 하키장, 작은 공장 등이 들어섰다. 공항이 앞에 보인다. 비행기가 착륙하자 반동이 느껴진다. 비행기는 정지선까지 활주한다. 나는 안전벨트를 풀고, 몸을 숙여 입구로 다가가 발을 내민다. 아래로 몇 걸음 옮긴다. 집에 돌아왔다. 다시 이 땅에 발을 딛고 서 있다는 사실이 특별한 편안함을 준다.

항상 이런 느낌이었던 것은 아니다. 1970년대, 내가 동업자 미첼과 내 아내 크리스와 네 살 난 아들 핀토Pinto를 데리고 처음 이 섬에 발을 디뎠을 때, 이곳의 단조로운 풍경과 시골 특유의 분위기는 너무나 낯설었다. 그러나 다행히도 일을 계기로 이곳에 머물면서 나는 이곳의 진가를 알게 되었다.

어떤 공동체인가

우리가 회사의 기본 원칙을 하나씩 발견해 가고 이 지역 공동체에 깊숙이 참여하게 될수록 나는 우리 작업의 결과물에 대해 다르게 생각하게 되었다. 고古건축에 관심이 많던 나는 우리가 짓는 건물들의 운명에 대해 생각하게 되었다. 그 건물들은 내가 사랑했던 낡은 건물들처럼 몇 세기 동안 지속될 수 있을까? 내가 지은 집에서 가족들이 몇 세대에 걸쳐 살 수 있을까? 과거 시간대에 살고 싶었던 20대의 내 꿈은 또 다른 꿈으로 이어졌다. 나는 견고하고 영원한 건물을 만들어 그 속에서 사람들이 서로를 아끼며 사는 모습을 상상했다. 초점이 과거에서 미래로 이동한 것이다. 우리 회사의 집들은 전과 달리 절충적인 특성을 갖추기 시작했다. 과거의 것에서 따올 뿐 아니라 미래에도 지속될 수 있는 건물을 만들기 시작했다. 폐품을 활용한 재료와 태양열 판이 함께 쓰였다. 낡은 것을 살리면서 새것을 더했다.

나는 냄새를 맡는 사냥개처럼 우리가 만드는 건물의 미래를 집중적으로 탐구하기 시작했다. 그것은 건물의 구조에 대한 것이 아니라 우리가 사는 지역에 대한 고민이었다. 나는 비니어드 섬에 갈수록 더 소속감을 느꼈고 내 미래를 이 섬에서 보내게 될 것이라고 확신하게 되었다. 그럴수록 우리가 만드는 건물의 미래도 생각하게 되었다. 우리는 우리가 만드는 건물이 우리의 아이들, 그리고 그들의 아이들 세대까지 지속되리라는 것을 잘 알고 있다. 그러나 그들이 어떠한 세계에서 살지는 알지 못한다. 그들이 살 때 주변 환경은 어떨 것인가? 어떤 생계 수단을 갖고 있을 것인가? 어떻게 에너지를 공급받으며, 어떻게 이동할 것인가? 그들은 안전하고 만족스러운 삶을 살 것인가? 서로를 존중하며 친절하게 대할 것인가? 이제 우리의 사업에는 새로운 지식이 필요하다. 즉 우리가 지은 건물에서 살 사람들의 공동체에 대한 이해가 필요하다. 1960년대 우리의 선택은 기존의 공동체에 순응할 것인가, 새로운 공동체를 만들 것인가였다. 이제 우리는 우리가 짓는 건물을 통해 미래의 공동체를 만드는 일에 참여하게 되었다.

미래의 공동체는 어떤 모습일까? 확실한 것은 내가 자랐던 과거의 미국 사회 모습은 아닐 것이라는 점이다. 많은 이들이 과거처럼 공동체 간의 결속력이 뛰어난 생활 방식을 바란다. 그러나 우리는 과거의 전원 공동체에서는 찾아볼 수 없던 관용, 다양성, 평등, 혁신 등의 삶의 가치 또한 필요로 한다. 우리는 과거로 돌아가지는 않을 것이다. 그러나 어떻게 원하는 미래를 만들 것인가? 나는 스스로를 주류로부터 분리하곤 했던 1960년대 및 70년대 우리가 사회에 기울인 노력을 떠올린다. 2005년 현재도 나는 같은 일을 하고 있다고 생각한다. 다만 시간이 흐른 만큼 세련되었고, 새로운 지식이 생겼으며, 고립보다는 조화를 추구하게 되었고, 시간에 대한 새로운 관념을 얻었다.

비니어드 섬 공동체의 의미

초기에 우리 회사 차량은 1955년산 폰티악 스트라토스트릭, 1965년산 인터내셔널 하비스터 트럭, 그리고 지역 시설에서 가져온 트럭 한 대가 전부였다. 이 차들은 고장이 잦아서 나는 켄 디츠Ken Dietz의 자동차 정비소에 하루가 멀다 하고 들러야 했다. 켄은 나를 배웅하며 항상 "살살 몰라구요!"라고 말하곤 했다. 켄은 몇 년 전에 죽었고 이제 비니어드 섬에는 정비소가 없다.

모든 종류의 사업은 섬 공동체와 긴밀하게 연관되어 있다. 낚시 도구 상점은 고급 상점, 골동품 가게와 친밀한 관계를 유지한다. 재단사, 트럭 운전사, 배관공은 지역의 터줏대감이다. 부동산 중개업자, 건축가, 빵집, 옷가게 들이 많이 있고 구두 수선하는 곳도 한 군데 있다. 농부들은 아직도 땅에서 농사를 짓고 어부들은 바다에서 고기를 잡는다. 이런 작은 가족 기업은 공동체의 토대를 이루고 있다. 그들은 사람들에게 연대감과 안정감을 주며 섬의 정체성을 형성한다.

사람들은 가끔 부자들을 위한 휴양지로 유명할 뿐인 이 섬에 왜 그렇게 많은 노력과 정성을 들이느냐고 묻곤 한다. 분명 어떤 사람들에게 이 섬은 휴양지일 뿐이다. 그러나 또 어떤 이들에게는 다른 의미일 수 있다. 나에게 비니어드 섬은 네 가지 점에서 남다른 의미를 갖는다. 우선 내가 잘 아는 곳이고, '다섯 번째 이동fifth migration'의 특징을 갖춘 곳이며, 사회적 구성이 다양하고, '양호한' 상태를 유지하고 있는 곳이다.

내가 잘 아는 곳

나는 평생 14개의 도시에서 살아보았지만, 55년 인생의 절반 이상을 이곳 마서즈 비니어드 섬에서 보내고 있다. 나는 이 섬의 토착민이 될 수 없지만, 내 아이들은 이곳에서 자라났으며, 그 중 한 명은 이곳에서 태어났다. 내 손자, 손녀도 여기에서 자라고 있다. 이 긴 시간을 통해 나는 이제 조금씩 이곳을 알아가고 있다.

어렸을 때 나는 지리를 아주 좋아했다. 각종 지도책을 들여다보며 어떤 신기한 곳들이 숨어 있는지 찾아보고 지명과 인구를 외웠다. 10대 후반과 20대 초반에는 여행에 빠져 있었다. 나는 아직도 장소에 호기심이 많다. 그런데 나처럼 방랑벽이 있는 사람이 어떻게 이 작은 마을에 정착하게 되었을까? 밖에서 보면 비니어드 섬은 작고 답답해 보인다. 그러나 이 섬에 30년 가까이 살고 있는 나도 아직 한 번도 가보지 못한 샛길이나 장소를 발견하곤 한다. 나는 많은 곳을 알기 전에 한 군데라도 깊이 있게 알아야 한다는 사실을 깨닫게 되었다.

비니어드 섬에 얽힌 이야기는 무궁무진하다. 우리는 아이들과 그 친구들이 자라는 모습을 지켜보았고, 이제 그들의 아이들을 지켜보고 있다. 우리는 그들을 거리에서, 상점에서, 극장에서 마주친다. 다른 어느 곳에서도 이런 경험은 불가능할 것이다. 회사 사람들 대부분은 나처럼 비니어드 섬에 자리를 잡고 토박이가 되어가고 있으며, 개중에는 이곳에서 태어난 이도 있다. 비니어드 섬은 우리 모두가 잘 아는 곳이다.

다섯 번째 이동의 특징을 갖춘 곳

작가 피터 울프는 미국의 역사에는 다섯 번의 대대적인 이동이 있었다고 했다.[1] 1600년부터 1785년 사이에는 유럽인과 아프리카 노예들이 미국에 정착했다. 1750년부터 1890년 사이에는 미국의 극빈층이 대거 서부로 이동했다. 도시 집중화가 진행된 1820년부터 1920년까지는 수만 명의 사람들이 일자리를 찾아 산업 도시로 모여들었다. 1930년에서 1990년 사이에는 많은 사람들이 도시에서 쫓겨나 외곽 지대에 자리를 잡았다. 그리고 1970년대에는 수많은 사람들이 아름다운 외관, 풍부한 여가 기회, 맑은 공기와 물이 있고 비교적 사회 문제가 적은 공동체를 찾아 대거 이동했다. 이것이 '다섯 번째 이동'이다. 나는 울프가 말한 다섯 번째 이동의 특징에 관용, 다양성, 교육의 기회를 덧붙이고 싶다.

요즘은 다섯 번째 이동의 특징을 갖고 있는 곳이 가장 살기 좋은 곳으로 여겨진다. 미국 경제의 중심이 제조에서 정보로 이동함에 따라 많은 지역에서 '창조적인 집단'을 선호하는 움직임이 일기 시작했다. 《창의적인 계층의 부상 *The Rise of the Creative Class*》의 저자인 사회학자 리처드 플로리다Richard Florida와 《문화 창조인들 *The Cultural Creatives*》의 저자 폴 레이Paul Ray와 셰리 레이Sherry Ray는, 이 특별한 계층이 현재 미국에 4천만 내지 5천만 명에 달한다고 추정한다. 플로리다는 이 집단을 다시 두 부류로 나눈다. 핵심적인 부류에는 과학자와 기술자, 대학 교수, 시인 및 소설가, 예술가, 장인, 연예인, 배우, 디자이너, 건축가, 작가, 편집자, 문화 인사, 정책 연구원, 분석가 등이 속한다. 다른 한 부류에는 첨단 기술 분야, 금융 서비스, 법조계 및 의료계, 경영 분야 등의 '창조적인 전문가' 집단이 속한다. 더 많은 기업이 이들이 거주하는 곳으로 집중될 것이다. 전국의 도시 및 도시 외곽, 시골 등지에서 이와 같은 지역적 집중 현상이 나타나고 있다. 플로리다는 이런 곳을 '창조적 중심creative centers'이라고 칭하며 창조적 중심이 급속도로 확대되고 있다고 말한다. 그러나 이는 용이한 자연 자원 활용, 편리한 교통, 세금 감면 혜택 등의 경제적 이유 때문이라기보다 단순히 사람들이 그곳에서 살고 싶어하기 때문이다. "새로운 경제의 가장 위대한 신화는 아마 '지리는 죽었다geography is dead'일 것이다"[2)]라고 플로리다는 말한다.

마서즈 비니어드 섬은 휴양지일 뿐 아니라 위에서 말한 모든 조건을 갖춘 곳이다. 안전하고, 아름다우며, 문화적으로 풍부하고, 공동체의 특성을 강하게 갖고 있다. 많은 이들이 이러한 단순한 이유로 이 섬에 살고 있다. 계절을 즐기기 위해 특정 계절에만 거주하는 주민들도 있다. 내 친구 제이미Jamie는 가족들과 함께 매년 6월에 이곳에 와 여름 휴가를 즐긴다. 그 친구가 여름에 이곳에 도착해 가장 먼저 하는 일은 지역 신문을 사는 것이다. 그는 이곳이 도시의 집보다 더 편하게 느껴진다고 한다. 그는 이렇게 말한다. "신문에 나는 이슈들은 그곳이나 여기나 비슷하지. 그러나 어떤 문제에 대해 공동체의 관점에서 생각하고 함께 대응하려고 한다면, 이 섬에서 훨씬 더 가시적인 결과를 얻을 수 있을 거야."

우리가 섬의 문제를 늘 공동체 차원에서 해결할 수는 없을지도 모르겠다. 그러나 적어도 주민들이 충분히 자신의 의견을 개진할 수는 있다. 비니어드 섬은 이처럼 사람을 끌어들이는 '다섯 번째 이동'의 매력을 갖고 있다.

사회적 다양성

재미있게도 비니어드 섬은 사회적 구성 또한 다양하다. 농업 및 어업이 쇠락해 가고 있지만, 그 대신 관광 산업이 번성하여 섬은 전체적으로 깨끗하고 세련되게 유지되고 있다. 그러나 모순적이게도 섬이 관광 산업으로 호황을 누림에 따라 농경 및 장인 중심적 문화가 되살아나는 현상이 발생하고 있다. 신선한 먹을거리와 독특한 경험에 대한 수요가 늘어나고 있기 때문이다.

이는 반가운 소식이지만 실상은 그렇게 낙관적이지 않다. 버려진 차와 플라스틱 장난감 쓰레기는 다소 줄었으나, 이제는 공간의 문제가 발생하고 있다. 이는 도시에서의 공간 문제와 비슷하다. 빈민가는 조밀한 인구 구성으로 공간이 부족해지는 문제를 안고 있고, 고급 주택가는 상대적으로 적은 인구와 넓은 부지를 소유하고 있다. 이곳은 부유한 지역이 아니다. 매사추세츠 주의 18개의 다른 카운티들 중 반 이상은 비니어드 섬보다 평균 수입이 더 높다.

인구 구성도 도시만큼이나 복잡하다. 섬의 전형적인 이미지를 만들고 있는 일부 부유층 및 유명 인사들이 있고, 그들의 수요를 충족시키기 위한 거대한 서비스 집단이 있으며, 심각한 빈민층이 존재한다. 거기에 소규모 기업의 사장, 상인, 교수, 사무직 노동자 등 중간 계층도 있다. 부동산 가격의 급등으로 그들 역시 서민층과 마찬가지로 주택 문제에 처해 있다. 아메리카 원주민, 흑인, 브라질인 등[3] 다양한 인종이 섞여 있으며, 퇴직한 노인 인구가 늘어나고 있다. 비니어드 섬으로 들어오는 젊은 가족들도 많다. 그들은 비니어드 섬이 갖고 있는 소도시적인 특성을 좋아한다.

비니어드 섬을 휴양지로 즐기러 오는 사람들의 특징도 변하고 있다. 우리는 여름 휴가용 별장을 많이 지었는데, 이들 중에는 섬의 자연 환경 및 생활 방식에 끌려, 도시에 있는 집을 전세나 아파트 등으로 바꾸고 별장에서 더 많은 시간을 보내는 사람들도 있다. 선거권마저 비니어드 섬에서 행사하는 이들도 있다. 비니어드 섬의 지역 선거를 통해 자신들의 의견이 지역 공동체에 직접적으로 반영되는 모습을 볼 수 있기 때문이다.

마서즈 비니어드 섬에서 일어나고 있는 변화는 앞으로 미국 전역에서 일어날 것이다. 사람들이 더 많은 경제력을 확보하고 더 많은 직업적 자유를 가질수록, 더 많은 곳에서 다섯 번째 이동 지역으로서의 특성이 요구될 것이다. 그러나 선호되는 장소들은 대부분 적어도 다음의 두 가지 문제를 갖고 있다. ① 부동산 및 주택 가격이 급등하여 주민들이 불가피하게 섬을 떠나는 문제 ② 휴양만을 목적으로 하는 사람들이 유입되면서 공동체의 성격이 변하는 문제. 작은 시골 지역들은 모두 이와 비슷한 문제에 직면해 있다.

나는 섬이 일종의 실험실과 같다고 생각한다. 비니어드 섬은 소규모 회사와 건축 환경, 지역 공동체 사이의 유대감을 향상시키는 노력을 하기에 적합한 장소이고, 좋은 뜻을 위해 경제 주체와 지역 정부, 민간 단체가 협력할 수 있다는 잠재력을 깨닫게 해줄 수 있는 곳이다. 지리상으로 고립되어 있어 외부와의 경계가 명확한 만큼 우리 자신을 더 잘 관찰할 수 있다. 우리는 우리가 잘 알고 있는 지역과 일하고 있는 것이다. 섬은 반쯤은 차단된 시스템이다. 배나 비행기에서 내려 비니어드 섬에 발을 내딛으면 경계가 분명히 지어진, 고립된 곳에 와 있음을 느낄 수 있을 것이다. 이러한 지리적 특성에 주민들의 사회적 다양성이 결합됨으로써 혁신적인 해법과 공동체만의 특성이 만들어질 수 있다.

양호한 상태

비니어드 섬의 환경 상태는 내가 이 섬에 처음 왔을 때 몰던 1955년산 낡은 폰티악 스트라토스트릭에 비유할 수 있다. 상태가 양호하고 성능도 괜찮다. 그러나 아직 완벽하게 복구되지는 않았다. 계속 사용하려면 손을 더 봐야 한다.

섬 주민들은 이 섬의 독특한 환경이 섬 공동체의 특징을 살려주고 섬의 경제에 활력을 준다는 사실을 잘 알고 있다. 초기에 이곳을 휴양지로 정한 사람들은 환경론자들이었다. 1890년대, 하버드 대학의 한 지질학자는 세븐 게이츠 농장Seven Gates Farm을 지었다. 그는 영구 위탁 방식으로 200만 평의 부지에 오직 서른 채의 건물만 지을 수 있도록 했으며, 개인 지주의 소유는 금지했다.(이들은 이곳에 집을 지어서 임대한다.) 이는 세밀하게 계획된 건축 사업이었다. 그는 서른 개의 부지에 쇠말뚝을 각각 심어놓았다. 당시 세븐 게이츠 농장은 비니어드 헤이븐에서 배를 타고 한참 들어가야 하는 거리에 있었다. 이곳의 환경은 이례적으로 잘 보존되어 있어 현재 이곳은 섬에서 가장 땅값이 비싼 곳 중 하나가 되었다. 아직 집이 들어서지 않은 부지가 조금 있는데, 어쩌면 백 년이 더 지난 뒤에도 여전히 집이 들어서지 않은 부지의 쇠말뚝을 볼 수 있을지도 모른다. 사실 그래야만 한다. 이곳에 집을 지을 기회는 모두에게 열려 있어야 한다.

섬은 전통적으로 토지 보호 및 관리에 엄격한 입장을 갖고 있다. 사적인 비영리 단체들이 10여 년째 지역의 토지를 사들여 관리하고 있다. 주요 지주인 자연보존위원회Nature Conservancy는 장기 사업 계획을 세워 고대의 모래 평원을 복원하고 있다. 1986년 섬 주민들은 투표를 통해 마서즈 비니어드 토지저당은행Marth's Vineyard Land Bank을 만들었다. 토지를 거래할 때 2퍼센트의 중개료를 받는 좀 특이한 공공 단체이다.(미국에 이러한 공공 단체는 아직 6개 정도밖에 없다.) 여기서 얻은 수익은 지난 5년간 연간 평균 800만 달러에 달한다. 기금은 공적인 목적 및 환경 보호에 필요한 자원을 구입하고 보유하고 경영하는 데 쓰인다. 토지저당은행은 현재 약 250만 평의 땅을 갖고 있으며 앞으로 자동차 대신 걷거나 말, 자전거 등을 이용하여 섬을 둘러볼 수 있게 하는 새로운 계획을 세워놓고 있다. 이들은 환경의 가치를 존중하면서 토지를 효율적으로 경영할 수 있는 복합적인 정책을 실행하고 있다.

동시에 서민 주택 문제를 해결하기 위해 땅 보호뿐 아니라 '사람 보호'의 노력도 나타나고 있다. 서민 주택이 안정적으로 공급되지 않을 경우 주민들이 불가피하게 섬 밖으로 이주하는 사태가 계속되며, 결국 섬 공동체가 와해될 것이다. 우리는 지역을 보존하는 데에는 '세대 지속성continuity of generation' (지역 생태학자인 톰 체이스Tom Chase가 말한 개념)이 반드시 필요하다는 사실을 깨닫고 있다. 세대 지속성은 섬의 전통과 이야기들을 살아있게 하고, 사람들이 땅과 기후를 잘 이해할 수 있게 하며, 과거에 대한 창과 미래에 대한 문을 열어준다.

섬 공동체의 위기는 아직 시작되지 않았다. 마을은 아직 예전의 유대감을 유지하고 있다. 최근에 나는 공무원들과 메인 주 마운트 데저트 섬의 서민 주택 문제에 대해 이야기할 기회가 있었다. 그 지역의 건축가 에릭 헨리Eric Henry는 자신들의 상황을 다음과 같이 비유했다.

> 우리 섬은 염생 습지와 같다. 물이 들어올 때 영양분, 플랑크톤, 공해와 쓰레기가 함께 들어온다. 물이 빠져나가면 그것들은 고스란히 남는다. 늪은 빨아들일 수 있는 것은 빨아들이고 나머지는 내뱉는다. 우리 섬의 여름도 그러하다. 방문객들은 돈과 문화, 교통과 공해를 갖고 들어온다. 우리는 우리가 원하는 것을 취하고 나머지는 거부한다. 이때 무엇을 취하는가보다는 무엇을 거부할 것인지가 더 중요하다.

그렇다. 현명한 선택을 해야 한다. 우리는 어떤 문제에서는 선택권을 갖고 있고, 또 어떤 문제에는 그렇지 않다. 예를 들어 1970년에 도입된 대토지 지역 규제 완화는 시골 지역이 도시화되는 예상치 않은 결과를 낳았다. 부적절한 교통 계획 및 자금은 심각한 교통 문제를 야기했다. 그러나 비니어드 섬은 아직 양호한 상태에 있다. 복구가 가능하다.

지역 참여

우리 회사가 발전하고 비니어드 섬과의 연대가 강해질수록 우리는 해야 할 일과 하지 말아야 할 일을 다짐하곤 한다. 이는 우리 회사의 네 번째 기본 원칙과 직결된다. 우리 회사의 네 번째 기본 원칙은 비니어드 섬에 전념하여 지역 경제의 안정을 도모하고 공동체를 강화하는 것이다.

1995년, 우리는 ARC 디자인 그룹이라는 새로운 단체와 제휴를 맺었다. 나는 몇 년 전부터 알고 지내던 ARC 디자인의 건축가 브루스 콜드햄Bruce Coldham과 시스템 엔지니어인 마크 로젠바움Marc Rosenbaum을 만났다. 우리는 첫 번째 합작으로 매사추세츠 주의 '북동부 지속 가능한 에너지 협회Northeast Sustainable Energy Association' (NESEA)를 주축으로 한 생태 건축green building 회의를 조직했다. '북동부 지속 가능한 에너지 협회'는 북동부 지역 전역에 있는 재생 에너지 단체와 생태 건축 단체를 한데 모은 것으로, 전문 인력의 상호 협력을 도와주는 중요한 모임이 되었다.

1999년 '북동부 지속 가능한 에너지 협회' 모임에서 우리는 당시 우리의 사업을 확장하는 문제로 토론을 했다. 집으로 돌아오는 내내 나는 회의에서 나온 아이디어에 대해 고심했다. 사업 확장은 흥미로운 이야기였지만, 동시에 곤란한 것이기도 했다. 회사의 가치에 맞는 일을 할 수 있는 기회였으며 손익을 계산해 볼 때 얼마간의 이익도 보장이 되었다. 그러나 단점도 적지 않았다. 우리의 일터에서 멀리 떨어진 곳에서 일해야 한다는 점도 문제가 되었고, 그 경우 섬 안에서 일하는 직원과 섬 밖에서 일하는 직원 사이에 괴리감도 생길 수 있었다. 이러한 생각에 이르자 이와 같은 종류의 사업 확장은 더욱 무의미하게 느껴졌다.

결국 나는 지금까지 우리가 해온 만큼의 깊이와 세심함을 이 일에 쏟을 수 없겠다고 판단했다.

내가 볼 때 성공적인 발전은 사람과 장소에 대한 깊은 이해를 바탕으로 한다. 실제로 그곳에 있어 보아야만 한다. 우리는 30년 가까이 비니어드 섬에서 일하며 섬에 대해 모르는 점을 조금씩 알아가고 있다. 그러나 지금도 더 배워야 할 것이 많다. 우리는 아직도 가끔 필요한 정보를 찾지 못해 눈 속에 발이 묶인 강아지처럼 헤맬 때가 있다.

산업 디자인 회사 이데오Ideo의 최고경영자 톰 켈리는 《혁신의 기술》에서 이렇게 말한다.

> 영감은 때로 행동으로부터 온다. 현대와 같은 인터넷 시대에도 지리학이 중요한 이유가 바로 이것이다. 참신한 아이디어는 보고, 듣고, 냄새 맡고, 그 장소에 직접 가봄으로써 생겨난다. 사람들이 집에 있는 컴퓨터 화면을 통해 예술품을 볼 수 있음에도 박물관에 가서 원본을 보는 이유가 바로 그것이다. 직접 체험한 사람에게 물어보는 것도 충분하지 않다. 얼마나 빈틈없이 물어보는지는 중요하지 않다. 정글에 가본 적이 없다면 당신은 호랑이가 무엇인지 알고 있는 것이 아니다.[4]

모든 지역은 독특한 풍경, 기후, 그리고 지방색을 갖고 있다. 그 지방만의 문화는 그곳에 건물을 짓는 데에도 영향을 미친다. 지방의 관례와 특색에 관한 정보를 모으면서 나는 시간에 대해 흥미로운 관념을 갖게 되었다. 우리 회사가 적어도 앞으로 백 년 동안 비니어드 섬 안에서만 일하며 이곳을 우리가 상상하는 곳으로 만들어간다면 우리 아이들의 아이들 세대는 어떤 곳에서 자라게 될까? 그렇다면 우리도 '세대 지속성'에 일조하는 것일까? 우리가 이처럼 장기적인 관점으로 노력을 계속한다면 우리의 후손은 그 결과를 누릴 수 있을 것이다. 사실 나는 약간 흥분된 마음으로 이렇게 생각했다. '만일 여기서 더 나아가 우리가 만든 건물까지도 몇 세대에 걸쳐 지속시킨다면 어떻게 될까?' 우리의 건물과 땅, 그리고 공동체를 보존한다는 생각이 그렇게 억지스럽게 느껴지지는 않았다.

나는 이 새로운 아이디어를 동료들과 함께 나누고 싶은 마음을 참을 수 없었다. 내 아이디어를 들은 동료들은 모두 찬성의 뜻을 나타냈다. 그리하여 교육적인 일을 제외하고는 마서즈 비니어드 섬 안에서만 일하겠다는 우리의 네 번째 기본 원칙이 탄생했다. 이 원칙이 오늘까지 우리를 이끌었다. 우리는 다른 곳에서 일하자는 제의를 많이 받는다. 예전에는 제안을 받을 때마다 고민하곤 했지만 이제 우리의 입장은 확고하다. 우리가 가진 지식을 전달해 주는 교육적인 작업에는 장소를 불문하고 참여할 수 있지만, 실제적인 작업은 비니어드 섬 밖에서는 결코 하지 않는다. 우리는 우리만의 터전을 마련했다.

세계화를 넘어 지역화로

내 친구 제이미 울프는 코네티컷 하트포드 지역 신문에서 지역 배관 회사가 문을 닫는다는 기사를 읽고 편집장에게 다음과 같은 편지를 써 보냈다.

> 칼튼 서플라이Carlton Supply가 문을 닫았다는 기사를 읽었습니다. 그 기사에 나온 업자처럼 저 역시 마이크Mike로부터 많은 것을 배웠습니다. 마이크는 제가 링컨 스트리트에 있는 집을 개조할 때 배관에 대해 많은 것을 자세하게 설명해 주었죠. 그때가 1978년이었습니다. 당시

에는 20대와 30대 초반의 사람들이 하트포드의 낡은 집을 사서 개조하는 경우가 많았는데, 저 역시 그 중 하나였어요. 저는 집을 개조하기로 결정하고 마이크와 같은 직원들에게서 많은 도움을 받았습니다.(그러나 이와 같은 기업 중 상당수가 1990년대 중반의 경제 위기에 문을 닫거나 거대 기업에 밀려 이 지역을 떠나게 되었지요.) 저는 문손잡이를 구하려고 지역 목공소에 전화했던 날을 결코 잊지 못할 겁니다. "어느 지역이시죠?" 직원이 물었어요. 제가 지역을 말했더니 직원이 "그 부품을 갖고 있습니다. 우리가 원본을 만들었거든요"라고 말하더군요. 저는 그때 회사가 지역 공동체를 파악하고 있다는 것이 얼마나 중요한지 알았습니다. 이제는 더 이상 그 손잡이를 얻을 수 없습니다. 회사가 사라졌으니까요. 칼튼 서플라이를 잃는 것은 지역적인 손실입니다. 다음 세대를 이을 젊은이들은 이제 문제가 생기면 스스로 해결해야 합니다. 하트포드 지역 주민으로서 유감을 표합니다. 마이크와 같은 지역 주민들이 줄 수 있는 진심 어린 도움과 지혜는 이 지역만의 특색이었습니다. 우리가 잃은 것은 그들만이 아닙니다.[5]

제이미의 편지에는 안정적인 지역 경제의 기본 특성이 많이 들어 있다. 친숙함, 지역에 대한 지식, 직접 제작("우리가 원본을 만들었지요"), 다양한 소규모 회사, 판매를 넘어서 도움을 주고자 하는 책임감과 열정. 지역 경제의 중심이 되는 이러한 가치들은 우리가 보존하고 아끼려고 노력하지 않으면, 우리 주변에서 숲과 땅과 생물이 사라지듯이 사라질 것이다.

모든 공동체들은 지역의 특색을 근본적으로 규정하는 기업과 단체를 가지고 있다. 이곳 비니어드 섬에서도 여러 가지 예를 들 수 있다. 나는 화려한 색깔의 트럭으로 유명한 트립 반즈Trip Barne's라는 트럭 회사

트럽 반즈의 트럭들. 섬의 명물이다. (사진: Randi Baird)

나 지역의 크고 작은 사건을 담당하는 법률 회사인 레이놀드 래퍼포트 앤 카플란Reynolds Rappaport and Kaplan이 없는 비니어드 섬은 상상할 수 없다. 멋진 나무배를 만드는 개논 앤 벤자민Gannon and Benjamin이나 장애우들과 함께 운영하는 가족적인 제과 회사 칠마크 초콜릿Chilmark Chocolates이 없다면 얼마나 허전할까? 이들은 다양한 지역 행사 때마다 참여하며 우리를 즐겁게 해주지 않는가? 작가 윌리엄 스타이런William Styron이 "미국 최고의 서점"이라고 말한 적 있는 번치 오브 그레이프Bunch of Grapes도 마찬가지이다. 1975년 앤 넬슨Ann Nelson이 만들어 아들 존John이 이어받은 이 서점은 여전히 독특한 개성과 우수한 도서 목록을 자랑하고 있다. 이 외에도 언급할 수 있는 회사들이 많이 있다. 이들은 그저 대표적인 예일 뿐이다.

최근에 나는 두 가지 모임이 있어 버몬트의 브래틀보로를 방문했다. 각 모임에서 나는 다음과 같은 질문을 던졌다. "이 지역을 대표하는 회사는 무엇인가요? 내일 당장 문을 닫는다면 지역의 삶에 크게 타격을 주는 그런 회사가 있나요?" 모임에는 사람이 그리 많지 않았다.(첫 번째 모임에는 열두 명, 두 번째 모임에는 여덟 명이었다.) 그런데 놀라운 결과가 나왔다. 그들이 뽑은 목록에서 두 기업이 공통적으로 상위권을 차지한 것이다. 하나는 브래틀보로 식품점Brattleboro Food Co-op이었고, 다른 하나는 브라운 앤 로버트 하드웨어Brown & Roberts Hardware였다.

메인 스트리트 끝에 위치한 브래틀보로 식품점은 일종의 고급 슈퍼마켓이다. 신선하고 질 좋은 음식이 가득 담긴 커다란 창고와 멋진 카페테리아가 마련되어 있고, 가장자리에는 공지 사항이 적힌 게시판이 있다. 다시 말해 그것은 마을의 광장인 셈이다. 상쾌한 조명과 깔끔한 매장이 돋보이며 상품 역시 세련되게 진열되어 있다. 음식의 대부분이 지역 산물로 만들어지며, 직원들은 친절하고 전문적이다. 손님들은 모두 느긋하게 쇼핑을 즐긴다.

메인 스트리트 위쪽에 있는 브라운 앤 로버트는 상호를 새긴 평범한 간판에 외관이 단조로운 건물이지만, 내부는 가족적인 분위기로 활기가 넘치고 있다. 나중에 안 사실이지만 이 회사는 1800년대에 생긴 이래 지금까지 브래틀보로 지역과 생사고락을 함께 하고 있다. 매장에는 등유 램프부터 최신 유행하는 레이저 제품까지 모두 갖추어져 있으며, 매장에서 일하는 사람들은 어떤 질문에도 대답을 해준다. 나는 계산대에 가서 물었다. "미니 맥라이트 전구를 찾는데요. 그리고 회사의 역사를 좀 들을 수 있을까요?"

계산대에 있던 여직원은 흔쾌히 "그럼요"라고 대답했다. 알고 보니 계산대 직원 린다Linda와 그녀의 남편이 이 회사의 현재 오너였다. 린다의 설명을 듣고 나는 특별한 느낌을 받았다. 전에 회사에 있던 사람들, 백 년 넘게 일하고 있는 마을 및 마을 사람들과의 오랜 유대 관계는 그녀에게 매우 의미가 큰 것 같았다.

이 두 회사는 소형 컴퓨터와 로열 타자기만큼이나 다르다. 하나는 현대적인 제품이고 다른 하나는 다소 고풍스러운 제품이다. 그러나 사실 이 두 회사는 많은 공통점을 갖고 있다. 고객들과 매우 친밀한 관계를 유지한다는 것, 직원들이 자신의 직장을 사랑한다는 것, 양질의 서비스와 최고의 제품을 제공하려고 노력하며 지역에 대한 공헌을 중요시한다는 것 등이 그것이다. 지역이 활기를 띠려면 이런 기업이 필요하다.

회사의 기본적인 업무를 유지하는 것은 중요하다. 그러나 그것은 시작일 뿐이다. 나는 우리 회사가 지역 공동체의 사업에 참여하는 모습을 보면서 세계화의 부정적인 영향에 대한 대안을 지역 경제에서 찾을 수 있다는 기대를 갖게 되었다. 물론 세계화는 우리 앞에 닥친 현실이며, 문제점뿐 아니라 이득도 가져다준다. 그것은 전 세계 사람을 연결해 주고, 서로의 상황과 차이점을 이해하도록 도우며, 지구 차원의 문제를 풀기 위한 틀을 마련해 준다. 그러나 그 과정에서 부당한 일이 많이 발생한다. 그것들은 그리 쉽게 해결되는 문제가 아니다. 세계화가 진행되는 과정에서 지역 공동체와의 접점을 잃어버린 기업과 자본은 지역 경제와 지역 공동체를 위기에 빠뜨리고 있다. 거대 자본과 기업은 우리의 삶 전체를 점점 기업화하고 있다.

우리는 한편에서 거대 자본과 기업에 대항하는 노력을 계속하면서 다른 한편에서 더 직접적인 대안을 실천할 수도 있다. 그것은 바로 '지역화localization'이다. 의사를 결정하는 주체와 그 결과를 감당하는 주체가 동일할 때 더 나은 선택, 더 나은 결과가 이루어질 수 있다.

보충성 원리와 연방주의

지역 경제를 지지한다는 것은 곧 지역의 자립성을 높이는 것이다. 다시 말해 지역이 필요로 하는 것을 최대한 지역 내에서 충족하며 수출입에 대한 의존도를 낮추는 것을 뜻한다. 지역의 자립성이 높아질 때 안정적인 일자리 창출과 적극적인 지역 참여를 이끌어낼 수 있다. 또 외부로 유출되는 자본을 줄여 지역 경제를 활성화하는 효과도 가져올 수 있다. 이를 가능하게 하는 좋은 틀이 보충성 원리subsidiarity이다. 이는 정책을 결정할 때 조직 내 최소 단위의 의사 결정권을 존중해, 중앙 조직은 하위 조직이 효율적으로 하지 못하는 기능만 수행한다는 원리이다. 보통 정부나 교회 용어로 많이 쓰이지만, 기업 및 사회 조직 분야에도 적절하게 쓰일 수 있다. 많은 지역이 의사 결정 및 경제 활동에 있어 보충성 원리를 참고하고 있다. 보충성 원리에 따른다는 것은 음식과 에너지 등 생활 필수품의 생산, 경제적 투자, 정치적 의사 결정이 좀더 지역적인 차원에서 이루어진다는 것을 의미한다. 이에 따라 지역 공동체의 삶의 질이 더 높아지고, 주민들은 지역 사회의 미래에 더 적극적으로 참여하게 된다.

보충성 원리를 주장하는 것은 정부나 기업의 권한을 최소한도로 축소시켜야 한다는 것이 아니라, 지역 사회에 적절한 권한을 부여함으로써 지역 구성원들이 자신의 삶에 영향을 미치는 의사 결정에 최대한 참여할 수 있게 해야 한다는 것이다. 회사의 경우에도 직원들이 회사의 소유권 및 여타 권한을 공유하는 것이 더 바람직하다. 직원들이 자신의 미래에 대해 결정할 권리를 갖고, 일에 대한 보상을 나눠 받을 수 있으며, 주주가 되어 의사 결정에 더욱 능동적으로 참여할 수 있기 때문이다. 경제도 이와 마찬가지이다.

마이클 슈먼은 《지역화로 가는 길》에서 보충성 원리의 또 다른 장점에 대해 언급했다. 지역 내에서의 실패는 보통 더 큰 규모에서의 실패보다 피해가 적으며 복구도 더 쉽다. 작은 규모의 조직 내에서는 의사 결정권자들이 실수를 숨기기 어렵기 때문에 의사 결정의 투명성이 보장된다는 장점도 있다. 그러나 슈먼이 지적했듯 지역화가 "반드시 효율적이고 공정하고 민주적이고 세련되고 창조적이며 실패할 가능성이 적은"[6] 것은 아니다. 다만 의사 결정과 그 실행이 더 작은 단위에서 이루어질 때 결정 주체들에게 더 큰 책임 의식과 공정성을 기대할 수 있다는 것이다.

찰스 핸디는 이와 비슷한 개념으로 연방주의federalism라는 말을 썼다.[7] 연방주의, 혹은 중앙 정부와 구성 단위들 사이의 세력 분배는 정치적으로는 익숙한 개념이다. 어느 정도가 적절한 연방 관할권인가, 어느 정도까지 주의 권한을 제한해야 하는가, 어디까지가 적절한 '지방local'인가 등의 문제에 대해서는 정부에서 끊임없는 토론과 조정이 이루어지고 있으며, 지방 자치 및 지역 법령 제정 권한 등의 개념도 널리 이해되고 있다.

핸디는 연방주의가 기업 조직에 반드시 필요한 형태라고 주장하고 있다. 연방주의를 상업 영역에 적용하는 것은 기업이 하나의 공동체이며 그 공동체의 구성원들은 자신들의 미래에 대해 의견을 제시할 권리를 가져야 함을 의미한다. 우리 지역을 비롯해 많은 지역에서는 공공기관의 직원과 주민들 사이에 회의가 이루어질 경우 회의의 모든 과정을 대중에게 공개한다. 주민들은 1년에 3~4회 실시되는 지역 회의에 참여하며 지역의 법과 규칙을 제정한다. 모든 주민은 어떤 투자를 하고 어떤 정책을 선택할 것인지에 대해 각자의 의견을 표출할 수 있다.

보충성 원리와 연방주의가 절대적인 답은 아니다. 인구 1만 6천 명의 작은 섬인 비니어드 섬은 여섯 개의 지역으로 나누어져 있다. 이는 비니어드 섬에 여섯 개의 마을 회관, 여섯 개의 경찰서, 여섯 개의 교육위원회, 여섯 개의 보건관리국 등이 있다는 뜻이다. 이것이 온당해 보이는가? 그렇지 않다. 섬의 중요 문제들은 서로 중첩되며, 그 결과 역시 서로에게 긴밀한 영향을 미친다. 여러 개의 조직을 운영하는 데 불필요한 비용이 들고 주민들의 참여도 분산된다. 이 조직들의 상당수는 섬 전체적으로 연합할 때 제대로 기능할 수 있다. 그러나 사람들은 단지 지금까지 그래왔다는 이유로 현재의 체제를 유지하려는 경향을 보인다. 이들은 각 지역 조직이 통합되면 자신들의 특성이 사라지고 주민들이 직접적인 통제력을 상실할 것을 우려한다. 그러나 우리의 삶은 각 지역이 아니라 비니어드 섬 전체에 뿌리를 내리고 있다. 내가 우리 마을의 물을 오염시킨다면 그것은 결국 당신에게도 영향을 미칠 것이다. 우리 마을 교차로의 교통 체증은 여섯 지역 모두로부터 영향을 받는다. 우리는 각 지역의 고유성과 권한을 잃을지 모른다는 두려움 때문에 더 중요한 문제를 다루는 데 어려움을 겪고 있다. 이 경우 보충성 원리는 지역의 개념을 더 크게 확장시킬 것을 요구한다. 보충성 원리는 다양한 방식으로 적용될 수 있다.

지방화의 요점이 지역 주민을 위한 정책을 만들고 실행하는 데 있지만, 지역 경제는 고립되어 존재할 수 없다. 상호 의존적인 현대 사회를 살아가는 우리는 우리가 사는 지역뿐 아니라 미국 전체, 전 세계의 규모에서 생각하고 계획할 수 있어야 한다. 그러기 위해서는 새로운 경제적 태도와 법칙이 필요하다. 경제학자이자 미래학자인 허먼 데일리는 국제 교역이 운송에 드는 막대한 에너지와 공해 비용을 간과하고 있다고 지적한다. 그는 국제 거래의 절반은 근본적으로 같은 상품을 동시에 교환하는 것이라고 주장한다. 덴마크인들은 미국으로 설탕 쿠키를 보낸다. 미국인들도 덴마크로 설탕 쿠키를 보낸다.

그는 묻는다. "그들은 대체 왜 요리법을 교환하지 않는 것일까?"

말타와 매드 리버

2,300명이 거주하고 있는, 북부 몬태나의 말타 지역으로 운전해 가다 보면 거대한 곡식 운반기를 볼 수 있다. 마을로 들어서면 식당과 숙박업소 들이 있다. 서부 트럭 정류소는 소를 운반하는 트럭의 소음과 모터 소리가 섞여 시끄럽다. 몇 블록 떨어진 곳에 메인 스트리트가 있다. 마을 극장은 금요일부터 화요일까지 연다. 넓은 길과 커다란 나무, 일층짜리 방갈로 집들이 있는 미국 서부 마을의 전형적인 모습이다. 몬태나에서 가장 큰 도시 빌링스는 남쪽으로 320킬로미터 떨어진 곳에 있다. 미주리 강 근처에는 황무지, 협곡, 뷰트(평원의 고립된 언덕—옮긴이), 대초원 등이 펼쳐져 있다. 동쪽으로 108킬로미터 떨어진 곳에는 3,250명 인구의 글래스고가 있다. 서쪽으로 140킬로미터 떨어진 곳에는 9,800명 인구의 하브르가 있으며, 북쪽으로 227킬로미터 떨어진 곳에는 서스캐처원 주의 스위프트 커런트가 있다.

최근까지 말타의 금광에서는 광부 200명이 일했다. 금광은 2000년에 폐광되었다. 그후 오래지 않아 지역 의류점 앤서니즈Anthony's도 문을 닫아서 이제 마을에는 양말이나 속옷을 살 수 있는 곳이 한 군데도 없다. K마트나 월마트까지는 오래 운전을 하고 가야 한다. 셔츠 한 장을 사기 위해 먼 길을 가는 수고를 덜기 위해 사람들은 이제 장을 보러 갈 때 들른다든지, 식료품을 산다든지, 맥주를 산다든지 해서 다른 용무도 함께 해결하고 온다. 즉 이런 일들을 말타가 아닌 다른 곳에서 보게 되는 것이다.

앤 부스Anne Boothe는 '말타 상업경제발전위원회Malta's Chamber of Commerce and Economic Development Council'를 운영하고 있다. 활기차고 밝은 성격의 그녀는 누가 보기에도 조직의 지도자로서 적합한 인물이다. 그녀는 지역 소유의 의류점을 만들기 위해 지역 인사들과 기업인들에게 지원을 요청했다. 그녀는 그들로 하여금 각자 500달러씩에 주식을 팔아 공동체에 투자하게 했다. 그렇게 해서 모은 돈 28만 2천 달러로, 2000년 8월 패밀리 매터즈Family Matters라는 상점을 개점했다. 150명의 투자자 중 상당수는 지역 기업가들이며, 그들은 500달러짜리 주식 하나에 하나의 의결권을 가졌다. 5인으로 구성된 임원단과 투자자들이 매장을 관리하고, 자원봉사자들이 직접 상점을 청소하고 선반을 정리했다. 밝은 조명과 선명한 색상으로 분위기가 활기찬 상점에는 부츠, 블라우스, 운동화, 스웨터 등의 물건이 잘 정돈되어 있다.

패밀리 매터즈는 이제 지역 사업의 중추가 되었고 사람들을 이끌어 마을로 쇼핑을 나오게 만들었다. 앤에 따르면 패밀리 매터즈의 성공으로 마을의 다른 사업도 호황을 누리고 있다고 한다. "월마트만큼 싸지는 않지만 그리 비싼 가격은 아니죠. 괜찮은 가격입니다."

앤은 기존 다른 기업들의 자세가 중요하다고 강조한다. "지역의 기업주들이 이것을 경쟁으로 받아들이면 우리는 오래갈 수 없습니다."

앤은 패밀리 매터즈가 훌륭한 경영진과 유능한 임원진을 갖추고 있다고 말한다. "사람들은 패밀리 매터즈의 노력을 인정해 줍니다. 지역 공동체의 노력으로 이 지역 주민들은 이곳에 사는 이유를 다시 한 번 깨닫게 되었지요. 이것은 공생입니다."

패밀리 매터즈의 경영자 토니 비숍Toni Bishop은 이렇게 말한다. "저는 패밀리 매터즈가 이 지역에서 장수하는 기업이 될 거라고 생각합니다. 계속해서 호조를 보이고 있습니다. 지역이 보내주는 지원도 상당합니다. 아직도 차를 몰고 월마트까지 가는 주민들이 있지만, 그것은 아직 지역 상점에 친숙하지 않기 때문이라고 생각합니다. 쇼핑을 하다가 아이가 무엇인가를 사달라고 조르면 부모들은 말하지요. '기다려. 이번 주말에 월마트에 가면 사줄게.' 그들은 아직 지역 상점의 의미를 모릅니다."

그러나 지역 상점의 진가를 알아보는 이들도 있다. 몬태나 주의 플렌티우드, 글렌다이브, 와이오밍의 포웰과 워든, 네바다 주 엘리 등지에 지역 소유의 의류 회사들이 문을 열었다. 더 많은 상점들이 기획 단계에 있으며, 이러한 아이디어는 미국 중서부와 북동부를 중심으로 확산되고 있다. 일부 상점들은 서로 협력하여 분리 주문order splitting과 공동 구매를 실시하기도 한다.

몬태나의 의류 조합은 지역이 소유하고 있다. 오너들의 경제적 투자는 일반적인 기업 투자와는 다르다. 이는 우리가 지역의 시민 운동에 돈과 시간을 투자하는 것과 비슷하다. 이들의 노력은 이윤 창출보다는 그 지역이 필요로 하는 산업을 뒷받침하고 있다는 점에서 남다르다.

토머스 프랭크는 최근 펴낸 《캔자스 주의 문제는 무엇인가?》에서 몬태나 주의 지역 사회들과 달리 퇴락해 가고 있는 지역 사회들에 대해 이야기한다.

> 이 주州에 속해 있는 어느 도시든 대로를 걸어보면 쇠락한 문명의 흔적을 보고 있는 듯한 느낌을 받게 된다. 큰길은 약속이라도 한 듯 텅 비어 있다. 거리는 오래 전 석조 건물이 갖고 있던 웅장함을 잃고 그 대신 합판으로 뒤덮여 있다.[8]

이러한 차이점은 단지 열정적인 한 사람 혹은 작은 모임에 의해서 만들어지는 것일까? 아니면 더 근본적으로, 상이한 역사와 경제, 문화적 조건 때문일까? 확실히 답할 수는 없지만 이 질문은 생각해 볼 만한 것이다. 아무튼 몬태나 주 말타와 같은 지역에는 남다른 점이 있는 것이 틀림없다.

버몬트의 매드 리버 밸리에는 매드 리버 글렌Mad River Glen이라는 유명한 스키 리조트가 있다. 1990년대 중반, 매드 리버 글렌의 오너인 베치 프랫Betsy Pratt은 스키장을 매각하고 사업을 그만둘 생각을 했다. 그러나 지역 주민들은 새로운 오너가 스키장을 인수할 경우 스키 리조트로 유명한 지역의 특성까지 바뀔지 모른다고 우려했다. 결국 조합의 형태로 스키장을 유지하자는 제안이 나왔고, 지역 주민들과 스키장의 오랜 이용자들은 그들의 바람대로 스키장을 운영하게 되었다. 그들은 지역 모임을 형성해 1,500달러에 주식을 팔기 시작했다. 마을 사람들이 필요한 자금을 모두 충당하는 데는 한계가 있었으므로 프랫은 그들에게 5년간 무이자로 돈을 대출해 주었다. 결국 그 모임은 1995년에 이 지역을 살 수 있었다. 그들은 꾸준히 대출금을 갚았고 주가 역시 꾸준히 올랐다. 주식을 4주 이상 소유하는 것은 금지되었고, 개인적인 이윤 분배는 없었다. 모든 이윤은 지역으로 환원되었다. 이는 지역 투자의 또 다른 예이다. 매드 리버 글렌은 매드 리버 밸리의 중요한 부분이며, 스키장 직원과 지역 주민, 그리고 이용자가 이곳을 실질적으로 운영하며 관리하는 것이다.

매드 리버의 주주들은 스키장을 유지하며 흥미로운 사실을 발견했다. 단순히 스키장을 지키고자 만든 모임이 지역의 다른 주요 문제에도 영향을 미칠 능력이 있음을 깨닫게 된 것이다. 이들의 시도는 지역 문제를 해결하고 지역 공동체를 형성하는 데 새로운 틀을 마련했다. 지역 사회의 새로운 중심이 된 이들은 앞으로도 다양한 방식으로 활동할 것이다.

매드 리버 글렌과 몬태나 의류 조합 이야기는 내부 투자와 외부 투자의 차이점을 보여준다. 지역과 관계되지 않은 투자자는 경제적 보상을 가장 중요시하는 반면, 지역 주민들은 금전적인 보상 이외의 목적으로 투자를 한다. 종업원 주식 소유제, 혹은 이들의 경우 같은 지역 공동체 주식 소유제community ownership는 기업이 외부로 인수되지 않도록 지켜준다. 지역을 보존할 목적으로 기업을 사들인 이들이 왜 다른 이익을 가진 이들에게 기업을 팔겠는가? 마이클 슈먼은 이렇게 말한다.

> 많은 이들이 자신의 회사를 사회적 책임 의식이 있는 곳으로 만든다면, 또 우리가 이러한 기업에서만 물건을 사고 투자를 하기로 한다면, 다른 기업들은 이에 적응하지 않으면 사멸할 것이다. 거주자들이 생활 필수품을 지역 내에서 충당할 수 있는 독립적인 공동체를 만든다면, 다른 공동체는 우리를 방문하고 배우고 따라올 것이다. 우리는 우리가 생각하는 것보다 더 막강한 힘을 갖고 있다.[9)]

우리는 지역의 기업과 산업을 지속적으로 지원해야 한다. 월마트 같은 냉정한 대기업이 아무리 소규모 사업을 침식시킨다고 해도 다행히 우리에게는 '지역 경제'라는 가능성이 있다. 소규모 기업들을 세계적인 기업으로부터 되찾아 와야 할 필요는 없다. 좋은 조건에 있든지 나쁜 조건에 있든지 우리는 이미 지역의 소규모 기업들을 갖고 있다. 우리는 이 소규모 기업들이 지금보다 더 성장하게 만들 수 있다.

데리 식당

버몬트에서 비니어드 섬으로 돌아올 때 크리스와 나는 뉴햄프셔 데리에 있는 식당에서 점심이나 저녁을 먹곤 한다. 웨스트 브로드웨이에서 동쪽으로 1.6킬로미터 가면 인구 2만 2천 명이 사는 데리의 메인 스트리트가 나온다. 데리의 H.P. 후드 낙농장은 과거에 보스턴으로 우유를 공급했었다. 일류 신발 회사가 있었으나 1960년 화재로 공장이 없어졌다. 지금은 첨단 기술 회사들이 이들 산업을 대체했다. 그 외에는 주로 소규모 기업 및 가족 회사들뿐이다.

교차로 주변은 패스트푸드 음식점과 주유소가 즐비하고 시내 쪽으로는 주택과 회사가 섞여 있는 모습을 볼 수 있다. 마을의 중심부로 반쯤 들어오면 데리 식당이 있다. 대개 가족 단위의 손님들이 찾는 이곳은 항상 주차장이 만원이다. 메뉴는 피자를 비롯해 집에서 만들 수 있는 다양한 음식들이다. 일인용 종이 식탁보에는 타이어즈 투, 벤 프랭클린 출력, 제이크 변속기 수리점 등 지역 회사들 광고가 실려 있다. 각 테이블의 조명은 모조 스테인드글라스로 다양한 그림자를 만들어내고, 중앙에는 커다란 수족관이 있다.(아이들은 보통 물고기를 보고 수족관을 두드린다.) 점원들은 친절하고 편안하다. 화장실에는 "주 법률에 따라 직원들은 언제나 손을 씻습니다"라는 푯말이 붙어 있다. 주의를 끄는 화려한 눈요깃거리는 어디에도 없다. 그저 따뜻하고 친절하며 잘 정돈된 공간일 뿐이다.

우리는 이곳 음식을 즐긴다. 떠날 때는 출입구 쪽에 있는 계산대에서 주인 닉 사마라스Nick Samaras에게 계산을 한다. 그는 피자를 만들고 포장 주문을 받으며 계산대를 지킨다. 그는 또 사람들에게 대개 이름을 불러가며 감사 인사를 한다. 우리처럼 모르는 손님에게는 음식이 맛있었는지를 묻는다. 그는 이곳에서 29년 동안 일했다. 가족들 대부분도 이 식당에서 일하고 있다. 그는 데리가 좋은 마을이라며 이곳에서는 한 번도 문제를 겪은 적이 없다고 한다. 한번은 어떤 점원에게 여기가 일하기 좋으냐고 물었더니 이렇게 대답했다. "일하기에 더없이 멋진 장소죠." 그 점원은 8년간 일하고 있다. 그녀는 이런 직장에서 일하는 것이 좋다고 말했다. '이런 직장' 이란 자신이 "한 번도 실망해 본 적이 없고, 직원들의 요구를 세심하게 배려하는 회사이며, 하루나 이틀, 심지어 일주일의 휴가가 필요하다 해도 일자리를 잃을까봐 걱정하지 않아도 되는 곳"이다. 그녀는 덧붙이기를 사마라스 가족은 주인으로서의 특권이나 생색을 내지 않는다고 한다. 모두가 함께 각자 맡은 일을 할 뿐이다.

일하기 좋은 장소를 만들면, 직원들은 좋은 서비스와 좋은 음식을 제공할 것이다. 좋은 서비스와 음식을 제공하면 사람들이 올 것이다. 사람들이 오면 가게가 번성하고 생기가 넘칠 것이다. 너무나 단순하지 않은가? 이곳의 주차장이 언제나 만원이라는 사실은 흥미롭다. 아래로 내려가면 맥도날드가 있지만 그곳 주차장에는 빈자리가 있다. 여기는 상대적으로 여행객이 적다.(비록 닉은 우리처럼 우연히 들른 이후 계속 찾아오는 사람들이 있다고는 말하지만.) 데리 식당은 주로 마을 사람들로 가득 찬다.

데리 식당은 사람들이 즐겨 찾는, 서민 동네에 있는 맛집이다. 이곳은 내 친구 제이미가 신문사에 보낸 편지에서 언급한 하트포드의 칼튼 서플라이와 비슷한 점이 많이 있다. 차이점이 있다면 칼튼은 이제 문을 닫았다는 것이다. 데리는 여전히 성업중이다. 우리는 이런 종류의 회사를 지지한다. 우리가 지역 기업을 후원하고 새로운 재생 에너지 자원 개발 및 소규모 농장 복구를 위해 노력을 아끼지 않는다면, 우리는 지역화를 통해 세계 경제와 균형을 맞출 수 있을지도 모른다.

이것이 비현실적이라고 말할 사람도 있을 것이다. 그러나 좀더 지역 지향적이고, 사람을 긍정적이고 평등하며 직접적으로 대할 수 있는 상업을 복구하려는 노력은 숭고한 목표이다. 전 세계적인 기업의 확대를 억제하고 세계화에 제동을 걸기 위한 노력이 더 강화되어야 한다. 하지만 그런다 해도 그것은 쉽지 않은 과제로 남는다. 우리가 일상 속에서 해야 할 일들이 많이 있는 까닭이다.

우리 회사는 이 작고 복잡한 섬에 우리의 일을 제한하게 된 기회를 소중하게 생각한다. 이곳은 살기에도 일하기에도 좋은 장소이다. 우리의 네 번째 기본 원칙, 즉 마서즈 비니어드 섬에 전념하는 것은 한 지역의 사람과 경제에 조건 없이 투자하는 것이다. 우리는 이미 섬에 장기적인 투자를 시작했다. 섬의 미래는 곧 우리의 미래이다. 우리는 우연한 성공을 기대하지 않는다. 시행착오에서 배움을 얻고 유의미한 협력을 기대한다. 우리는 이 다음에 무엇이 올지 몹시 기대하고 있다. 이곳의 진화에 참여할 수 있다는 사실이 기쁘다. 우리에게 이 지역은 집과 같다.

6. 장인 정신을 지키기

한 고객이 약 만 평의 땅에 집 한 채를 지어줄 것을 요구했다. 자녀들과 손자, 손녀들까지 함께 살 수 있을 크기를 원했다. 우리가 선택한 땅에는 아름다운 참나무 고목이 있었다. 아무도 그 나무를 베고 싶어하지 않았다. 우리는 집을 두 채로 나누어 짓는 방법을 제안했다. 지붕 사이에 아치 모양의 통로를 놓아 두 건물을 연결하면 통로를 통해 아름다운 풍경을 감상하면서도 마을의 중요한 나무를 살릴 수 있었다. 또 이렇게 되면 건물의 부피가 줄어드는데, 현재 위치에서는 그 편이 더 어울렸다. 고객들은 우리의 제안을 받아들였고 우리는 설계를 마치고 시공을 했다.

두 건물을 연결할 시점에 왔을 때에야 우리는 통로 설계가 잘못되었다는 사실을 알게 되었다. 계획한 대로 건물을 지었으나 공들인 설계는 주변과 조화를 이루지 못하고 있었다. 설계팀이 대안을 찾기 위해 회의를 가졌다. 우리는 많은 해결책을 제시해 보았지만 마땅한 것이 나오지 않았다.

이 계단의 디딤면tread과 챌면riser, 그리고 자유로운 모양의 나무기둥에서 장인 정신을 느낄 수 있다. (사진: Randi Baird)

그때 설계팀의 데릴 배지가 말했다. "옳은 설계가 무엇인지는 확실하잖아요. 통로의 지붕을 아예 없애야 해요. 나무 아래 바람이 지나는 길만 내는 거예요."

"그래, 바로 그거야." 우리는 환호했다. 그러나 고객들은 우리의 수정안을 부분적으로만 받아들였다. 두 채의 집 사이에 보호 통로가 있어야 한다는 것이었다. 이것이 가능할까? 어쨌거나 최대한 가능하게 만드는 것이 우리의 일이었다.

나는 몇 년 전 친구와 함께 일본 목공예가 조지 나카시마George Nakashima의 스튜디오를 방문하고 감동받은 기억을 떠올렸다. 나카시마가 우리를 데려간 곳에는 네 채의 작은 건물이 있고, 그 사이로 흰색 자갈길과 일본식 정원이 꾸며져 있었다. 그날은 비가 많이 왔다. 각 건물에는 깊은 현관 지붕이 얹어져 있었고, 현관마다 우산꽂이가 놓여 있었다. 건물을 옮겨 다닐 때 우리는 우산을 쓰고 다니다가 다음 건물에 다다르면 다시 통에 꽂아두었다. 지혜로운 구조 방식이었다. 나는 고객들을 만나 이 이야기를 들려주었다. "그것이 바로 해결책입니다. 말하자면 필요할 때마다 '지붕'을 들고 다니는 거죠. 평상시에는 걸으면서 나무와 별을 볼 수 있고요." 고객들은 즉시 찬성하며 적당한 장소에 아름다운 모양의 우산꽂이를 만들어줄 것을 주문했다.

설계는 건초 더미에서 바늘을 찾는 것과 같다. 궁극적인 해결책을 찾아내기 전에 중도에 포기해 버리는 경우가 많이 있다. 최고의 설계 도안을 얻기 위해서는 설계가의 가장 큰 적인 두려움을 극복해야 한다. 조경 설계가 샌포드 에번스Sanford Evans의 말처럼 "좋은 해답을 찾기까지 긴 숙고를 할 수 없도록 만드는 것은" 두려움이다. 답을 찾지 못하리라는 두려움 때문에 우리는 쉬운 방법을 택하고 숙고의 과정에서 너무 쉽게 빠져나온다. 우리는 아마도 두려움을 완전히 정복할 수는 없을 것이다. 그러나 많은 경험을 겪다 보면 두려움을 무시하고 전진할 수 있게 된다. 불확실성을 감수한다면 오래오래 건초 더미에 머물면서 정확히 바늘을 찾아낼 수 있다.

설계부터 시공까지 전 과정을 담당하지 않았다면 우리는 통로 문제를 발견하지도 못했을 것이다. 통로 지붕 설계는 종이 위에서는 훌륭해 보였지만 실제 공간에서는 당황스러움을 안겨주었다. 우리가 제안한 구조는 한마디로 폭력이었다. 현장에서 통로 지붕이 세워지는 것을 보았다면 내 말을 이해할 것이다. 시공팀이 아니었다면 우리는 이 문제를 너무 늦게 알았을지도 모른다.

무엇인가를 만든다는 것

우리 회사가 하는 가장 기본적인 일은 집, 통로, 인도처럼 눈에 보이고 형체가 있으며 기능적인 무언가를 만드는 것이다. 집뿐 아니라 실내 장식, 벽장, 가구, 조명 기구, 조경 등 집에 관련된 것들을 만들기도 한다. 우리는 집과 부속품을 만들고 주변 환경에 손을 댈 때 다음 세대에까지 가치가 지속되게 하려고 노력한다. 요즘은 이러한 생각으로 집을 만드는 사람이 거의 없다는 사실이 놀라울 뿐이다.

어떤 이들은 눈에 보이고 형체가 있으며 기능적이지만 지속적이지는 않은 것, 예를 들면 즉석 식품이나 훌라후프, 머리 모양 같은 것을 만든다. 대부분의 사람들은 보험이나 대출, 진단, 치료, 판매 등 물건이 아닌 것을 만든다. 2000년 미국 인구 조사에 따르면 생산직에 일하는 사원들은 전체 근로자의 10퍼센트 이내라고 한다. 제조업에 종사하는 사람들은 방송, 스포츠, 연예계 종사자만큼 적다. 물건을 만들기보다는 운반하고 옮기는 일에 종사하는 사람들이 더 많다.[1]

제조업은 값싼 노동력을 구한다는 명목으로 계속 미국을 빠져나가고 있다. 2000년 노동통계국 자료에 따르면 미국에서 급성장하는 업종 30가지는 대부분 서비스 직종이라고 한다. 가정 의료 보조원, 사회 복지사, 개인 건강사가 유망 직종에서 1위를 차지했다. 그 밖에 물리 치료사, 변호사, 특수 교사, 의료 보조원, 아동 보육사, 비서, 손톱 관리사, 간호사, 승무원, 경호원, 보험 설계사 등이 목록을 차지했다. 무엇인가를 만드는 직종으로는 도로 포장이 30위에 올라 있었다. 그들은 다른 직종 종사자들이 차를 이용해 서비스를 편안히 제공할 수 있도록 하는 일을 하고 있다.

물론 나는 이 분야 종사자들이 우리의 세금 문제를 도와주고, 치아를 교정해 주고, 오락거리를 제공하고, 돌봐주고, 가르치고, 도움을 주는 것을 고맙게 생각한다. 그러나 우리 중 많은 이들은 물건을 만들지 않음으로 해서 손해를 보고 있다. 자신이 일하는 회사의 물건에 자부심을 갖고 싶어하는, 우리 회사의 베치와 같은 사람들—생산자와 소비자를 막론하고—의 삶의 질이 낮아지기 때문이다. 즉 정통적인 장인 정신으로 만든 정통적인 물건들이 사라지고 있는 탓이다.

우리가 하는 모든 것이 제작에 해당하는 것은 아니다. 우리도 서비스를 제공하고 조언과 도움을 준다. 그러나 제작은 우리 회사의 중심 업무이다. 우리는 제품의 질을 보장하기 위해 통합 설계 과정을 만들었다. 이는 전문가들이 모여 대화를 하는 방식으로, 더 좋은 해결책을 찾고 더 나은 가치를 창출하기 위함이다. 고객부터 건물 설계자, 대지 설계자, 실내 장식가, 목수, 현장 감독, 공예가, 하도급업자, 공급 업체, 은행원, 건물 관리자, 마을위원회, 이웃 등 참여하는 모든 이들이 중요하다. 모든 것들이 설계에 영향을 미친다. 확장된 인간 관계가 각각의 사업을 만든다. 이 과정을 효과적으로 수행하려면 모든 측면을 총감독

할 필요가 있다. 시간이 흐름에 따라 우리는 총감독하는 기술을 개발했다. 거의 모든 건축 사업의 계획부터 설계, 시공, 가구 제작, 실내 장식, 사후 관리까지 전 과정에 대해 우리가 책임진다.

총책임자 접근법

한 건물을 만들 때 설계부터 시공까지 통합하는 것은 총책임자 접근법master builder approach으로 알려져 있다.(옥스퍼드 영어 사전에 나온 이 용어의 설명은 다음과 같다. "건물이 세워질 때 모델은 단지 한 사람의 고안품이다.") 설계와 건축을 총괄하는 총책임자를 두는 것은 산업 혁명 이전 서양 건축의 주된 방식이었다. 그러나 오늘날의 방식은 아니다. 처음부터 미첼과 나는 설계/시공 통합법이 우리에게 적합하다는 것을 직관적으로 알았다. 우리는 시공뿐 아니라 설계도 배웠다. 당시 우리의 삶에는 삶과 일 사이에 분리가 없었다. 모든 활동이 삶과 일로 모아졌다. 나는 휴가가 무엇인지를 몰랐다. 무엇으로부터 쉰단 말인가? 물론 휴가 때 여행을 떠나는 것도 의미가 있었지만, 그렇다고 해서 일이 일로 느껴지지는 않았다. 여행을 떠나 물놀이 장소를 찾는 것이 재미있듯이 제재소에서 적당한 목재를 찾아다니는 것도 재미있었다. 일과 삶의 구분이 없는 것과 마찬가지로 설계와 시공의 구분도 없었다.

총책임자 접근법은 한 사람에게 작업의 모든 부분 및 거래에 대한 책임을 맡긴다. 기존의 방식에 따르면 건축 공정의 각 분야별로 책임이 분산된다. 이는 지나치게 세분화되고 전문화된 우리 문화의 산물이다. 고객이 요구 사항을 설명하면 건축가는 공간의 활용 계획을 세우고 건물을 설계한다. 건축가가 설계안을 엔지니어에게 넘기면 엔지니어는 구조적 일관성을 체크하고 기계 시스템을 첨가하고 기초를 설계한다.

이때 엔지니어는 설계의 의도를 이해하지 못할 수도 있다. 완성된 설계도는 입찰을 통해 도급업자에게 넘겨진다. 도급업자는 설계 공정에 관여하지 않아서 근본 원리를 정확히 이해하지 못할 수도 있다. 그들은 건물이 설계안대로 세워져야 한다는 것에 동의하지 않을 수도 있다. 하도급업자에게 일의 일부가 넘겨질 경우, 하도급업자는 지금까지의 과정에 대한 이해가 더욱 부족하다. 부지의 기능과 설비를 설계하는 일은 조경 건축가에게 맡겨지고, 조경 공사는 다른 업자에게 맡겨진다. 실내 장식은 또 다른 사람에게 맡겨진다.

복잡한 도급 과정과 책임 분산으로 각 공정 내에서 변화를 시도하기란 어렵다. 변화가 생기면 의도치 않은 결과가 나올 가능성이 크다. 왜냐하면 효율적인 의사 소통의 통로가 확보되지 않고 총괄적인 책임의 소재가 분명하지 않은 경우가 많기 때문이다. 공정에 참여하는 다양한 사람들 중 전체적인 안목을 갖고 있는 사람은 없다. 따라서 벽이 세워질 때 실수가 생기면 조명에 영향을 미치고, 기계 시스템에 영향을 미치고, 창문의 위치, 가구의 배치에 영향을 미친다. 건물이 완성되면 세입자가 건물을 어떻게 사용하고 관리하고 보존해야 하는지 전체적으로 설명해 줄 만큼 충분한 지식을 가진 사람이 아무도 없다. 책임은 계속 넘겨지고 정작 문제가 생겼을 때 해결할 수 있는 사람은 아무도 없다. 문제가 생기면 각 책임자들은 서로 다른 이들을 탓한다. 특별한 책임을 느끼지 못한다. 언쟁과 소송은 흔한 일이다.

건축이 이런 식으로 진행된 것은 불과 백 년밖에 되지 않았다. 어떤 이들은 더 나은 협력을 통해 이러한 방식을 개선하려고 한다. 그러나 아직은 기계적인 이런 방식이 더 일반적이다.

계획, 설계, 시공을 총괄하고 이끌며 건물주에게 직접적인 책임을 지는 총책임자는 공정을 더 효과적으로 이끌 수 있다. 우리의 경우는 총

책임자의 역할을 한 사람이 맡는 것이 아니라 회사 전체가 맡는다. 우리 회사 자체가 총책임자이다. 더 정확히 말하면 회사의 모든 팀이 '공동 총책임자' 이다. 총책임자로서 우리는 설계와 시공이 서로 맞물린다는 확신을 갖고 있다. 우리는 설계의 이론적인 면과 그것을 성공적으로 시공할 때 필요한 지식을 한데 모은다. 이것은 직접적인 과정이다. 회사와 고객은 서로에게 전적으로 책임을 진다. 비록 다른 많은 조언자들이 참여하여 팀의 일부가 되지만, 총책임자로서 우리가 중심에 있는 관계는 복잡한 전체 공정에 명확성과 통합성을 부여한다. 우리는 총책임자로서 모든 공정과 결과물을 관리한다. 우리는 땅, 이웃, 지역, 그리고 고객의 이익에 책임을 진다. 우리는 이 일을 하는 많은 이들의 감정과 요구에 의무가 있다.

총책임자 제도는 땅과 건물이 수명을 갖고 있다는 이해를 바탕으로 한다. 땅과 건물은 시간을 두고 발전하며 관리와 조정, 지속적인 연구를 필요로 한다. 작업은 결코 완결되지 않는다. 반면, 분산 책임 방식은 한 건축가가 멋진 아이디어를 내놓으면 다른 이들이 이것을 현실로 바꾸어놓고, 일단 건물이 지어지면 작업도 완료되며, 건물은 쓰러질 때까지 조각품처럼 한 장소에 놓여져 있다는 가정에 기초한다.

빌바오

친구 리와 나는 스페인 몬드라곤으로 가는 길에 빌바오에 들렀다. 우리는 세계에서 가장 유명한 박물관 중 하나인 구겐하임 미술관에 갈 계획을 세웠다. 빌바오 공항은 감탄이 나올 만큼 아름다운 곳이었고, 누구나 시간을 보내고 싶어할 만큼 매력적인 곳이었다. 우리도 공항 안에서 많은 시간을 보냈다. 어디를 둘러보든지 사려 깊은 공예, 아름다운 세부 처리, 독특한 조명, 재치 있는 연출이 돋보였다. 스페인 건축가 산티아고 칼라트라비Santiago Calatravi의 이 현대적인 디자인을 감상하는 것은 기쁨이었다. 우리는 서로를 마주보며 빌바오가 진정한 건축의 메카라고 생각했다.

우리는 공항에서 눈을 떼지 못하다가 겨우 차를 탔다.(빌바오 공항은 주차장이 주는 복잡하고 거대한 인상을 줄이기 위해 언덕 비탈에 깔끔하게 다층 주차 시설을 만들었다.) 시내로 들어오자, 프랭크 게리Frank Gehry가 지은 구겐하임 미술관이 웅장하게 치솟아 있고 그 옆에 철도와 큰 주차장이 미술관의 그늘에 가려 있었다. 차를 세우고, 돌이 깔린 길고 불편한 길을 걸어 올라가자 미술관이 나왔다. 미술관의 입구는 황량했다. 광장에는 볼품없는 나무 한 그루만 서 있었다. 티타늄 판자가 군데군데 녹이 슨 채 엉성하게 서 있었다. 우리는 미술관의 평범함에 놀라지 않을 수 없었다. 내부도 다르지 않았다. 공간은 화려했지만 예술적 가치는 발견할 수 없었다. 양질의 자재들은 조악하고 부적절하게 뒤섞여 있었다. 우리는 이곳의 어처구니없는 상황에 놀라움을 금치 못했다. 그토록 기념비적인 건물이 어떻게 이렇게 무성의하게 지어졌을까? 최저가에 입찰된 것은 아닐까? 공사에 참여한 직원들이 이 일을 싫어했던 것일까? 아니면 요구한 바를 수긍할 수 없었던 것인가? 이것이 과연 게리의 원대한 이상이 반영된 건물이란 말인가? 아니면 공정이 너무 많은 이들의 손에 넘겨져서 원래 의도가 반밖에 드러나지 않은 것인가? 게리가 장인 정신의 이상을 일부러 저버린 것일까?

우리가 떠날 때 몇 블록 떨어진 곳에서 교회 종이 울렸다. 소리는 깊이 울려 퍼졌다. 종소리가 나는 건물은 아마도 몇백 년 전 한 총책임자에 의해 지어졌을 것이다. 성당은 오랜 시간 지속되어 왔으며 앞으로도 그럴 것이다. 반면 구겐하임 미술관은 분산 책임에 의한 일시적인 승리는 거두었지만 주변 환경 및 도시와 어울리지 않는 공허한 성공을 이루었을 뿐이다. 이것은 마치 정상에 6주간 올랐다가 이내 기억 속에서 사라지는 유행가와 같지 않은가? 우리는 이 유명한 미술관이 빌바오의 경제를 되살려냈다는 이야기를 들었다. 그러나 이 사실이 우리의 실망감을 덜어주진 못했다. 우리에게는 공항이야말로 빌바오의 상징이었다.

그러나 우리는 이 안타까운 실패에서(나는 구겐하임 미술관이 엄청난 실패작이라고 생각한다) 교훈을 얻을 수 있을 것이다. 때로는 이러한 실패도 필요하다. 실패가 없으면 어떠한 혁신도 일어나지 않을 것이다. 우리에게는 언제나 새로운 발명의 기회가 있다. 재료, 에너지, 건축 방식, 미적인 양식, 관점 등에서 돌파구들이 생기고 있다. 우리는 혁신과 전통의 건강한 균형을 창조하고 싶다.

건축 학교 학생들이 학교에서 건축 비평을 공부하고 야망을 키울 뿐 아니라 이웃 및 지역 공동체에 대한 책임감도 배운다면 전통과 혁신은 더 성공적으로 조화를 이룰 수 있을 것이다. 우리 회사가 더 많은 이해 관계자를 모으고 더 많은 지식을 쌓을수록, 우리의 건물과 우리가 만드는 공동체는 건축가 브루스 콜드햄이 말한 "자신의 분야를 변호하는 수많은 설계가와 컨설턴트들의 타협물" 그 이상이 될 수 있을 것이다.

장인 정신의 본질

건물을 짓고 조경을 만드는 모든 요소들, 즉 개발, 계획, 설계, 시공, 건축, 목공, 실내 장식, 사후 관리에 대해 책임을 질 때 좋은 건물과 조경을 만들 수 있다. 모든 과정을 총괄하므로 각 공정이 적절하게 조화될 가능성이 높다. 각 공정이 적절하게 조화를 이룬 건물은 아마도 수 세기 동안 유지될 것이다. 이것이 우리가 만드는 건물에 대한 바람이다. 우리 일에서 가장 중요한 점은 장인 정신이다.

장인은 자신이 만드는 것과 그 방법에 대해 강한 원칙을 갖고 있다. 때로 하나의 나무 소품을 만드는 데에도 어떻게 하면 기능과 미적인 요소를 모두 살릴 수 있는지를 두고 상당한 토론이 필요하다. 대화는 제품의 전체적인 질에서부터 공정의 가장 미묘하고 자세한 부분에 이르기까지 다양하다. 우리는 돈보다는 나무의 질과 조합 방법에 대해 더 많이 토론한다.

서둘러서는 좋은 품질이 나올 수 없다. 장인은 자신만의 속도로 작업을 진행해야 한다. 장인의 기술 역시 서두른다고 발휘되지 않는다. 시간을 들여 집중해야만 한다. 나는 과거에 목공일을 했지만, 애초부터 목공일을 한 것은 아니었다. 나는 목공일에 열정을 다 했지만 속도가 느렸고 완성도가 떨어졌다. 그러나 내 아들 핀토는 어렸을 때부터 지금까지 계속 목공일을 접해 왔다. 그 결과 핀토는 목공 과정의 처음부터 끝까지를 터득하게 되었다. 이는 내게는 불가능한 것이다. 핀토에게 목공일은 마치 네 살 때부터 타온 스케이트와 같다.

장인으로서 일할 때 어느 정도의 지루함을 넘어서면 기쁨이 솟아오른다. 무엇인가를 세심히 만들 때 그 안에는 진심이 담겨 있다. 세심히 만들어진 물건에는 만든 이가 동경하는 것, 만든 이가 생각하는 것이 들어 있다. 장인 정신은 문손잡이에서 마을 조경에 이르기까지 모든 것을 다른 차원의 것으로 바꾸어놓는다. 또한 편지, 계약서, 설계도, 전화, 계획, 예산, 인간 관계에도 장인 정신이 스며들 수 있다. 적어도 어떤 이들에게는 이 모든 것들에 장인 정신을 기울이는 일이 가치 있는 것이다. 모든 작업은 장인 정신을 표현할 수 있는 좋은 기회이다. 발리섬 주민의 말대로 장인 정신은 "우리가 하는 것에 최선을 다하도록" 이끈다.

작업장은 언제나 활기차다. (사진: Randi Baird)

새로운 직원을 고용할 때 우리는 장인 정신에 대한 열정이 있는 사람을 뽑는다. 자신이 하는 일을 즐기고 그 안에서 기쁨을 발견하는 사람 말이다. 우리 회사의 많은 이들은 쉬는 시간에 개인적인 작업을 진행하며 그것을 통해 장인 정신을 표현하는 것을 기쁨으로 생각한다. 장인 정신은 일과 놀이를 분리시켜 보는 고정 관념을 보기 좋게 깨뜨린다.

장인은 스스로 만든 내적 기준을 갖고 있다.(아동 발달 전문가는 스스로 관리하는 느낌이 놀이의 가장 중요한 특징이라고 말한다.) 장인은 처음부터 끝까지 완전한 것을 만든다.

장인 정신의 목적은 갑작스러운 혁신이 아니라 진화와 발달이다. 그래야만 훈련을 통해 얻은 기준을 세울 수 있고 오랜 시간에 걸쳐 장인 정신을 연마할 수 있다. 이때 훈련이란 임의적이고 경쟁적인 기준에 맞추기 위한 것이 아니다. 가구 한 점을 만들면 완성된 결과물이 나오지만, 그것은 결코 완결되지 않는 연속체의 일부라는 점에서 장인에게는 하나의 훈련이다. 우리는 영원히 기술을 연마한다.

장인 정신이 배어 있는 직장에서 우수한 제품을 만드는 것이 우리가 고객의 소망을 만족시키는 방법이다. 고객들은 자신만을 위한 독특한 것을 바란다. 그러나 가장 까다로운 이는 고객이 아니다. 만족시키기 가장 어려운 사람은 장인 자신이다. 우리는 장인으로서 결코 만족해 본 적이 없다. 모든 설계는 건물이 실제로 세워지기 전에는 볼 수 없는 결함을 갖고 있다. 모든 건물은 세부 사항이 더 일관성 있게 정리될 수 있고, 모든 의자는 몸에 더 잘 맞게 만들어질 수 있으며, 모든 색은 미적인 완결성에 더 적합하게 조절될 수 있다. 우리는 머리를 싸매고 고민하고 평가하며 우리의 부주의함을 자책한다. 우리는 미세한 조정이 우아한 결과를 낳을 때 보람을 느낀다. 이것이 장인의 몫이다.

나는 우리가 만든 작품 중 조금 더 잘할 수 있었던 것들을 보면 지금도 마음이 아프다.(과장되게 들릴지 모르겠지만, 더 적절한 말을 찾을 수 없다. 슬프다는 느낌 이상이다.) 나는 우리가 목표에 조금 더 가까이 가기를 바란다. 그런 상황에서 우리는 종종 머리를 맞대고 우리가 할 수 있는 것에 대해, 또는 너무 늦지 않았는지에 대해 심각하게 고민한다. 때로 너무 늦더라도 다시 작업하는 경우도 있다. 우리의 해결책이 심각한 재작업을 요구하더라도 편치 않은 마음을 고치는 것이 더 중요하다.

가끔은 마음이 아픈 것이 아니라 충격에 휩싸이기도 한다. 대개는 예상치 못한 곳에서 이런 일이 발생한다. 실수를 만회할 수 있는 방법은 언제나 있다. 개인적으로 이렇게 충격을 받는 버릇은 섬에서의 초기 생활에서 나온 것이다. 당시 우리는 긴 장마의 위력을 모르고 있었다. 우리가 만든 건물은 태풍이 올 때마다 비가 샜다. 지긋지긋할 정도였다. 화재를 제외한다면 비가 새는 것만큼 건물에 해가 되는 것도 없을 것이다. 한밤중에 바람이 불고 빗방울이 떨어지는 소리가 들리면 나는 아침에 전화가 오고 문제가 생기리라는 것을 알 수 있었다. 시간이 지나면서 우리는 경험과 관찰, 재작업, 보수를 통해 이 문제에 대한 해결책을 마련했다. 그러나 아직도 궂은 날씨가 시작되면 나는 당시의 기억이 문득 떠오른다.

설계/시공 과정

우리는 처음부터 총책임자 과정을 고수했다. 이 과정은 지금까지 지속되고 있지만 그 방식은 변했다. 30년 전 처음 시작할 때 우리의 입장은 단순했다. 우리 능력의 한계 역시 이미 정해져 있었다. 우리는 할 수 있는 일의 범위가 넓어짐에 따라 우리가 알고 있는 것보다 얼마나 많은 세계가 있는지 배웠다. 우리는 지금도 새로운 지식과 아이디어를 받아들여 우리만의 설계 언어를 개발하는 일에 희열을 느낀다.

배움이 쌓여감에 따라 야망도 커졌다. 우리가 가치 있다고 생각하는 건물을 만들려면 갖추어야 할 자질들이 더 필요했다. 이는 부분적으로 비니어드 섬의 자연 환경, 지금까지 이어져 내려오는 건물들, 지역 공동체에 영향을 받은 것이고, 또 우리의 고객과 우리 자신의 소망에도 영향을 받은 것이다. 우리가 볼 때 잘 만들어진 건물은 일련의 특징을 갖고 있다. 아름답고 차분하며 편안하고, 밝고 가볍고 내구성이 있으며 유연하다. 에너지 효율도 뛰어나며 인체에 해도 없다. 원재료에 변형을 적게 한 재료가 사용되고 참신하고 생기 있다. 고객의 바람을 만족시켜야 함은 물론이다. 이런 조건은 건물과 조경 모두에 해당된다.

무엇보다도 우리는 사람들에게 사랑받는 건물을 만들고 싶다. 우리는 기준을 세우고 정보를 모으고 해결책을 종합해 갈 때 이러한 자질들을 머릿속에 그린다. 우리의 아이디어가 고객의 것과 일치할 때, 그리고 우리가 각자의 역할을 잘 이해하고 있을 때 놀랄 만한 결과가 나온다. 설계에서 가장 중요한 부분은 스스로 발견해야 한다. 고객과 함께 직접 건물을 지어보는 것보다 더 좋은 가르침은 없다. 운이 좋게도 우리가 한 대부분의 작업은 지역적으로 작은 반경 내에서 이루어졌다. 우리는 고객들과 깊은 유대 관계를 맺었기 때문에 그들로부터 많은 것을 배울 수 있었다. 설계안과 대략적인 예산안을 만들고 나면 우리는 고객과 많은 시간을 보낸다. 고객과 의사 소통의 지점을 찾고 반응을 살펴보며 새로운 건물을 머릿속에 그려보기 시작한다. 이 단계에서는 가상현실과 컴퓨터를 이용한 리허설이 사용된다. 이것들은 좋은 도구이지만, 나는 '실제' 현실이 훨씬 좋다고 생각한다. 도면이나 모델을 들여다보는 것보다는 새 고객과 함께 건물이 들어설 부지를 걸으며 대화를 나눌 때 구체적인 아이디어와 에너지를 더 많이 얻을 수 있다.

고객들은 과거의 기억을 떠올리기도 한다. "제가 제일 좋아했던 집은 딱 이렇게 생긴 창문이 있었어요. 그 창문이 어떻게 생겼는지 까맣게 잊어버리고 있었네요."

취향이 바뀌기도 한다. "사진에서 이 나무 기둥을 보았을 때는 잘 몰랐어요. 그런데 가까이서 보니까 자연스럽고 표현이 풍부하고 매력적이네요."

요구 사항도 달라진다. "이게 70평인가요? 어림없어요. 더 넓어야 해요. 100평은 되어야겠는걸요?"

우리는 이런 식으로 일한다. 고객과 함께 이야기하고 추억을 되살리고 직접 크기를 가늠하며 집을 구상한다. 대부분의 고객들이 솔직하게 느낌을 표현한다.

"이 집을 보니까 퀸즈에 있는 할머니 집이 많이 생각나네요."

"창문 위쪽하고 천장이 15센티미터만 더 높으면 좋겠네요."

"주방 테이블이 마음에 안 들어요."

솔직한 반응과 진실한 표현에서 우리는 필요로 하는 정보를 얻는다. 이야기 중에 고객들은 개인적인 이야기를 많이 표현하게 되고 그러면 우리 작업은 전혀 새롭고 다른 것이 된다. 고객의 집은 다른 누구도 아닌 그들만의 공간이 되어야 한다. 건축 작업이 끝났을 때 우리는 이 사실을 고객들에게 상기시킨다. 우리는 미래의 고객들과도 이렇게 일하기를 바란다. 이렇게 하는 것을 싫어한 고객은 한 사람도 없다. 우리는 언제나 감사한다. 이것은 우리가 가진 최고의 연장 중 하나이기 때문이다.

설계자로서 우리의 일은 질문을 던지고 답을 경청하고 해결책을 제안하는 것이다. 고객의 일은 요구와 바람, 선호를 정확히 표현하는 것이다. 우리는 함께 초안을 시험해 보며 그것이 우리와 고객 모두의 생각과 들어맞는지 확인한다. 설계에는 스타일, 개인적인 표현, 기술, 지식, 미적 감각, 기능성, 기본 욕구의 만족이 모두 들어가기 때문에 대화의 범위는 넓다.

고객이 원하는 바를 말하면 대화가 시작된다. 만일 어떤 고객이 침실에 천창天窓이 있는 집이 좋다고 말하면 우리는 그 이유를 묻는다. 아침에 침실로 스며드는 햇빛이 좋다는 대답도 있고, 어렸을 때 지붕에 창이 있는 침실을 썼는데 그것이 좋았다는 대답도 있고, 침대로 빛이 쏟아져 들어오는 방을 항상 꿈꿔 왔다는 대답도 있고, 위에서 들어오는 빛을 좋아한다는 대답도 있다. 때로 모순되는 정보들도 있다. 예를 들어 "저는 항상 침실에 볕이 드는 것을 꿈꿨어요"라는 대답은 "침실이 여름에 시원했으면 좋겠어요"라는 말과 모순된다. 천창이 있으면 공간의 온도가 올라가기 때문이다. 그래서 "왜 침실에 천창을 원하시나요?" 라고 되물으면 고객이 정말로 천창을 원하는지 아닌지 알 수 있다. 때에 따라서는 천창 대신 돔형 천장, 다른 종류의 인공 조명, 덮개가 있는 천창 등 다른 방향으로 대화가 이어져 나간다.

우리는 모두 디자이너다. 우리는 날마다 디자인에 관한 많은 결정을 내린다. 무엇을 입을지, 머리 모양은 어떻게 할지, 어떤 귀고리를 할지, 찬장에 접시를 어떻게 놓을지, 그림을 어디에 걸지 등 셀 수 없이 많다. 모든 결정은 우리에게 영향을 미친다. 좋은 설계 공정의 궁극적인 결과는 고객과 설계자의 표현을 잘 조합시킨 것이다. 좋은 고객이 되려면 집 또는 조경에 대해 자신이 어떻게 느끼는지를 잘 표현해야 한다. 좋은 설계자가 되려면 고객의 말을 듣고 질문을 던지는 기술이 좋아야 하고 문제가 생겼을 때 적절한 해결책을 찾을 수 있어야 한다. 공정이 순조롭게 진행된다면 무엇이 누구의 아이디어였는지를 가리기가 어렵다. 설계 공정의 핵심에는 믿음이 있다. 충분한 시간과 대화의 여지가 주어진다면 함께 좋은 해결책을 찾아나갈 수 있다는 믿음이 중요하다.

고객과 설계자(건축가)의 관계는 정직하고 솔직해야 하며 서로의 기대를 충족시켜 주는 것이어야 한다. 우리는 처음부터 신뢰를 쌓아야 한다. 우리가 고객의 요구를 충실히 만족시켜 주면 고객은 앞으로도 그런 식으로 일이 진행될 것이라는 믿음과 기대를 갖게 된다. 그들은 마음 놓고 과정을 즐기게 된다. 우리가 정직한 태도를 보이면 그들 역시 우리에게 솔직해도 좋다고 생각하게 한다. 우리는 동료가 되어 함께 일하는 법을 배운다. 일에 문제가 생기면 문제가 생겼다고 말한다. 숨기는 것은 아무것도 없다. 특히 나쁜 소식이 있을 때는 더욱 그렇다. 나쁜 소식은 피하고자 하는 것이 인간의 본성이지만 좋은 작업을 위해서는 친절함뿐 아니라 솔직함도 필요한 법이다.

고객과 성향이 맞는지도 중요하다. 지금까지의 경험에 비추어볼 때 우리에게 가장 좋은 고객은 자신이 해야 할 것을 분명히 아는 고객이다. 이런 고객은 우리에게도 같은 것을 바란다. 그들은 우리의 일에 대해 아는 척하지 않는다. 고객과 우리 사이의 경계를 명확히 알고 있다. 그들은 전문성, 성실함, 명성, 그리고 미적 감각을 갖춘 회사를 원한다. 우리는 우리의 철학과 일하는 방식, 작업 결과를 좋게 평가하는 고객, 작업을 통해 우리와 함께 배우고자 하는 고객을 원한다.

우리는 처음부터 솔직하게 금전 문제를 다룬다. 우리는 고객을 만난 첫날 돈을 이야기한다. 예산은 설계에 근본적인 부분이다. 우리는 건물뿐 아니라 설계 및 시공에 필요한 모든 작업에 책임이 있기 때문에 설계의 시점에서부터 비용에 대해 고객과 충분한 대화를 나누어야 한다. 고객의 경제 능력이 어느 정도인지는 중요한 문제가 아니다. 고객들은 자신이 갖고 있는 가치와 자신의 지불 능력을 알고 있다. 우리는 우선 계획(얼마만큼의 공간을 어디에 할애할 것인가), 구상(건축 작업의 규모는 어느 정도이며 어떤 종류의 작업이 될 것인가), 그리고 예산에 대해 이야기한다. 예산이 그 이후 모든 생각의 범위를 규정한다. 사용할 수 있는 예산의 두 배의 비용이 필요한 설계라면 아무리 완벽하다 해도 소용이 없다.

우리의 고객이 한 사람이건, 부부이건, 가족이건, 마을이건, 단체이건, 부족이건, 비영리 단체건 간에 이 과정이 핵심이다. 우리의 설계/시공 방법은 그 특성상 많은 이들이 참여하게 되고, 가장 좋은 경우에는, 건축 이론가 크리스토퍼 알렉산더의 말처럼, "꽃처럼 펼쳐"[2)]진다. 계획하지 않았던 변화들이 많이 생긴다.

영화 〈리틀 빅 맨Little Big Man〉에는 인디언 추장 댄 조지Dan George가 연기한 한 인디언 노인이 나온다. 어느 날 그는 그날이 죽기에 좋은 날이라고 결정한다. 소지품을 정리하고 예복을 입은 다음 평원으로 가 누워서 죽음을 기다린다. 시간이 흐른다. 비가 내리기 시작한다. 손자가 할아버지를 보기 위해 울며 달려온다. 그러나 할아버지는 아직 살아 있다! 어떻게 가능할까? 조지는 위엄 있게 일어나 자신의 물건들을 모은 후 말한다. "기적이 일어나는 때가 있는가 하면 그렇지 않은 때도 있다." 그는 기적이 일어날 수 있는 여건을 마련하는 것, 그리하여 결과가 어떻든지 그것을 받아들이는 것이 자신의 책임임을 잘 안다. 이는 우리의 작업 과정에서도 마찬가지로 중요하다. 우리의 모든 과정과 도구는 단 하나의 목적을 위해 쓰인다. 그것은 어떤 형태로 나타나든지, 어떤 의미이든지, 어디서부터 나오든지 기적이 일어날 수 있는 여건을 마련하는 것이다.

두 채의 집 사이에 서서 풍경을 바라보며, 또 통로에 지붕을 만들기 위해 고군분투하며 우리 모두는 무심결에 기적이 일어날 여건을 마련하고 있었다. 때로는 운이 좋게도 기적이 일어나는 소리를 듣는다. "그래, 해답을 찾았어!"

우리의 건축 전략

설계상의 기적은 우연히 오지 않는다. 그만한 원인이 있어야 한다. 다년간의 설계/시공 작업을 통해 우리는 우리의 장인 정신을 뒷받침해 줄 일련의 기술적 전략들을 얻었다. 우리가 바라는 결과는 그 전략들에 이미 담겨 있다. 우리의 모든 건축 작업에는 다음의 네 가지 근본 전략이 적용된다. ① 통합된 조경 설계 ② 아름답게 나이 드는 건물 ③ 세심하게 고른 재활용 목재 ④ 생태 건축 기술. 이 전략들은 오랜 시간에 걸쳐 발전된 것으로 고급 주택에서 서민 주택에 이르기까지 모두 적용된다.

통합된 조경 설계

우리의 작업 범위는 건물, 조경, 주변 환경 및 자연 환경을 아우른다. 우리는 땅을 알아야 하고, 우리가 작업할 부지가 공동체와 어떤 관계를 맺고 있는지 파악해야 하며, 건물이 환경과 편안하게 조화될 수 있는지 알아야 한다. 우리에게는 이 모든 작업을 소화할 능력이 없다. 10여 년 전, 우리는 우리의 조경 설계 능력이 우리가 짓는 건물의 질에 미치지 못한다는 것을 깨닫고, 조경 회사 인디고 팜과 함께 작업하기 시작했다. 인디고 팜 사람들은 때로는 우리가 보기에 복잡하고 낯선 접근법을 시도하기도 하지만 작업이 끝났을 때는 그들이 개입한 흔적이 거의 느껴지지 않는다. 완성된 집은 적절한 지형에 토착 식물들이 자연스럽게 조화되어 조용하고 안정된 느낌을 준다.

인디고 팜의 창립자 샌포드 에번스는 조각가와 같은 사고방식을 갖고 있다. 그는 1차 변형, 2차 변형, 3차 변형 등 '변형'에 대해 이야기한다. 마치 피겨 스케이팅 용어처럼 들리지만, 사실은 자연을 이용한 변환을 가리키는 말이다. 1차 변형은 어떤 자연물을 한 면만 한 번 변환하는 것을 말하고, 2차 변형은 두 면에 걸쳐 변환하는 것을 가리킨다. 3차 변형은 거울 이미지처럼 공간 안에서의 변형이다.

예전에 수영을 할 수 있는 연못을 만든 적이 있다. 연못 끝에는 가지가 땅에 닿을 정도로 오래되고 큰 참나무가 있었다. 이 나뭇가지는 땅에 닿은 부분에 따라 복잡한 형태를 이루며 부드러운 곡선 모양으로 자랐다. 그렇게 수백 년간 폭풍과 눈을 견디며 자라온 나무였다. 샌포드는 이 가지를 땅으로 떨어뜨려 90도 꺾은 다음 연못 둑의 곡선 안에 나뭇가지를 집어넣었다. 이것은 1차 변형이다. 겉으로 보기만 해서는 차이점을 알아보기 힘들지만, 디자인적인 관점에서 볼 때 이는 그 나무가 진화해 온 방식을 성공적으로 살린 예이다. 이 응급 처치는 공명을 일으켜 조경에 미묘한 고요함을 전해 준다. 샌포드는 이렇게 말했다. "나는 이 공간의 특성에 따라 반응하며 공간에 빛을 더하려 한다. 그것이 바로 당신이 있는 공간을 사랑하는 것이다."

우리의 집들도 비슷하게 영향을 받는다. 우리는 언덕 정상이나 정면에 집을 만드는 대신 언덕의 비탈이나 중턱으로 완만하게 자리를 옮기기도 한다. 건물을 세울 부지에 있는 나무의 가지 모양은 때로 창문 문살에 영향을 준다. 지붕과 창틀의 색은 은회색 참나무 껍질과 나무에 달려 있는 이끼의 푸른색으로 조합할 수도 있다. 부지에서 베어내야 할 나무가 있다면 천장을 이거나 현관을 짜는 데 사용한다. 이미 존재하는 장소의 입장에서 볼 때 집은 침입자이다. 그래서 우리는 기존의 환경에 부드럽게 융화되는 집을 만들려고 노력한다.

우리는 모든 건축 작업을 조경 설계사들과 처음 구상안을 잡을 때부터 화단을 만드는 마지막 작업까지 함께 한다. 인디고 팜과 함께 한 초기 작업 중에는 협력의 모범적인 사례를 보여준 경우가 있었다.

우리는 어떤 고객을 위한 집을 짓고 있었다. 그런데 어느 날 새로운 고객이 그곳에 바로 인접해 있는 땅에 건축을 의뢰해 왔다. 두 장소는 진입로를 함께 쓰고 있었다. 새로운 고객의 집을 지을 땅을 둘러보았을 때, 우리는 기존 계획대로 집을 짓는다면 진입로가 문제가 되겠다는 생각이 들었다. 건물이 전조등 불빛에 시달리게 되며 두 공간 모두 크기와 사적인 공간이 줄어들 수밖에 없었다. 샌포드는 큰 길에서 훨씬 내려간 가파른 언덕에 새 진입로를 만든다면 여러 가지 방식으로 부지를 살릴 수 있겠다고 보았다. 그러나 그렇게 하기에는 너무 복잡하고 비용도 많이 들었으며, 고객이 이 계획을 받아들일지 확신할 수도 없었다. 다소 무리한 생각이었다. 그러나 우리는 이것이 훌륭한 해결책이라는 것은 확신할 수 있었다. 결국 우리는 고객들에게 새로운 아이디어를 설명해 주었고, 고객들은 이를 충분히 이해하고 받아들였다.

몇 년 전에 인디고 팜도 구조를 개편해 우리와 같은 종업원 주식 소유제의 회사가 되었다. 두 회사는 함께 성숙해 가고 있다.

아름답게 나이 드는 건물

나는 의사인 장모님께 우리가 만든 집을 구경시켜 드린 적이 있다. 집으로 향할 때 장모님이 말씀했다. "자네도 알다시피, 나는 평생 사람을 살리고 돕는 데 내 손가락을 쓰고 있잖아. 하지만 내가 한 일은 이내 없어져버리지. 자네가 하는 일은 영원히 남겠군. 여기 이곳에 말이야."

나는 장모님의 말씀이 맞기를 바란다. 나는 장모님께 이 지역의 집들이 융자 기한보다 오래 버티는 경우가 드물다고 차마 말씀드리지 못했다. 경우에 따라서는 장모님이 치료한 환자보다도 더 빨리 제 수명을 다하는 집도 있을 것이다.

건물에 대해 우리가 확실히 말할 수 있는 것은 시간이 지남에 따라 건물이 변한다는 것이다. 용도가 변하고 외관이 바뀌며 손질이 더해지기도 하고 일부분이 떨어져나가기도 한다. 고장이 나고 보수를 필요로 하는 곳도 생긴다. 우리는 조경 설계사가 조경을 대하는 방식으로 우리 건물을 대하려 한다. 조경은 처음 완성된 순간이 결코 끝이 아니다. 조경은 시간에 따라 발전하며 완성되어 간다. 집도 그렇게 만든다면 어떨까? 손쉽게 확장하거나 변화를 줄 수 있도록 집을 계획하자. 추가 변형을 용이하게 수용할 수 있는 형식으로 집을 만들자. 앞으로 더 확장될 것을 고려하여 문과 창문을 만들자. 별도의 채광을 고려하고 붙박이 가구도 염두에 두자. 장차 태양열 시스템을 쓸 수도 있으므로 남향 지붕에 탁 트인 공간을 마련해 두자. 지붕에 별도의 돔을 설치할 수도 있음을 고려하자. 필요할 때 쉽게 제거해서 트인 공간을 만들 수 있는 벽을 세우자. 벽이 필요 없는 바닥 방식을 사용하자. 이런 점들을 반영할 수 있다면 우리는 집 역시 조경처럼 시간에 따라 발전하게 만들 수 있을 것이다. 20년, 30년 혹은 50년 후에는 조경뿐 아니라 집도 처음 만들어졌을 때와 크게 다른 모습일 수 있을 것이다.

건물이 지어진 후 어떻게 변하는지를 다룬 독창적인 책 《건물이 변화하는 법*How Buildings Learn*》의 저자 스튜어트 브랜드Stewart Brand는 사랑받는 건물만이 오랜 시간 지속될 수 있다고 이야기했다. 오래 지속되는 집들은 시간이 지나 집주인이 바뀌고 개조를 요구하더라도 거기에 맞춰 세밀하게 변화시키고 유지할 수 있는 건물들이다. 아름답고 기능적이면서도 동시에 유지와 개조가 쉬운 건물을 짓는다면 그 건물은 사랑받을 기회를 더 많이 얻게 된다. 우리가 지은 건물을 유지하고 변화시키고 개조한 세월이 이제 25년이 되어간다. 우리는 건물로부터 매일 배운다. 우리는 건물을 보수하고 변화를 주는 팀을 따로 두고 있다. 그들은 어떤 변화가 효과가 있고 어떤 것이 그렇지 않은지 건물에 대한 피드백을 알려주는 중요한 역할을 한다.

우리는 다양한 선진적 설계 및 디자인 방식을 사용하고 유지비가 적게 드는 재료와 기술을 쓴다. 그러나 실제로 필요한 보수 작업을 하면서 이와는 별도로 건물을 더 유지시킬 수 있는 우리만의 장치를 개발했다. 새 차를 사면 설명서를 준다. 집 역시 설명서를 준다면 어떨까? 집은 차보다 열 배는 더 값이 나가며 훨씬 긴 수명을 갖고 있다. 집을 완공하는 것은 개를 줄에서 풀어주는 것과 같다. 이제부터 어떻게 행동하는지를 시험해 볼 수 있는 것이다. 집의 경우에 그 안내는 바로 집주인에게 유지 및 보수 교육을 해주는 것이다. 집을 살 때 집의 역사를 문서화한 자료 역시 그 내용에 포함되어야 한다. 우리는 모든 집에 자세한 사용서를 함께 제공한다. 그 안에는 건축 작업에 참여한 모든 사람의 이름이 들어 있다. 또 건물의 역사, 설계 및 구조 정보, 하수구 배열, 벽과 수질 정보, 집에 사용된 모든 재료에 대한 설명, 유지 및 보수 지침, 장비 설명과 보증서 등이 들어 있다.

우리는 '러핑 북roughing book'이라고 부르는 중요한 장치도 개발했다. 그것은 집의 모든 벽과 천장의 사진을 모은 것으로, 설치를 마치고 마감하기 전의 상태를 찍은 사진들이다. 이 사진을 통해 말하자면 벽과 천장의 '엑스레이'를 볼 수 있는 것이다. 하도급업자들은 러핑 북을 유용하게 활용한다. 한번은 어떤 고객이 일요일 밤 집에 돌아왔는데 천장에서 벽을 타고 물이 떨어지는 소리가 들렸다. 그들은 배관공을 불렀다. 배관공은 상황을 대략 파악한 후 러핑 북을 요구했다. 그는 필요한 사진을 찾아, 새고 있다고 생각되는 위치의 파이프를 확인했다. 벽 안에는 파이프가 접합되는 지점이 있었는데, 그것이 석고 벽에 미세한 틈을 만들어 거기서 물이 새는 것이었다. 배관공은 그 부분을 납땜했다. 번거로운 일도 귀찮은 일도 없었고 문제를 찾기 위해 어딘가를 부숴야 할 필요도 없었다.

이 책자는 몇 년 뒤 방을 더 만들고, 벽을 옮기고, 붙박이 가구를 세울 때 진정으로 빛을 발한다. 건물이 오래될수록 이 책의 가치는 더 높아질 것이다. 기억은 희미해지고 더 많은 변화와 보수가 필요할 테니 말이다. 내가 은행가였다면 나는 내가 투자하는 모든 건물에 사용서와 러핑 북을 요구했을 것이다. 보험업자였다 해도 마찬가지였을 것이다. 만일 부동산 중개업자였다면 건물 사용서와 러핑 북이 더욱 필요했을 것이다. 내가 건물 규약을 정하는 사람이었다면 나는 이 조항을 반드시 포함시켰을 것이다. 내가 구매자였다면 선반에 건물 사용서와 러핑 북이 놓여 있는 것을 보고 다락방에서 보물이라도 발견한 듯 기뻐했을 것이다.

건물 사용서와 러핑 북이 갖는 의미는 이것이다. "우리는 이 건물이 오래도록 지속되기를 바랍니다. 그럴 것이라고 믿고 싶습니다. 우리는 이 건물이 나이가 들어감에 따라 변화하기를 기대합니다. 그리고 변화의 과정이 쉽기를 바랍니다." 오래 지속되고 쉽게 변화를 줄 수 있는 건물을 만들기 위해서는 유지하기 쉬운 집을 만들어야 한다. 장차 그 집에 들어와 살며 직접 집을 관리할 사람들에게 이 집이 어떤 집이고 어떻게 만들어진 집인지도 전달해 줄 수 있어야 한다.[3)]

또 다른 의미도 있다. "우리는 이 건물에 자부심을 느낍니다. 우리는 아무것도 숨기지 않습니다."

세심하게 고른 재활용 목재

우리는 언제나 공들일 가치가 있다고 생각되는 재료를 사용하려고 노력한다. 나무는 우리 작업에 핵심 재료이다. 우리는 오랫동안 질 좋고 오래된 레드우드, 삼나무, 사이프러스, 미송을 사용해 왔다. 점점 재료의 질은 낮아지고 가격은 높아지는 추세를 바라보며 우리가 쓸 수 있는 재료가 사라져가고 있음을 알게 되었다. 우리는 이에 대한 대응책으로 새로운 방식으로 나무를 공급받기로 결정했다. 우리는 재활용할 수 있는 목재를 우선적으로 생각했다. 그 결과 우리의 작업은 극적으로 변했다.

우리는 곧 재활용할 수 있는 훌륭한 나무가 아주 많다는 것을 알게 되었다. 그러나 나무를 재활용하려면 소소한 공정이 필요했다. 우선 목재를 활용하려면 목재를 보관할 장소가 필요했다.(지역 목재 저장소에 가서 바로 구입해 쓸 수 없기 때문이다.) 목재를 최고로 활용할 수 있는 세심한 디자인과 몇 가지 특수 장비들도 필요했다. 이런 말이 있다. "돼지에게 노래를 가르치려 하지 마라. 당신은 시간을 버리고 돼지는 돼지대로 괴

롭다." 우리는 특정 재료가 특정한 목적에 들어맞는 것이 얼마나 중요한지 배웠다. 재료는 맞지 않는 장소에 억지로 끼워 넣을 수 없다.

처음 재활용 목재를 쓰기 시작했을 때 회사에는 내부적인 반대가 있었다. 재활용 목재를 다루는 데는 새로운 기술이 필요했다. 손이 많이 갔고, 어수선했으며, 별도의 손질과 솜씨가 필요했다. 필요할 때 주문해서 쓰는 것이 아니라 목재를 저장해 놓고 사용하는 터라 저장 비용도 상당히 들었다. 버려지는 양도 너무 많아 보였다. 일부에서는 쌓아 놓은 나무들이 자리를 너무 많이 차지한다고 걱정했다. 그러나 공정은 점차 체계화되었고 이익이 분명해졌다. 우리 회사만의 차별성에서 오는 자부심도 새로이 생겨났다. 지금은 목재를 재활용하기 전에 값싼 '일본산' 모조품 목재를 썼던 때를 기억조차 하기 힘들다.

재활용 목재를 쓰는 것은 어떤 점에서는 우리 회사의 본질로 돌아가는 것이기도 했다. 1960년대 및 70년대 초반, 우리는 기본적인 자재들을 재활용 재료로 충당했다. 1972년의 일이다. 당시 크리스와 나는 남부 버몬트에서 친한 친구들과 함께 살며 일할 수 있는 땅을 찾고 있었다. 그해 봄 우리는 길포드의 벨덴 힐에 울퉁불퉁하고 허름한 부지를 겨우 구할 수 있었다.

우리는 야영할 천막을 세운 후 땅을 고르고 정원을 만들기 시작했다. 그리고 우리가 모은 전 재산인 약 500달러로 집을 짓기 시작했다. 우리는 자재가 필요했다. 수공구(우리에겐 전기가 없었다)와 줄톱, 낡아빠진 트럭 두 대만으로 재료를 모으러 다녔다. 헛간 몇 채를 분해해 창문을 떼어 오고 지붕 슬레이트를 모았으며, 목재처럼 생긴 것은 무엇이든 집으로 끌고 왔다. 우리는 어느 날 피어 기초foundation pier(기둥 꼴로 세우는 기초—옮긴이)를 만들 수 있는 낡은 침목을 찾았다. 새것으로 교체된 뒤 브래틀보로 철로 옆에 버려져 있었다. 역장에게 가져가도 되

강바닥에서 건져 올린 나무를 재활용해 만든 통 판자 책상 (사진: Randi Baird)

냐고 묻자 역장은 "가져갈 수 있으면 가져가세요"라고 대수롭지 않게 말했다.

밤늦게, 기차가 다니지 않을 때 우리는 트럭을 몰고 철로로 갔다. 침목은 열차 진입로 입구에서 400미터 떨어진 곳에 있었다. 진입로 입구까지 들어가는 길은 험했다. 우리는 30미터도 가지 못하고 차에 탄 채로 발이 묶여버리고 말았다. 차를 다시 빼냈을 때는 동이 트려 하고 있었다. 이런 식으로는 불가능할 것 같았다. 브래틀보로 선로는 간선 도로(위로 20미터)와 코네티컷 강(아래로 15미터) 사이에 있어 공간적인 여유가 없었다. 두 곳 모두 가팔랐다. 우리는 침목을 밧줄로 묶어 트럭에 연결한 후 트럭을 도로의 주차 공간까지 몰아서 침목을 끌어올리려고 했다. 그러나 강둑은 가파르고 바위가 많아서 생각대로 잘 되지 않았다. 계속하다가는 밧줄이 끊어지거나 매듭이 풀릴 것 같았다. 결국 우리는 철로로 걸어 들어가서 침목을 절벽 위로 밀어올린 뒤 강가로 밀어냈다. 강둑 위에서 침목들을 하나씩 모은 다음 커다란 뗏목처럼 하나로 엮었다. 친구인 스모키 퓰러Smokey Fuller가 미시시피 강의 뱃사공처럼 장대로 밀며 침목을 강 아래쪽으로 운반했다. 강 아래쪽에는 데니스 맥혼Dennis McHone, 루 보타Lou Botta, 그리고 내가 기억하지 못하는 다른 동료들이 차에서 기다리고 있었다. 우리는 피어 기초의 재료를 그렇게 해서 얻었다.

우리 넷은 침목 30개를 얻기 위해서 족히 일주일 정도를 보내야 했다. 그것은 돈으로 치면 150달러밖에 되지 않았지만 그 돈은 우리가 집을 짓는 전체 예산의 3분의 1이었다. 우리의 작업은 이런 식으로 진행되었다. 초가을쯤 우리는 가로 14미터, 세로 5미터 되는 건물로 들어갈 수 있었다. 나무로 난방을 하고 등불을 켜고 살았다. 조악하지만 쓸 만한 집이었다. 몇 년 뒤 이사 갈 집의 개조를 마쳤을 때 원래 집은 작업장이 되었다. 그 건물은 지금까지도 건재하다.

당시 우리는 다양한 방법으로 재활용 목재를 얻었다. 술을 담는 통, 피클을 담는 통, 물통, 무너진 헛간, 물류 창고, 벌목 후 남은 나무, 물에 떠다니는 나무, 강바닥에 가라앉은 나무 등 다양했다. 이렇게 여러 경로를 통해 얻은 나무들은 나무에 얽힌 재미있는 이야기와 놀라운 역사를 들려준다. 우리는 이런 이야기를 고객들에게도 들려준다. 이런 이야기들은 집을 이루는 일부가 된다. 예를 들어 우리가 사용하는 단풍나무는 강바닥에서 건져 올린 것이다. '싱커sinker' 사이프러스로 알려진 이 목재는 벌목 때 잘려 나가 지난 한 세기 동안 강바닥에 가라앉아 있던 것이다. 우리는 북부 플로리다의 한 남자와 거래하는데, 그는 이 나무들을 초크타와치 강의 강바닥에서 건진다. 강에서 160킬로미터를 배를 타고 더 나가, 가라앉아 있는 나무를 찾아내 조지아 주 가까이까지

간다. 그는 강에서 나무들을 건져 올려 목재로 쓰일 수 있도록 알맞게 켠 후 제재소로 운송한다. 제재소에서 나무는 건조된 뒤 목적에 맞게 가공된다. 우리가 이 복잡한 공정을 거친 나무를 매년 구입해 온 지가 10년이 더 되었다. 나는 우리에게 나무를 배달해 주는 애들리Adlee를 한 번 만난 적 있다. 그의 집에 찾아가 제재소도 구경하고, 그의 작은 나룻배를 타고 강을 둘러보기도 했다. 뭍으로 나오자 애들리는 나를 숲으로 안내해 주었는데, 우리는 거기서 2,500년 된 사이프러스를 보고 감탄했다. 이 지역에서 몇 그루 안 되는 거목 중 하나였다.

한번은 조지아 주에서 애들리의 장비를 몰수한 적이 있다. 강에 가라앉은 나무가 주州 소유라는 이유였다. 그러나 결국 주의 판단이 잘못된 것으로 드러났다. 옛날에는 강 부근에 사이프러스 습지를 소유한 소규모 지주들이 많았는데 그들은 건기에 나무를 쓰러뜨리곤 했다. 우기에 강이 불어나면 벌목업자들은 통나무를 하류로 띄워 제재소까지 가져갔다. 그들은 나중에 제재소에서 구분할 수 있도록 통나무에 도장을 찍어 강물로 띄웠다. 마치 소 떼를 모는 것과 같은 이치이다. 나무들이 아주 많았기 때문에 소용돌이에 휘말리거나 수풀에 걸린 것은 아무도 일부러 꺼내지 않았다. 그 결과 수천 개의 나무가 강 밑으로 가라앉게 되었고 애들리는 이 나무들을 찾아냈던 것이다.

처음에 애들리는 이런 이야기를 듣고 몇 년에 걸쳐 마을 사람들을 상대로 체계적인 조사를 벌였다. 그러고는 마을 사람들의 헛간이나 다락방에 있던, 상표가 찍힌 오래된 통나무들을 구입해 모아들였다. 재판이 있던 날, 그는 상표가 찍힌 오래된 통나무들을 수레에 가득 싣고 법정으로 들어섰다. 그리고 상표에 맞는 도장을 만들어 판사에게 보여주며 말했다. "존경하는 재판장님, 저는 이 나무들의 권한이 제게 있다고 확신합니다. 나무 위에 이 도장의 상표가 찍혀 있습니다." 판사는 그의 주장을 받아들였고 조지아 주는 그 자리에서 패소했다.

우리는 애들리가 공급하는 최고급 목재를 건물 내 · 외부 장식, 나무 세공품, 수납장, 가구 등을 만드는 데 쓴다. 고객들은 재생 목재 특유의 윤기와 온기, 다양한 색감을 좋아한다. 물론 이 나무들의 기원도 좋아한다.

우리에게 재활용을 가르쳐준 가장 좋은 스승은 북미 목재사업자연맹 North American Timber Farmers' Guild에서 만난 멀 애덤스, 조나단 오르핀Jonathan Orpin, 제이크 제이콥Jake Jacob, 맥스 타우버트Max Taubert이다. 이들은 다시 호황을 누리고 있는 목재 산업에서 이처럼 특이한 재료를 찾아내고 사용하는 데 탁월한 능력을 가진 전문가들이다.[4)]

우리는 또한 우리 지역에서 자란 나무를 사용하려고 노력한다. 가장 좋은 나무는 우리가 건물을 짓는 부지에서 직접 다듬은 나무이다. 바람이 불고 모래가 많은 지역에서 이것은 어려운 일이다. 우리 지역에서 나는 나무들은 대부분 비틀리고 마디가 많으며 크기가 작은 참나무이기 때문이다. 우리는 이 나무들을 자연 그대로의 모양을 살린 기둥이나 들보로 사용하려고 모아두기 시작했는데, 결과는 예상외로 좋다. 쓸모없는 것 같은 나무도 활용하면 강렬한 개성이 있는 난간이나 현관 틀, 가구의 재료가 된다.

재활용 목재를 쓸 수 없을 경우에는 지속적으로 관리되는 숲에서 나온 나무를 쓰려고 노력한다. 우리 건물의 바깥 벽에는 흰색 삼나무 지붕널이 덮여 있다. 이 지붕널의 재료가 되는 나무는 세븐 아일랜드 토지회사Seven Islands Land Company 소유의 땅에서 자란 것이다. 세븐 아일랜드는 메인 주 삼림 지대에 1조 2억 평 이상의 땅을 소유하고 있는 가족 소유의 회사이다. 이들은 상당한 시간과 돈을 투자해 과학적 보증 시스템이라는 독자적인 평가 기준을 만들었으며, 이를 통해 공정과 품질은 물론 그들이 앞으로 어떻게 사업을 지속해 나갈 계획인지까지 보여준다. 퀘벡 주의 메벡Maibec 사는 세븐 아일랜드에서 삼나무를 사서 목재 지붕널을 만들고 우리는 메벡 사의 지붕널을 산다.

우리는 갈수록 더 좋은 곳에서 목재를 공급받고, 우리가 지은 건물에서 훌륭한 원자재를 사용하는 비율은 점점 더 높아진다. 우리는 우리가 원하는 재료에 대한 기준 체계를 갖고 있다. 그것은 바로 우리의 장인 정신과 친환경 원칙을 모두 만족시키는 좋은 재료여야 한다는 것이다.

생태 건축 기술

건물은 환경에 상당한 영향을 끼친다. 건물을 세우는 데는 원자재가 사용되고, 원자재를 가공해 하나의 건물로 완성시키는 데는 에너지가 필요하며, 주변 환경과 조경은 세워진 건물에 의해 변형된다. 재료와 건물, 환경이 주고받는 영향에 대해 잘 알아야 좋은 설계/시공이 가능하다.

우리는 다양한 종류의 '생태' 전략을 사용해 건물과 조경이 환경에 남기는 흔적을 최소화하려고 노력한다. 이 전략은 설계 및 시공의 환경 친화적 해결책을 세 가지로 나눈다. 첫 번째는 우리 회사의 일반적인 전략으로, 크기를 최소화하기, 허물고 다시 짓기보다 가능한 한 개조하고 보수하기, 건물을 세우고 허물 때 버려지는 재료를 활용하기, 시각적인 영향 및 환경에 대한 영향을 최소화하기, 태양열 시스템을 적용하기, 건축 부지에 있는 식물을 보호하기, 살충제 · 화학 약품 · 독성 물질의 사용을 피하기, 조경에 토착 식물을 사용하기, 최고의 일조량과 통풍이 가능한 창문 설치하기, 에너지 효율 1등급의 시스템을 만들기, 수원水源을 최대한 보호하기, 재활용 재료 및 지역에서 생산된 원료를 최대한 활용하기 등이 있다.

두 번째는 더 많은 비용을 들여서라도 환경에 대한 영향을 최소화하고 싶어하는 고객들에게 해당되는 전략으로, 열 회수형 환풍 장치, 자연형 태양열, 태양열 온수, 최신 기술의 유리 및 특수 단열 기술, 자연 발효 화장실, 질소 제거 쓰레기 처리 방식, 태양 및 바람을 이용한 전력 공급 등이 있다.

세 번째는 우리가 개발 사업에 사용하려고 하는 특정한 공동체 계획법으로, 집들을 가깝게 짓거나 단지처럼 만들기, 낡은 건물을 현대적으로 보수하기, 가능할 경우 공동의 설비 및 기능을 만들기, 자동차가 필요 없는 보행 도로 환경 설계하기, 도로 포장을 제한하고 생태 공간을 최대화하기, 1급 농경지를 보호하고 개간하기, 대중 교통을 쉽게 이용할 수 있는 곳에 집을 짓기 등이 있다.

내가 우리 회사를 '생태적' 회사로 규정하고자 했을 때 동료 오너들이 지적했듯이, 우리가 이와 같은 목표들을 완전하게 실현하려면 아직 가야 할 길이 멀다. 요즘 '지속 가능한' 건물과 '지속 가능한' 발전에 대한 이야기가 많이 나온다. 지속 가능성은 많은 방식으로 정의되고 있지만 대부분은 "미래 세대의 욕구를 충족시키는 능력을 손상하지 않고 우리 세대의 필요를 충족시키는 것"[5]으로 정의된다. 내가 좋아하는 정의는 건축가 캐롤 베놀리아Carol Venolia의 정의이다. "지속 가능성이란 현재 하고 있는 일을 계속한다면 미래에도 그것을 계속할 수 있을 경우를 가리킨다." 우리가 하는 어떤 것도 지속 가능하지 않다. 반면 우리가 하는 모든 일은 미래에 영향을 미친다. 지속 가능성의 의미에 대해 깊이 생각해 볼 때 우리의 실천이 다소 미흡하다는 것은 명백하다. 그래서 우리가 지향하는 '생태적'이란 단어를 사용할 수 없다면 우리가 성취할 수 없는 '지속 가능한'이라는 말도 사용할 수 없을 것이다. 그러나 우리는 오늘보다 더 나은 내일을 만듦으로써 이 어려운 목표에 더 가까이 가려고 항상 노력한다.

우리의 세 가지 생태 건축 전략은, 내가 아는 가장 지적이고 창의적인 시스템 엔지니어 마크 로젠바움에게서 나온 것이다. 우리는 복잡한 건축 일을 맡을 때면 자주 그에게 조언을 구한다. 10년 넘게 함께 일하는 동안 그는 우리에게 많은 것을 가르쳐주었으며, 환경을 위한 노력을 계속하도록 끊임없이 격려해 주었다.

소박한 목표

아마도 우리가 장인 정신을 실천하며 알게 된 가장 중요한 점은, 우리가 갖고 있는 숭고한 목표와 소망에 비해 작업의 결과물이 소박하다는 것이다. 우리는 대단히 혁신적이지도 않고(굳이 말하자면 온건한 혁신이라 하겠다), 극적으로 성장하지도 않았다. 나는 이것이 좋다. 나는 우리가 누구이고 무엇을 잘하는지 알고 거기에 집중하는 것이 중요하다고 생각한다.

최근에 건축가 한 명을 새로 고용했다. 그가 들어온 지 약 여섯 달 후, 나는 반나절 동안 그와 다른 세 명의 새 직원을 데리고 우리가 만든 집들을 구경시켜 주었다. 나중에 집을 둘러본 소감을 물었다. 집들이 저마다 다양하다고 생각되었을까, 아니면 엇비슷했을까?

그는 말했다. "훌륭한 식품점에서 음식을 시식한 기분이에요. 잘 차려진 많은 음식들로 입에 군침이 가득 도는 것 같아요." 우리가 만든 집들은 브로콜리와 감자만큼이나 서로 다르지만, 우리의 장인 정신이 담긴 결과물이라는 점에서는 공통점을 갖고 있다.

1600년대 후반 이탈리아의 작은 마을 크레모나에 있는 세 개의 가문에서 가장 훌륭한 악기들이 만들어졌다. 처음 만든 곳은 아마티스

Amatis였다. 그들의 가게에는 이런 간판이 걸려 있었다. "이탈리아에서 가장 좋은 바이올린." 이에 질세라 옆 동네의 구아르네리우스Guarnerius는 두꺼운 글씨를 새긴 간판을 내걸었다. "세계에서 가장 좋은 바이올린." 거리 끝에 있는 안톤 스트라디바리우스Anton Stradivarius의 가게 문 앞에는 간단하게 이렇게 적혀 있었다. "마을에서 가장 좋은 바이올린." 우리 회사도 마을에서 가장 좋은 건물을 만드는 회사가 되고 싶다. '중요한' 건물이 아니라 좋은 건물, 사랑받는 건물을 만들고 싶다. 무엇보다도 그 건물에 사는 사람이 건강하고 생산적이며 만족스러운 생활을 할 수 있는 건물을 만들고 싶다. 장인 정신이 곳곳에 스며들어 있으며 땅에 대한 사랑을 바탕으로 한 건물을 만들고 싶다.

7. 지역 주민을 보호하기

1980년 어느 날, 나는 매들린 블레이클리Madeline Blakeley라는 이름의 60대 여인에게 전화를 받았다. 그녀는 내게 땅을 좀 봐줄 수 있겠느냐고 물었다. 도서관 사서인 그녀는 최근에 남편과 사별했고, 자녀는 없었다. 지금까지 임대 아파트에서 살아온 그녀는 자기 소유의 집을 갖는 것이 꿈이었다. 그녀가 가진 재산은 현금으로 7천 달러였다. 부동산 중개업자가 그 가격에 딱 맞는 땅을 보여주었지만, 그녀의 친구들은 그 땅을 사지 말라고 했다.

경사가 가파른 곳에 있는 그 땅은 비니어드 헤이븐에서 에드거타운으로 이어지는 대로에 바로 인접해 있었다. 도로에 면한 쪽은 차들 때문에 시끄럽고 도로 쪽에서 잘 들여다보였다. 그러나 남쪽은 아름다운 계곡이 보이고 햇볕이 정면으로 들어 경치가 좋았다. 도로에 너무 가깝다는 것만 빼면 아름다운 장소였다. 나는 그녀에게 땅벽집(언덕진 곳을 깎아서 한쪽 벽으로 삼은 집—옮긴이)을 지으면 어떻겠느냐고 제안했다. "남향으로 지으면 도로와도 충분히 떨어지고, 담을 쌓기 때문에 길 쪽

섬 공동 주택의 현관에서 본 풍경 (사진: Kevin Ireton)

으로 문을 열어놓지만 않는다면 소음도 줄일 수 있어요. 그리고 도로에서 들여다보이지 않게 설계할 수도 있어요." 그녀는 기뻐했다. 그녀가 그런 집을 지을 만한 돈이 없다고 하더라도, 이 땅이 결국 유용하게 쓰일 수 있다는 아이디어는 좋은 것이었다. 그녀는 땅을 샀다.

이와 거의 비슷한 시기에 오랜 친구 캐시 바이스Cathy Weiss에게 연락을 받았다. 그녀는 웨스트 티스베리에 땅이 있는데 그곳에 자신이 가진 돈으로 집을 지을 수 있겠는지 봐달라고 했다. 그녀의 예산은 얼마 되지 않았지만, 우리가 알기로 농촌주택청Farmer's Home Administration이 운영하는 시골 주택 공급 프로그램을 이용하면 매우 낮은 이율로 대출을 받을 수 있었다.

나는 캐시와 매들린을 위한 프로그램을 동시에 찾아보았다. 그 결과 1퍼센트라는 놀라운 이율로 대출이 가능하다는 것을 알게 되었다. 우리는 캐시를 위해서는 멋진 자연형 태양열 주택을 짓고, 매들린을 위해서는 비탈을 이용한 땅벽집을 짓고 싶었다. 그러나 농촌주택청 대출금만으로는 우리가 추구하는 장기적인 에너지 절약 주택을 지을 만한 자금이 되지 않았다. 우리는 결국 시스템이 단순한 소규모 주택 계획안을 세워 농촌주택청에 제출했다. 단 각 집에 대한 대출 한도를 4만 달러에서 4만 8천 달러로 올려달라는 요구 조건을 내세웠다. 신중하게 분석하고 조사해 본 결과 농촌주택청에서 요구하는 에너지 절약 기준을 맞추려면 그만큼의 자금이 필요하다는 이유였다. 지방 관청과 주립 관청, 국가 관청 사이의 긴 토론 끝에 대출 한도 인상 건은 받아들여졌으나 그래도 우리가 계획한 집을 짓기에는 부족했다. 우리가 어느 정도 이윤을 포기하거나 비용에 맞춰 일의 규모를 줄이지 않으면 안 되었다. 별도의 보조금이 필요했다.

이때 스콰이어Squire 부부가 나타났다. 스콰이어 부부는 에드거타운의 땅을 구입해서 보스턴의 한 건축가에게 설계를 맡겼다. 그들은 우리가 이 건물의 공사 입찰에 관심이 있는지 물었다. 우리 회사는 설계와 시공을 총괄하는 건축만 맡는다고 했지만 계속 연락이 왔다. 그때 좋은 아이디어가 떠올랐다. 우리가 스콰이어 부부의 제안을 받아들이는 대신 웃돈을 많이 얹어 입찰을 신청하면 어떨까? 그러면 우리가 시공 작업만 따로 맡지 않는다는 사실도 알릴 수 있고, 농촌주택청에서 보조받는 집 두 채를 짓는 데 자금이 더 필요하다는 사실도 이야기할 수 있을 터였다. 나는 이 생각을 스콰이어 부부에게 전했고, 그들은 이 조건을 받아들였다. 세 개 회사 중 우리의 입찰가가 최고 입찰가보다 4만 달러나 더 높았지만, 그들은 우리 회사를 낙찰자로 선택했다. 결국 우리는 이들의 집을 지었다. 이는 우리가 설계하지 않고 지은 마지막 집이었다. 우리는 매들린과 캐시를 위해서도 각각 4만 8천 달러로 작지만 멋진 집 두 채를 지었다. 노동 비용을 줄이고 얼마간 이윤을 포기하는 것은 물론 스콰이어 부부의 집을 짓는 데서 오는 별도의 수익으로 적자를 메움으로써 가능한 일이었다. 꿈이 실현되었다. 매달 상환해야 할 주택 대출금이 200달러도 되지 않았다! 스콰이어 부부는 비니어드 섬 서민 주택 문제의 든든한 후원자가 되었다. 서민 주택 건설 자금을 마련하기 위해 몇 년 뒤 '섬 서민주택기금Island Affordable Housing Fund'이 발족했을 때 이들은 중요한 임원이 되었다.

멋진 이야기가 아닌가? 이는 서민 주택을 짓기 위해 건축비를 올린 유일한 사례이다. 특별한 상황이었다. 나는 이 경험을 통하여 우리가 적절한 이윤을 내는 기업이 된다면 그 이윤의 일부를 서민 주택 공급을 위해 쓸 수 있겠다는 생각을 하게 되었다. 우리는 그후로 지금까지 그 노력을 계속하고 있다.

공동체를 보존하기

비니어드 섬은 섬의 매력 때문에 심각한 서민 주택 문제를 맞게 되었다. 그리 오래지 않은 과거만 해도 젊은이들은 숲 속의 오두막, 야영지, 값싼 땅, 다양한 집을 쉽게 접할 수 있었으며, 주민들은 주택 부지에 집을 짓고 정착할 수 있었다. 그러나 지금은 부동산 가격과 섬의 생활비가 급등하면서 많은 이들이 집을 유지할 수 없게 되었다. 주택 공급의 탄력성이 없어지고 공동체는 위험에 처했다.

땅값 급등으로 이득을 본 사람들이 섬을 대거 빠져나감으로써 우리는 어려움에 처하고 있다. 약 25년 전쯤 운 좋게 값싼 땅을 사서 집과 생활을 겨우 꾸려왔던 이들은 상당한 추가 이득을 보게 되었다. 현재 시가로 친다면 그들은 자신이 지금 소유하고 있는 집을 결코 살 수 없을 것이다. 아이들 세대의 미래는 더욱 어둡다. 그들은 갑자기 백만 달러 가치의 부동산을 소유하게 된 셈이다. 그들은 그 돈으로 서부 노스캐롤라이나나 북부 메인의 넓은 땅을 살 수 있다. 사람들은 섬을 빠져나가고 있다. 우리는 지역의 중요한 구성원들을 잃고 있다. 비니어드 섬에 새로 집을 사는 사람들은 토착민들이 하던 역할을 다 하지 못하는 경우가 많다.

공동체는 장소 및 그 장소와 관계를 맺는 사람들, 즉 땅과 사람으로 이루어진다. 땅 보호는 익숙한 개념이 되었지만, 이제 우리는 사람 보호에 대해서도 생각해야 한다. 서민 주택은 집이나 땅, 개발에 대한 것이라기보다 이 지역에 속한 사람들, 이 지역을 사랑하는 사람들이 이곳에 계속 머무를 수 있는가에 대한 문제이다. 사람을 보호하는 것은 우리 회사의 여섯 번째 기본 원칙이다.

평범한 이웃들, 교사, 사회 활동가, 트럭 운전수, 기술자, 예술가, 수

목 재배가, 배관공과 미장이, 경찰관과 술주정뱅이, 밀고자와 구두쇠, 말썽을 일으키는 사람과 중재자, 정치가와 납세자, 할머니, 할아버지, 형제와 자매, 다양한 연령대의 사람들, 능력 · 수입 · 인종 · 종교가 다른 사람들, 또 성적 정체성이 다른 사람들, 우리는 이 모든 사람들을 필요로 한다. 그들 중 한 명이라도 치솟는 땅값 때문에 공동체를 떠나면 비니어드 섬의 기반은 그만큼 무너진다. 사람들이 내 집 마련에 대한 인내심과 희망을 잃어감에 따라 중요한 일자리가 공석이 되거나 자격 없는 사람들로 채워지는 문제가 생긴다. 직장은 오랜 친분 관계로 맺어진 친숙한 사람들이 아니라 섬으로 출퇴근하는 사람들로 채워지며, 이는 스트레스, 분노, 아동 학대, 알코올, 이혼 등의 문제와 이어진다. 세대간의 연속성을 잃을 때 지역만의 고유한 특색이 사라진다.

'매사추세츠 남서부 자연보존위원회' 국장인 톰 체이스Tom Chase는 이렇게 말했다.

> 오랫동안 비니어드 섬을 지켜온 주민을 잃을 때마다 우리는 우리 문화의 기억으로부터 회색 세포를 잃는다. 우리는 이 섬의 전통과 지역성을 점점 잊어가고 있다. 서민 주택 건설은 주민을 위한 정책일 뿐 아니라 이 지역을 위한 것이기도 하다. 충분한 주민들이 있어야 섬의 지식이 축적되고 다음 세대로 전승된다. 자연 환경과 주민 의식을 회복하지 않는다면 우리는 삶의 터전을 잃어버리게 될지도 모른다.[1)]

서민 주택의 모델, 세피에사

비니어드 섬의 주택 문제는 몇 년 전부터 공공연한 문제였지만, 두려움 때문에 어떤 대책도 마련되지 않았다. 서민 주택 건설에 대한 기존의 관념은 지역 사람들이 갖고 있는 집에 대한 인식과 맞지 않았다. 흔히 서민 주택이란 조악하고 낡은 빈민가를 연상시켰다. 집과 마을, 환경이 어우러진 비니어드 섬의 풍경과는 정반대의 모습이었다. 무엇이 되었든 실질적인 대책이 필요하다는 의견과 결과가 만족스럽지 않을 경우에 대한 우려가 대립을 이루다가 몇 가지 대안이 제시되었다.

우리 회사는 오랫동안 서민 주택 건설에 참여하고 있었지만, 세피에사Sepiessa 건축 사업을 통해 비로소 지역에 뚜렷한 영향을 미칠 수 있었다.

마서즈 비니어드 토지저당은행은 자연보존위원회 소유의 넓은 세피에사 땅을 매입하려고 하고 있었다. 티스베리의 대호수를 대중 휴양지로 만들기 위해서였다. 자연보존위원회는 토지저당은행에 세피에사 구획을 팔기로 하고 몇 가지 조건을 제시했는데, 그 중 하나는 서민 주택 건설에 쓰일 수 있도록 3,600평(웨스트 티스베리의 마을에서 최소 구획의 땅)을 듀크 카운티 지역주택국Dukes County Regional Housing Authority에 팔아야 한다는 것이었다. 듀크 카운티 지역주택국은 그 땅을 샀지만, 땅은 몇 년째 사용되지 않고 있다.

1995년 우리 회사는 세피에사 지역에 4단위 임대 아파트 단지의 설계와 시공 및 재정을 담당하겠다는 신청서를 주택관리국에 제출했다. 그런데 그 지역은 주택 한 채만 지을 수 있게 된 구역이었기 때문에 우리 계획대로 더 많은 주택을 지으려면 토지의 용도를 제한하는 규제를 완화해 줄 것을 요청해야 했다. 우리는 '반反 자연지역규제법'으로 알려진 매사추세츠 주법 40B항을 이용했다. 1969년 제정된 이 법은 특정 조건을 만족시키는 서민 주택 개발자에게 서민 주택 사업에 걸림돌이 되는 지역 규제를 풀어주도록 하고 있었다. 주택 개발자들에게 40B항은 매우 유용한 수단이었다. 대부분 바람직하게 사용되었지만 경우에 따라서는 남용되기도 했다. 우리의 경우 마을 사람들이 우리의 계획안을 전적으로 지원했고, 이 '우호적인' 40B항 역시나 마을에 바람직하지 않거나 실행하기 어려운 지역 규제 변경을 강요하지 않고 건축 계획안을 허락해 주었다.

우리의 목표는 다른 서민 주택 사업의 모델이 될 만한 소규모 임대 주택 단지를 만드는 것이었다. 이 목표를 달성하기 위해서 우리는 세 가지 방식으로 비용을 조달했다. 설계 및 시공 비용을 원가로 정했고, 우리 회사의 정규 하도급업자와 공급 업체에게서 재료와 노동력을 원가로 공급받았으며, 마서즈 비니어드 조합은행에서 장기 저리로 대출금을 받아냈다.

세피에사는 지금도 서민 주택의 전형적인 예로 활용되고 있다. 세피에사 건축 사업을 성사시키는 데 엄청난 협동 정신이 발휘되었다는 것도 중요하지만, 그보다도 더 중요한 것은 많은 사람들의 인식을 바꾸어 놓았다는 것이다. "저게 서민 주택이라고요? 농담하지 마세요. 저도 들어가서 살고 싶어지는데요?" 극도로 빠듯한 예산이었지만 우리는 편안함과 우수한 품질을 갖춘 집을 지을 수 있었다. 설계는 조경과도 편안하게 어우러지고 있다. 서민 주택이 수혜자 당사자에게뿐 아니라 지역에도 이윤을 줄 수 있음을 보여준 사례이다.

보조금

현행 부동산 시장에서 서민 주택을 지으려면 상당한 보조금이 필요하다. 보조금 없이 지어놓은 저급한 서민 주택은 지역에서 받아들이기도 어려울 뿐 아니라 주민들 역시 비싼 유지비와 에너지 비용 때문에 오래 거주하지 못한다. 우리는 지역 거주자뿐 아니라 지역 공동체까지 생각하는 건축 사업에는 기본적으로 보조금이 필요하다고 믿는다. 서민 주택이라고 해서 고급 주택과 크게 다를 것은 없다. 규모가 더 작고 세부 장식이 간소하며 결정적으로 건축에 들어간 비용이 차이가 날 뿐이다.

역사적으로 볼 때 미국에서 빈민 주택 건축 사업이 성공한 경우는 보조금이 지원되었을 때뿐이다. 이는 심지어 중산층 주택의 경우에도 마찬가지이다. 제2차 세계대전 후 제대군인원호법(미국이 제대 군인에게 교육, 직업 훈련, 주거와 가족을 위한 수당을 보조하기로 한 법안—옮긴이)은 역사상 가장 훌륭한 서민 주택 보조 정책이었다. 흥미롭게도 지금까지 존속되고 있는 주택 보조 정책 중 가장 규모가 큰 정책은 대출 이자 공제—무려 연간 약 800억 달러에 달한다—이다. 대출로 집을 산 사람들은 세금에서 대출 이자를 공제한다. 이 대규모 주택 보조 정책은 중산층(이는 온당하다) 및 부유층(이는 온당하지 않다고 생각한다)에 이득을 준다. 그러나 보조금이 정말로 필요한 수백만의 저소득층에는 아무런 혜택을 주지 못하고 있다.

우리 지역에서는 비단 빈민층뿐만 아니라 다양한 계층의 사람들이 보조금을 필요로 한다. 우리 지역에서는 경찰, 교사, 간호사, 상인, 심지어 읍장조차도 주택 보조금을 필요로 한다.

이와 같은 상황에 대처하기 위해서는 엄청난 헌신과 창의성이 요구된다. 그러나 과거에 우리 지역에서는 이러한 자질을 찾아보기 어려웠다. 만일 1984년 누군가가 비니어드 섬에 2004년까지 12개의 새로운 대중 해수욕장이 생기고 섬을 가로지르는 공공 철도가 놓인다고 말했다면, 아무도 가능하다고 믿지 않았을 것이다. 실제 상황은 오히려 정반대 방향으로 가고 있었다. 그러나 1980년대 후반 설립된 마서즈 비니어드 토지저당은행을 통해 이 이상의 일들이 이루어졌다. 개인적으로 토지를 보유하고 있는 집단 또한 막대한 영향을 끼쳤다. 우리는 지역 공동체의 차원에서 대로, 조망, 해변, 농장을 비롯해 생태적으로 중요한 환경을 보존하기 위해 적극적이고 광범위한 모금 활동을 펼치고 있다. 현재 섬의 약 20퍼센트의 땅이 영구 보존의 형태로 보존되고 있다. 이제 우리는 사람 보호 역시 이처럼 중요함을 알게 될 것이다.

현재 우리는 우리 회사 사람들이 참여하고 있는 비영리 단체인 '섬 서민주택기금'을 통해 개인적 기금 모금 활동에 집중하고 있다. 많은 사람들이 모금 운동에 참여하고 있다. 곧 토지저당은행과 같은 영구 공공 주택 은행이 설립되어 서민 주택에 장기적이고 일관된 투자를 할 수 있기를 기대한다.

역사가이자 이 지역 주민인 데이비드 맥컬로우는 '섬 서민주택기금'의 활성화에 큰 도움을 주었다. 최근 기금 모금을 위한 자리에서 그는 이렇게 말했다.

> 우리는 여기 마서즈 비니어드 섬에서 실패하고 있습니다. 우리는 우리가 아는 것보다 더 심각한 상태로 실패하고 있습니다. 우리가 이곳에 온 이유, 우리가 사랑한 지역의 모습들이 바로 우리 눈앞에서 사라져가고 있습니다. 문명화의 본질은 지속성입니다. 지속성은 모두에게 해당되어야 합니다.
>
> 이 지역에 영향력을 갖고 있는 사람들이 이 문제를 해결하는 데 참여하지 않는 것을 우리는 사회적으로 용납해서는 안 됩니다. 우리는 모두에게, 우리 자신에게 말해야 합니다. 만일 당신이 여기에서 살고 싶다면, 이곳의 주민이 되고 싶다면, 여기에 집을 갖고 싶다면, 이 지역의 일부가 되고 싶다면, 지갑을 열어서 적절한 액수의 돈을 내십시오. 이곳에 사는 사람들, 일터를 갖고 있는 사람들이 이곳에서 살 수

없다면 모든 것이 무너질 것이기 때문입니다. 그만큼 간단합니다. 이것은 자선이 아닙니다. 자선이라는 말은 잊어버립시다. 이것은 현실입니다. 이것은 훌륭한 공동체의 일원이 되는 일입니다. 세상에서 가장 오래되고 가장 단순한 진실의 상징입니다. 행복해지고 싶다면 다른 사람을 행복하게 만들 수 있는 가능한 모든 일을 하십시오.[2)]

마서즈 비니어드 섬은 이 섬만이 갖고 있는 특별한 문제들에 처해 있다. 그러나 주택 문제는 비니어드 섬처럼 주목받는 곳에서는 거의 보편적으로 일어나고 있다. 비니어드 섬으로 쏟아지는 사람들의 관심은 섬의 수용 한도를 넘어섰다. 이렇게 쓰인 범퍼 스티커를 본 적이 있다. “집: 누군가 두 개를 갖기 전에 모두가 하나씩 가져야 하는 것.” 나는 주택 시장이 그와 같은 원리에 의해 지배된다면 비니어드 섬이 어떻게 될지—또 우리 회사가 어떻게 될지—잘 모른다. 그러나 이 범퍼 스티커의 엄격한 평등주의와 제멋대로 팽창하는 부동산 시장 사이의 어디쯤에 비니어드 섬 공동체를 건강하게 지킬 수 있는 균형이 존재할 것이다.

직원들의 집

직원들이 만족스러운 집을 가질 수 있도록 돕는 것은 우리 회사의 주요한 목적이다. 우리는 그 목적을 달성하기 위해 몇 가지 방법을 쓰고 있다. 우리는 재료를 할인된 가격에 판매하고, 개조 및 보수 작업에서 가져온 재활용 재료를 제공하며, 지붕 작업이나 조경 같은 혼자 하기 어려운 일을 도와준다. 회사는 또 처음으로 집을 사는 직원들에게 현금 수당을 제공하여 비용을 줄이거나 필요한 보수 작업을 할 수 있도록 돕

데릴과 조앤의 집. 나무 기둥은 우리 회사에서 자주 사용하는 디자인이 되었다. (사진: Derril Bazzy)

는다.

대다수의 직원들은 종종 풀타임으로 일을 하면서도 자신의 집을 처음부터 직접 짓거나 개조용 주택을 구입해 고치는 작업을 했다. 그들은 1년 이상 매일 저녁, 주말, 휴가를 오직 집 짓는 일로 보냈다. 힘이 들고 지치는 작업이지만 다른 한편으로는 커다란 보상이 따르는 일이기도 하다. 혼자 모든 책임을 지고 집을 지으면서 엄청난 배움을 얻는 것이다. 자기 집을 짓는 일을 마치면 우리 직원들은 더욱 숙련되고 지식도 늘며 자신감도 더 커진다.

회사에서 조직한 업무팀보다 개인들 사이에서 오가는 도움과 정보가 더 중요할 때도 있다. 직원들은 서로 돕고 조언도 하면서 서로의 집에 관여한다. 오랫동안 다른 직원과 하도급업자들을 도와주고, 자신의 차례가 돌아오면 그만큼 도움을 받기도 한다. 다른 사람들이 집을 짓는

데 상당한 시간을 들여 도와주는 만큼 보상을 받는다.

직원들이 만든 집을 살펴보는 것도 재미가 있다. 이들은 매일, 매년, 다른 이들을 위해 집을 만드는 사람들이다..그들은 다른 이들의 집을 만들면서 자신의 집을 손수 지을 기회가 오면 어떻게 짓고 싶은지, 마음에 드는 것과 그렇지 않은 것은 무엇인지 등에 대해 많은 이야기를 나눈다. 그렇게 해서 나온 결과물은 놀랍다.

우리 회사의 오너와 직원들이 지은 집은 모두 저마다 독특한 개성이 있다. 필 포레스트와 그의 아내 웬디Wendy는 생태 건축과 재생 에너지 면에서 회사가 만든 집들보다 훨씬 뛰어난 집을 지었다. 내 아들 핀토의 가족은 아름다운 설계와 내부 장식이 돋보이는, 철저하게 생태적인 집을 완성해 가고 있다. 그 집은 핀토가 회사에서 만드는 가구만큼이나 아름답다.(세부 장식과 예술성의 측면에서 내가 만든 집보다 훨씬 낫다.) 다른 예들도 많이 있다. 어떤 직원은 자신이 개발한 설계법과 기술로 회사의 작업을 변화시키기도 한다. 수년 전 피터 로드거스트는 자신의 집을 지으면서 낡은 슬레이트 지붕 타일을 사용해 아름다운(동시에 저렴한) 바닥을 만들었다. 그때 이후로 낡은 슬레이트 지붕 타일은 우리가 선호하는 바닥재가 되었다. 데릴 배지와 그의 아내 조앤은 우리 회사에서 처음으로, 마디가 있는 참나무 기둥을 사용했는데, 이 또한 우리가 만드는 집에서 자주 쓰이는 디자인이 되었다.

직원들이 짓는 훌륭한 집을 통해서 우리는 많은 것을 배우게 된다. 직원들은 자기 집을 만들면서 여러 가지 방식으로 회사에 기여한다. 이는 우리 회사에 믿을 만한 인력이 보장된다는 것을 뜻한다.

개발

장모님과 함께 중국 식당에 갔다. 장모님이 포춘 쿠키(중국 식당에서 주는 점괘 과자—옮긴이)를 깨뜨렸는데, 빈 종이 쪽지가 나왔다. 장모님은 전에도 이런 경우가 있는지 웨이터에게 물어보았다. 종업원은 신중하게 고개를 끄덕거리더니 "음…… 손님의 운은 '무소식이 희소식이다' 입니다"라고 말했다. 많은 이들이 개발자에게도 "무소식이 희소식이다"와 같은 태도를 갖고 있다. 부동산 개발자는 전반적으로 불신과 경멸의 대상이지만, 개발 자체는 도덕적으로 나쁜 말이 아니다. 개발은 발명이다.

서민 주택 건설을 위한 우리의 노력은 곧 개발로 이어졌다. 개발의 첫 번째 질문은 우리가 제안하는 것이 지역 공동체에 필요한 것인가 하는 것이다. 만일 필요한 것이 아니라면 우리는 왜 노력을 하고 있는가? 다른 것을 시도해 볼 수도 있다. 이 작은 섬 공동체에 필요한 것이 무엇인지 조사하다 보면 서민 주택을 비롯해 많은 것들이 필요함을 알게 된다.

· 영구 보존되는 공터
· 농경지 복구
· 개발을 저해하지 않는, 친환경 기업을 위한 공간
· 섬의 단일 대수층帶水層 보호를 위해, 쓰레기를 영양분으로 바꾸는 지역 시스템
· 지역 내 사회적 상호 작용 활성화

그렇다면…… 이 모든 것을 발명하자.

내가 이것이 가능하다는 믿음을 갖게 된 데는 1990년 덴마크의 공동

주거cohousing 마을을 여행한 것도 하나의 계기가 되었다. 공동 주거는 1960년대 후반 및 1970년대 덴마크에서 시작되어 다른 지역으로 확산되었으며 다양한 종류로 나타나고 있다. 그러나 전통적인 주택 개발 정책과는 차별화되는 다섯 가지 일반 원칙이 있다.

1. 개발은 12~35가구의 규모로 제한된다.(이는 개인 생활이 보장될 만큼 크지만 거주자들이 모두 알고 지낼 수 있을 만큼 작은 규모이다.)
2. 자동차를 제한하는 경계선을 두고 그 안은 도보를 위한 공간으로 둔다.
3. 원활한 의사 소통을 위해 집과 집 사이의 간격은 일정 정도로 좁히며, 광장은 빈 공간으로 유지한다.
4. '공동의 집' 은 거주자들이 일주일에 한 번 혹은 그 이상 함께 식사할 수 있는 공간과 손님이 머물 수 있는 공간, 다양한 활동이 가능한 공간을 포함한다. 공동체 공간도 그렇지만 공동의 집도 개별 가구에 일정한 공간을 제공하도록 한다. 개별 가구는 일상 생활에 꼭 필요하지 않은 공간을 줄여서 집을 짓는 대신 공동체 공간이나 공동의 집을 이용해 특별한 행사를 치를 수 있다.
5. 거주자들은 곧 개발자들이다. 하나의 집단으로서 의사를 결정하며 그 과정에서 공동체의 유대를 형성한다.[3)]

섬 공동 주거 마을

몇 년 전, 비니어드 섬의 주택 공급과 관련한 이야기 자리에서 나는 비니어드 섬에 공동 주거 마을을 건설하자는 생각을 슬쩍 내비쳤다. 그 날 저녁 몇몇 사람이 내게 다가와 말했다. "그게 바로 우리에게 필요한 것입니다. 한번 시도해 보는 게 어때요?" 나는 대답했다. "여러분 같은 분들이 조금 더 모이기를 기다리고 있습니다. 여러분 말대로 한번 해봅시다."

이때 만난 사람들, 랜디 베어드Randi Baird와 필리페 조르디Philippe Jordi, 실비 패링턴Sylvie Farrington과 폴 패링턴Paul Farrington은 공동 주거 마을을 만드는 데 지원을 아끼지 않았다. 이는 곧 우리 회사, 의식 있는 은행가와 공무원, 이와 같은 주거 환경에 살고자 하는 헌신적인 사람들이 참여하는 공동 단체로 확장되었다. 우리 회사는 토지 조사를 실시하고, 모임을 원활하게 유지하며, 건축 사업을 기획하고 설계 및 시공 작업을 맡았다. 우리는 많은 시행착오와 끈기 있는 대화를 거쳐 제대로 된 기획안을 완성했다. 환경 친화적이면서도 아름다운 집을 만들려는 우리의 모토는 서민 주택에도 여전히 적용되었다.

우리의 일은 공동 주거 계획에 참여한 사람들에게 믿을 만한 정보와 조언을 주는 것이었다. 이는 기존의 개발자 및 건축가의 역할을 넘어서는 것이었다. 우리는 또 개발 용어라든지 효과적인 의사 결정 기술 같은 것도 교육시켜야 했다. 우리는 참여자들이 명확한 가치관과 미래상을 갖고, 한계를 분명히 파악하는 가운데 이를 현실 속에서 실현할 수 있도록 도왔다.

처음에 우리는 회사 이전 계획과 공동 주거 마을 건설을 함께 진행하기로 결정했다. 당시 우리 회사는 더 넓은 공간과 부지를 필요로 하고 있었다. 우리는 공동 주거 마을이라는 혁신적인 건축 사업과 회사 이전이 갖는 시너지 효과를 노렸다. 양쪽 모두에 상당한 이득이 될 터였다. 그렇게 하면 우리 회사로서는 땅과 기반 시설 비용을 공유하여 섬 공동 주거 마을 건설에 들어가는 비용을 줄이고, 공동 주거 마을은 필요할 경우 우리 회사의 업무로부터 도움을 받을 수 있었다. 우리는 이를 모

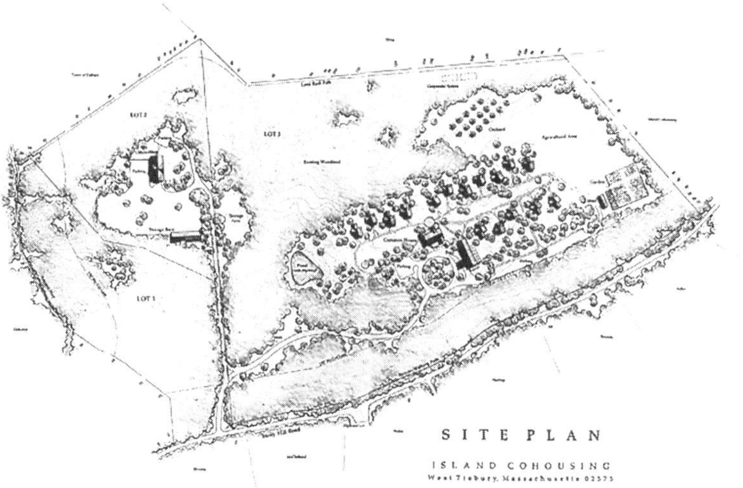

섬 공동 주택과 사우스 마운틴 사 배치 계획도 (도안: Hilary Noyes, 사진: Randi Baird)

두 충족시킬 만한 커다란 임지林地를 구입할 수 있었다.

그러나 우리 회사가 이 건축 사업을 모두 책임지기에는 무리가 있었다. 이전의 어떤 건축 사업보다도 큰 노력이 필요했다. 사우스 마운틴 사 건축과 16개의 섬 공동 주택 건설은 두 개의 분리된 작업으로, 주요 요소가 밀접하게 연관되기는 했지만 각 작업이 요구하는 바는 근본적으로 달랐다. 둘 다 만만치 않은 상대였다. 비용은 제한되어 있었다. 잠재적인 추가 비용을 충당할 부유한 고객은 없었다. 절차적인 문제도 많이 있었다. 예상했던 대로 작업은 지연되었고 논쟁이 발생했다.

섬 주민들이 가꿔나갈 수 있는 아름다운 공동체를 만드는 것이 우리의 목표였는데, 문제는 이 지역이 매우 엄격한 지역 규제를 받는 지역이라는 점이었다. 이 두 건축 사업은 각각 11가지 면에서 당시 지역 규제에 저촉되었다. 나는 지역 정치에 몸담고 있는 많은 친구들에게 조언을 구했다. 그들은 하나같이 "그래, 좋은 생각이야. 정말 뜻이 좋다. 그런데 여기서는 결코 가능하지 않을 거야"라고 말했다.

그후 나는 조합은행의 은행장 리치 레너드Rich Leonard를 만났다. 급한 불을 꺼줄 수 있는 사람은 바로 그일 거라고 생각했다. 리치는 세피에사 건축 사업 및 다른 비니어드 섬 서민 주택 건축 사업에서 중요한 역할을 한 인물로, 오크 블러프에서 자란 토박이였다. 그는 조용히 앉아 내 급박한 설명을 들었다. 내 이야기가 끝나자 그가 말했다. "내가 자란 마을과 비슷하네요. 우리에겐 더 이상 그렇게 많은 이웃이 없지요. 공동 주거 마을을 꼭 지었으면 좋겠군요. 그건 우리 섬에 큰 영향을 미칠 수 있는 일입니다. 같이 해봅시다." 리치는 든든한 지원군이었다. 그의 은행에서 건축 비용을 보조하고 주택 구매자들에게 주택 융자 서비스를 제공하며, 중 · 저소득층에게는 대출 이율을 할인해 주었다.

우려의 목소리도 나왔다. 1998년 임원 회의에서 누군가 물었다. "이번 건축 사업을 진행하다가 빈털터리가 될 가능성도 있나요?" 이 질문과 함께 긴 토론이 시작되었다. 누군가는 건축 사업이 예산을 초과할 경우를 대비해서 공동 주거 주택의 소유자들과 '위험 부담 공유'에 대한 합의를 보아야 한다고 했다. 그러나 공동 주거 주택의 소유자들은 이미 자신들의 경제적 능력의 상한선을 정해 놓은 상태였다. 우리는 지혜로운 설계와 세심한 계획으로 위험을 최소화해야 했다. 당시 회의 기록에 나는 이렇게 썼다.

> 지금의 긴장은 내부적인 것이다. 어떻게 하면 예산을 초과하지 않으면서도 자부심을 가질 수 있는 일을 할 수 있을까? 도전은 오롯이 우리의 몫이다. 우리는 건축 사업이 적어도 손익분기점을 맞출 수 있기를 바란다. 그러나 그럴 수 있다는 보장은 없다. 가장 중요한 것은 우

리가 하는 일에 자부심을 갖고 있다는 것이다. 만일 그렇지 못하다면 경제적인 의미 이상으로 큰 실패를 거둘 것이다. 우리는 이 건축 사업이 회사의 미래에 어떤 영향을 미칠지 숙고해야 한다. 전체적인 요점은 우수한 서민 주택을 만들고 그것을 우리의 주요 작업의 일부로 만드는 것이다. 이는 우리가 지난 몇십 년간 해온 긴 작업의 일부이며, 앞으로 적어도 몇십 년간 하게 될 작업이다.

성공의 방법을 찾아내는 것은 우리에게 달려 있었다. 공동 주거 주택에 입주할 세대들은 토지 구입과 계획 비용을 대기 위해 계약금 일부를 지불했다. 건축 사업이 진행될 수 있을지도 확실하지 않은 시점에 이미 경제적 부담을 나눠 갖고 있었다. 땅값이 안정적이었기 때문에 투자에 위험은 없었지만, 백지화될지도 모르는 건축 사업에 그들의 돈이 묶여 있는 것은 사실이었다. 얼마가 되든 위험을 부담하는 것도 우리에게 달려 있었다.

절차상의 과정은 예상대로 까다로웠다. 우리는 서민 주택 건설에 대한 매사추세츠 주법 40B항을 다시 한 번 적용해야 했다. 그러나 세피에사 건축 사업과 비교할 때 이번 건축 사업은 그 규모와 특성상 공동체에 미치는 영향이 훨씬 컸으므로 그만큼 철저한 조사를 받아야 했다. 거주 지역에서 사업체가 어디에 위치하느냐도 조사에 포함되어 있었는데, 이는 40B항 관련 건축 사업에서 전에는 한 번도 없던 일이었다. 지역의 승인뿐 아니라, 지역에 광범위한 영향력을 갖고 있는 마서즈 비니어드 위원회Martha's Vineyard Commission의 승인도 필요했다. 위원회는 우리가 제안한 개발 계획이 지역에 손해보다는 이득이 더 클 것이라고 결정했다. 개발자들은 가끔 마서즈 비니어드 위원회가 어려운 상대라고 본다. 그러나 이번 경우 우리의 목적이 더 살기 좋은 지역 공동체 건설이라는 위원회의 목적과 근본적으로 공명했기 때문에, 서로 더 나은 결과를 얻기 위해 협력할 수 있었다. 위원회는 최종 승인 판결을 내리며 15가지 항목에 대해 확인 질문을 했다. 모든 조항은 "우리는 다음과 같은 목적으로 지원자의 신청을 승인한다"로 시작했다. 우리는 건축 사업의 목적이 무엇이냐는 그들의 질문에 모두 대답할 수 있어서 기뻤다.

절차상의 문제에 부딪히는 것은 힘든 일이다. 그래서 토지 사용에 대한 규정 문제로 어려움을 겪는 이들이 종종 우리를 찾아오곤 한다. 우리는 우리가 갑자기 기적을 만들어낼 수는 없다고 설명한다. 우리가 하는 일은 현실적인 것이다. 우리는 땅과 지역 공동체에 도움이 된다고 판단되지 않는 이상 공공 건축 사업을 진행하지 않는다. 우리의 입장에 동의하지 않는 이들도 있겠지만, 적어도 우리의 가치관과 일치하는 작업일 때 우리는 자신감을 갖고 도움을 준다.

일단 절차상의 문제를 해결하고 공동 주거 마을 사업을 시작했지만, 그 다음으로는 해결해야 할 복잡한 재정, 설계, 시공, 사회적 문제들이 남아 있었다. 기대치는 높았다. 참여자들은 건물과 토지가 생태적으로 사용되기를 기대했다. 저렴한 비용을 기대했고, 다양성을 기대했다. 지금까지 운이 없었던 이들에게 기회를 주고 싶어했다. 우리는 이 모든 것을 이루기가 얼마나 어려운지, 비용은 얼마나 많이 드는지, 미세한 균형을 맞추기가 얼마나 어렵고 얼마나 많은 희생을 필요로 하는지 알게 되었다.

우리가 지은 건물의 반 이상은 다음 두 가지 방식으로 보조를 받았다.

- 내부적 보조. 이는 더 높은 비율의 공동 비용(개발 및 설계 비용, 기반 시설, 공공재)을 더 큰 규모의 집에 할애하는 내적인 비용 조정을 통해 이루어진다.

· 외부적 보조. 이는 개인 기증자가 조성한 현금 기금과 두 군데 공공 은행의 낮은 대출 이율을 통해 이루어진다.

우리는 첫 번째 방법을 통해 소규모 주택의 가격을 저가로 유지할 수 있었으며, 두 번째 방법을 통해서는 적합한 구매자(평균 소득의 80퍼센트 이하의 소득 계층)에게 네 채의 집을 팔 수 있었다. 또 다른 한 채는 적절한 임대료로 임대할 수 있었다. 외부에서 보조를 받은 네 채의 집은 현금으로 30만 달러의 기금을 모아 지은 집이었다. 기증은 섬 서민 주택기금을 통해 이루어졌다. 대부분의 돈은 과거 고객 중 이 건축 사업에 크게 호응해 준 이들을 통해 모았다. 여러 기관 및 개인의 기증, 마서즈 비니어드 조합은행의 이자 할인 등을 통해 우리의 목적이 달성될 수 있었다.

내 · 외부적 보조금 외에도 네 가지 중요한 비용 조정 방법이 있었다. 그것은 생산 건물 공법production building method을 사용하고 주문 제작을 제한하기, 토지 비용 보충을 위해 몇몇 건물 부지를 팔기, 우리 회사의 설계/시공 작업을 줄이기, 기반 시설 공유하기 등 네 가지였다. 가장 어려운 것은 첫 번째, 즉 비용 효과가 큰 설계 및 생산 건물을 유지하기 위해 다양한 단체와 함께 일하는 것이었다. 이는 우리가 열여섯 채의 집을 주문 제작으로 짓는 것을 포기하는 등 유연한 설계를 통해 이루어졌다. 전체적인 설계를 결정하는 사람들이 저마다 개인적인 필요와 바람을 갖고 있기 때문에 주문 제작은 때로 공동 주거 마을 사업에 걸림돌이 되었다. 모두가 바라는 낮은 가격, 우수한 품질, 다양성, 그리고 모두를 위한 주문 제작을 동시에 만족시키는 것은 불가능하다. 이 점이 충분히 이해되지 않는다면 우리는 비용을 조절할 수 없을 것이다.

우리는 다행히 공동 주거 마을 사업을 맡아본 다른 이들의 경험에서 도움을 받을 수 있었다. 우리는 다른 공동 주거 마을 사업을 돌아보며 많은 것들을 물어보았다. 그들의 대답을 주의 깊게 듣고 비슷한 경험을 한 이들의 충고를 받아들였다. 결국 우리는 개인의 욕구와 바람을 충족시키면서도 주문 제작을 제한할 수 있었다. 옵션의 범위를 정한 뒤 하나의 핵심적인 계획을 가지고 개발 계획을 진행했다. 주택 설계는 지하실을 포함하여 가로 7미터, 세로 8미터의 2층짜리 장방형을 기본으로 했다. 1층에 가족이 함께 쓸 수 있는 공간을, 2층에 침실 두 개와 욕실 하나를 배치했다. 옵션으로 침실 두 개와 욕실 하나를 추가했다. 규모가 작은 집은 나중에 공간을 쉽게 늘릴 수 있도록 설계했다. 몇 가지 조경 옵션과 외장재 옵션, 그 외 약 20가지 내장재 옵션을 추가했다. 집의 형태와 옵션을 선택할 수 있는 한 쪽짜리 일람표를 만들었고, 모든 옵션을 망라한 전체 도표를 만들었다. 팀 내부의 자체적인 기술로 타일 선택과 실내 색상 선택 등 다양한 선택을 가능하게 했다.

친환경 건물에 대한 높은 기대는 우리가 제한한 비용으로는 충족되지 않아 마찰을 빚기도 했다. 선택이 불가피했다. 우리는 우리 회사가 일반적으로 적용하고 있는 생태적 건물의 기준(양질의 재활용 목재, 1등급 에너지 효율, 그 외 재활용 재료를 광범위하게 사용하여 건물 내·외부를 마감하는 것) 및 그 이하의 기준을 따라야 더 적은 비용이 들 것이라고 팀에 이야기했다. 우리는 풍력과 광光전지로 에너지를 공급하는 방법, 매년 우리 지역에서 나는 나무로 가동되는 지역 난방 시스템 설치, 조경을 위해 타지의 식물을 옮겨 심는 대신 지역 토착 식물을 활용하고 보존하는 방법, 화장실 등에서 나오는 쓰레기를 퇴비로 활용하고 유용한 영양분으로 바꾸는 방법 등에 대해 토론했다. 어떤 수단은 나중에 사용할 수 있었고, 어떤 것들은 그렇지 않았다.

우리는 이 중에서 우리가 현재 제한된 자원을 활용하여 적용할 수 있는 원칙으로 두 가지만 선별했다. 첫 번째는 조경이 필요한 지역에 토착 식물을 활용하고 보존하는 것이었다. 건물을 조밀하게 짓기 위해 대부분의 부지는 공사 전에 완벽하게 정리된다. 공사가 끝나면 나무를 다시 심는데, 나무가 무성하게 자라기까지는 오랜 시간이 걸린다. 식물을 뽑아내지 않고 작업을 진행하는 것은 어렵기도 하거니와 비용도 많이 든다. 이 방법을 활용하려면 7만 5천 달러의 추가 비용이 들 것이라는 계산이 나왔다. 그러나 그만한 비용으로 5천 평에 달하는 조경을 설계할 수 있겠는가? 거의 불가능하다. 완공 후 1년이 지나 집 주위에 나무와 잔디가 자라나고 건물들이 새 건물의 테를 벗자, 사람들은 이 집이 아주 오랫동안 있었던 것처럼 느꼈다.

두 번째 방법은 퇴비 화장실 설치였는데, 이는 비용이 많이 들며 거주자들의 생활 방식이 바뀌어야 한다는 점에서 모험이었다. 팀의 많은 이들이 동시에 두 가지를 달성할 수 있다며 이 방법을 강력히 지지했다. 쓰레기를 유용한 영양분으로 바꾸고 섬의 단일 대수층을 보호할 수 있기 때문이었다. 그러나 퇴비 화장실은 익숙하지 않을 텐데, 거주자들이 좋아할까? 은행이 그것에 재정을 지원해 줄까? 감정단이 이것을 가치 있다고 평가해 줄까? 지역이 이를 허락할까? 이런 질문들에는 긍정적인 답이 돌아왔다. 이 공동 주거 마을은 미국에서 몇 안 되는(어쩌면 유일한), 수세식 변기가 없는 마을이다.[4]

인식과 결과

설계를 하는 과정에서 우리의 관심사는 개인의 이익에서 지역의 이익으로 점차 이동했다. 팀 구성원들은 집과 주변 조경은 시간이 흐름에 따라 쉽게 변하고 개인화되지만, 마을의 기본적 형태는 바꾸기 어려운 근본 토대라는 점을 이해하게 되었다. 집의 외관을 고민하고 있을 때 이러한 깨달음이 왔다.

우리 회사는 단조로움을 피할 수 있는 방법으로 건물의 상이한 크기와 배치뿐 아니라 현관 지붕, 지붕과 창문 색, 그 외 외관 세부 사항에 대한 다양한 옵션을 제안했다. 이런 것들을 고려하고 있을 때 누군가 말했다. "창문 색으로 그렇게 진녹색을 좋아하는 사람은 없을 것 같은데……." 다른 누군가도 말했다. "흠…… 솔직히 말하자면 내 집이라면 그런 것은 별로 중요하지 않아요. 집에 어떤 것이 있는지가 더 중요하죠. 저라면 그런 점을 볼 것 같아요."

아하! 우리는 설계자로서 팀원들의 개인적 취향을 한번 살펴보는 게 좋겠다는 데 즉각 동의했다. 하지만 그보다 중요한 것은 전체적으로 보았을 때 의도적으로 잘 디자인된 느낌을 주는 양식을 개발해야 한다는 것이었다. 그 순간 팀원 개인과 팀 전체의 이해가 균형을 이루고, 이후의 의사 결정 과정이 순조로워졌다.

인식과 바람 역시 크게 바뀌었다. 우리가 가장 많이 활용한 모델은 오크 블러프에 있는 마을이었다. 그곳은 1835년 감리교 신자의 수련회장 및 모임 장소로 사용되던 곳이었으나 점차 빅토리아 양식의 집들이 들어서면서 작고 아름다운 마을이 되었다. 현재 약 300가구의 작은 집들이 들어서 있고, 마을의 건축과 전통이 그대로 보존되고 있다.[5]

우리는 '수련회장'으로 알려져 있는 이 마을을 훌륭하게 활용했다. 주택을 어떻게 배치할지 결정하기 위해 우리는 다 같이 이 지역을 둘러보고 필요한 사항을 살펴봤다. 우리는 각 건물의 현관에 서서 소리가 어떻게 들리는지를 알아보고, 집들 사이의 공간을 측정해 배치를 바꾸면 소리가 어떻게 달라지는지 의논했다. 차로 걸어가며 한 팀원과 나눴던 이야기가 기억난다. "우리 부지가 이렇게 크다니 운이 좋은 것 같아요.

나는 옆집과 30미터 이상 떨어지지 않은 집에서는 살고 싶지 않아요."

나는 순간적으로 패배감을 느꼈다. 이것은 우리가 이루고자 하는 목표가 아니었다. 그러나 3년 뒤 그렇게 이야기한 친구는 새로운 집으로 이사한 것에 만족했다. 아니 열광했다. 그녀의 집은 가장 가까운 이웃으로부터 겨우 6미터 떨어져 있었다. 그녀는, 집과 길 들을 멀리 떨어뜨려 이웃간 교류가 거의 없는 교외 지역 개발 형식보다 이렇게 가깝고 친근한 진짜 이웃을 만들어주는 배치 방식을 사람들이 더 좋아한다는 것을 알게 되었다. 우리가 개발한 총면적은 공동 주거 마을 부지의 20퍼센트도 되지 않았다. 그 결과 돈독한 이웃이 형성되었다. 오크 블러프 마을을 유명하게 만든 것도 바로 이 남다른 이웃 구조였다.

건축학적으로 섬 공동 주거 마을은 집과 집 사이의 공간을 더 중요하게 생각한다. 집들은 차도 대신 인도로 나누어지며, '공동의 집', 수영하고 스케이트를 탈 수 있는 연못, 공동 정원, 숲, 오솔길, 농구장, 운동장 등 다양한 공동 시설이 서로간의 접촉을 원활히 하고 이웃이라는 의식을 형성한다. 그러나 이러한 설계적인 요소는 이웃간의 상호 작용을 용이하게 하는 장치일 뿐이다. 이웃에 대한 의식은 외부적으로 형성될 수 없다. 공동체라는 관념은 강요되거나 꾸며질 수 있는 것이 아니다. 물론 공동 주거 마을 거주자들의 수입, 배경, 가치관의 차이 때문에 대립과 스트레스가 생길 수도 있고, 균등한 참여가 이루어지지 않을 수도 있다. 폴 패링튼이 "부작용dys-func-shui"[6]이라고 말한 일시적인 반목이 생길 수도 있다. 다양한 차이가 존재할 때 논쟁은 불가피하다. 타인에 대한 배려가 없는 사람도 종종 있다. 이는 어디나 마찬가지일 것이다.

우리는 일반적인 경우와는 다른 특징을 갖춘 공동 주거 마을을 만드는 데 어느 정도까지는 성공했다. 공동 주거 마을은 특별한 공동체 의식을 갖고 있다. 거주자들 사이에 서로 접촉할 수 있는 공간이 많으며,

그 연결점들은 비교적 골고루 퍼져 있다. 아이들에게 유용하고 편리한 환경도 마련되어 있다. 걸어서 집 밖이나 이웃집에 갈 수 있는 아이들이라면 쉽게 친구를 찾을 수 있을 것이다. 놀이 환경 역시 안전하다.

공동 주거 마을 안에서 이웃들이 함께 고민하고 함께 일하고 함께 살아가는 모습을 보면서 우리는 많은 것을 배운다. 아이들 문제, 주차 문제, 애완 동물 문제, 주민 참여 문제, 이웃 배려에 대한 문제 등 우리가 예상했던 문제들도 존재하지만, 사람들을 하나로 묶어주는 정서적 유대도 존재한다. 우리는 합의 의사 결정의 중요한 기초를 배워가고 있다. 그것은 바로 설득과 타협의 기술이다. 우리는 공동 주거 마을의 이론과 실제에 담겨 있는 문화적 변동을 계속해서 관찰하고 있다. 그리고 이러한 변화 속에서 우리의 이웃, 우리 지역, 비니어드 섬의 희망적인 미래를 본다.

애초에 크리스와 나는 공동 주거 주택에서 살 계획이 없었다. 개발 계획 원안에 따르면 원래 6만 평의 부지에서 우리 회사는 7천 평의 땅을 샀고, 크리스와 나는 별도로 땅을 사두었다. 이는 섬 공동 주거 마을의 땅값이 낮아지게 하기 위함이었다. 크리스와 내가 살 집은 공동 주거 마을 주변에 세울 계획이었다. 그러나 우리는 설계 과정에서 석연치 않은 기분이 들었다. 내가 고민에 잠겨 있던 어느 날 밤, 당시 열네 살이던 딸 소피가 말했다. "잠깐만요. 제가 정리해 볼게요. 아빠는 이 아름다운 공동체를 만들기 위해서 모든 노력을 쏟고 있잖아요. 그리고 우리는 이 근처에 집을 지을 생각이구요. 흠…… 저는 뭐가 문제인지 알겠는데요?" 이것이 바로 석연치 않은 기분이 든 이유였다. 우리는 곧 공동 주거 마을의 구성원이 되기로 결심했다. 나는 현재 숱한 실패와 좌절, 그리고 성장으로 가득 찬, 훌륭한 곳에 살고 있다.

사우스 마운틴 사와 섬 공동 주거 마을

구상에서 시작해 개발 계획, 설계, 건축까지 4년 동안 우리는 섬 공동 주거 마을을 통해 엄청난 배움을 얻었다. 우리가 저지른 실수와 그것을 통해 얻은 교훈을 쓰려면 한 장章을 더 써야 할 것이다. 공동 주거 마을에서 사는 것은 배움의 연속이다. 이러한 건축 작업을 다시 맡을 수 있다면? 다시 맡을 것이다. 이는 매우 만족스러운 결과를 준 최고의 사업이었다. 섬 공동 주거 마을은 우리 회사에 결정적으로 중요한 작업이었고, 많은 섬 주민들에게는 훌륭한 집을 마련해 주었다. 마을 공동체의 설계도, 각각의 집의 설계도 성공적이었다. 공동체 기획을 맡았던 팀은 다소 어려운 상황에서도 놀라운 협동심을 발휘했다. 여러 조직과 개인들도 훌륭한 협력을 보여주었다. 이러한 공동의 노력이 토대가 되어 활기차게 성장해 가는 마을이 탄생할 수 있었다. 이 마을 공동체를 통해 사람들간에, 그리고 사람과 환경 간에 인간적인 교감이 이루어지기를 바란다. 우리의 공동 주거 마을이 시간이 지남에 따라 물리적으로뿐 아니라 사회적으로도 발전하기를 바란다. 이러한 발전은 이미 시작되었다. 섬 공동 주거 마을은 매우 효율적인 역할 모델이 되고 있다. 많은 사람들이 이곳을 방문하고 있으며, 어떤 이들은 직접 와서 '보고' 나니 낯설고 편협할 것이라는 '생각'과 달리 훌륭한 점이 많다는 걸 알게 되었다고 고백하기도 한다.

궁극적으로, 섬 공동 주거 마을은 절차상의 개혁을 이뤄내는 데 부분적이지만 촉매제 역할을 했다. 도시계획국은 공동 주거 마을 건설 사업 및 세피에사 건축 사업, 기타 다른 지역의 건축 사업을 지켜보고 이렇게 말했다. "여러 가지 면에서 지역 규제에 저촉되고 있기는 하지만, 우리가 장려하는 것이 바로 이런 것입니다." 이는 도시계획국으로 하여금 지역 규제를 개정하도록 만든 이유 중 하나가 되었다. 그들은 새로운 지역 규제 규칙을 승인했다. 현재 우리 섬에서는 법에 저촉됨 없이 섬 공동 주거 마을이나 세피에사 같은 건축 사업을 제안할 수 있다. 작은 돌이 커다란 물결을 일으킬 수 있다. 선례는 미지의 시도에 대한 두려움을 완화시키는 수단이 될 수 있다.

제니 사업

나는 섬 공동 주거 마을 사업을 마치고 얼마 지나지 않아 지역 교회에서 서민 주택 공급을 주제로 강연을 했다. 랄프 제니Ralph Jenney와 올리비아 제니Olivia Jenney라는 노부부가 강연 후 나를 찾아왔다. 그들은 에드거타운에 땅을 갖고 있었는데, 땅의 일부를 서민 주택 부지로 활용하고 싶어했다. 알고 보니 그곳은 아주 독특한 땅이었다.

땅은 에드거타운 시내에 있었다. 낡긴 했지만 잘 개발된 소규모 집들이 모여 있는 마을의 중앙, 눈에 잘 띄지 않는 곳에 6천 평의 땅이 있었다. 작은 구획의 땅들이 오랜 기간을 두고 이어져서 부지의 모양은 이상했으며 몇 면은 도로에 인접해 있었다. 좁고 더러운 길을 지나 집까지 들어가면 수풀로 빽빽하게 둘러싸인 이들 부부의 집이 나온다. 마치 시내 중심이 아니라 오래된 농장에 와 있는 기분이 든다. 랄프와 올리비아는 땅의 절반은 가족이 소유하고 나머지 땅은 서민 주택 개발에 쓰기를 바랐다. 그들의 뒷마당에 서민 주택이 들어서게 될 터였다. 이는 "내 뒷마당에는 안 됩니다"라는 님비 현상이 아니라 "내 뒷마당에는 됩니다"라는 이례적인 경우였다.

랄프와 올리비아는 그 땅을 섬 서민주택기금에 싼값에 팔려고 했다. 우리는 필요한 절차를 거치고 예비 설계 과정을 시작했다. 커다란 기회가 있는 땅이었다. 시내 중심에 위치해 있어 어디든 걸어서 갈 수 있는 위치에 있다는 점은 중요한 장점이었다. 공무원, 교사, 보건 요원, 지방 노동자, 머지않아 집을 사려고 준비하는 장기 세입자들이 입주하기에 좋은 위치였다. 우리는 섬 공동 주거 마을 사업과는 달리 수용 가능성을 최대화하기 위해 노력했다. 주택 보조금을 받을 수 있는 다양한 기회를 모색했고, 주택 시장의 시가는 고려하지 않았다. 섬 평균 소득의 60~150퍼센트에 해당하는 소득 계층을 포함해 현재 비니어드 섬 주택 시장에서 소외된 이들을 위한, 다양한 소득 계층으로 이루어진 서민 주택을 지을 계획이었다.

우리는 모든 집들에 영구적 용도 제한을 적용했다. 이러한 용도 제한에 따라, 미래에 원 구매자와 비슷한 소득 계층의 구매자가 나타날 경우 이런 집들 중 하나를 되팔 수 있다. 이와 같은 방식은 자신들이 소유한 땅에 있는 집을 팔거나 임대하는 지역 토지 신탁의 방식과 같은 것으로, 장차 서민 주택 연합을 만들 수 있는 중요한 열쇠이다.

이 땅 바로 뒤에는 지역 주택 공사가 소유한 서민 임대 부지가 이미 있었다. 우리는 이 두 공간을 연결하고 아파트 단지를 개조하여 공동 운동장과 휴식 장소를 만들기로 결정했다. 신축 건물과 다소 낙후한 건물이 극명한 대비를 이루게 하기보다 이 둘을 연결해 통합하려는 것이었다.

주변은 주차장으로, 중심은 보행로로 만들어 열 가구를 연계시키는 계획을 세웠다. 우리는 공동체 공간과 사적인 공간을 뒤섞고, 그 안에 열 가구를 위한 공동 저장소, 외부 조명과 공동 전력 공급을 위한 태양열 전기 시스템, 화덕이 있는 공동 공간, 공동 정원, 운동장, 농구장 등을 포함시켰다. 건물들은 풍부한 일조량(모든 지붕은 다른 것에 가리지 않는 커다란 남향 지붕이다)과 높은 환경 기준 및 내구성 기준에 맞게 설계

되었다.

우리는 공식 허가 과정을 밟기 전에 지역 주민과 함께 몇 차례 공동 회의를 가졌다. 우리는 예비안을 내놓고 질문에 대답했으며 제안을 경청했다. 비록 몇몇 주민이 마을의 기존 문제들을 지적하기는 했지만 반응은 대부분 긍정적이었다. 공공 기관은 모두 이 건축 사업을 지원했다. 에드거타운 도시계획국 사람들과 사적으로 만난 자리에서는 "몇 채 더 추가로 지을 수 없을까요?"라는 질문을 받았다. 현재 규모가 땅이 수용할 수 있는 적정 규모였으므로, 우리의 대답은 "안 됩니다"였다.

우리가 바라는 품질에 맞는 집을 지어 적정한 가격으로 팔기 위해서는 한 채당 평균 8만 달러의 보조금이 필요했다. 나는 전에 우리의 고객이었던 부유한 박애주의자 부부에게 도움을 청했다. 그들은 우리의 노력을 지원하고 있었다. 그들은 필요한 보조금의 전부, 즉 80만 달러를 한꺼번에 지원하겠다고 했다. 모든 것이 맞아떨어졌다.

어디를 가든 우리의 건축 사업에 대한 반응은 열광적이었다. 우리는 필요한 절차를 밟기 위해 에드거타운 도시계획국에 지원서를 제출했다. 도시계획국은 공청회를 열어 건축 사업을 마서즈 비니어드 위원회에 넘기게 되어 있었다. 일단 마서즈 비니어드 위원회로부터 승인을 받으면 건축 사업은 별도의 지역 승인을 받기 위해 다시 도시계획국으로 넘겨질 것이었다.

첫 번째 공청회가 열렸을 때, 우리는 잘못 판단한 부분이 있음을 알았다. 공정이 쉽게 진행될 것이라고 기대했으나 그것은 큰 오산이었다. 마치 늪지대를 가까스로 헤엄쳐 가는데 얼굴에 온통 모기가 달라붙고 악어가 발뒤꿈치를 깨무는 형국이었다. 공청회장은 불평을 늘어놓는 사람들로 가득했다. 이성적이고 합리적인 사람들도 있었지만 그렇지 않은 사람들도 있었다. 어떤 불만은 우리가 해결할 수 있는 것이었고 어떤 것은 그렇지 않았다. 신랄한 비판이 있었고 비난도 있었다. 그 적개심이 어디에서 오는 것인지 종잡을 수 없었다. 우리는 완전히 무방비 상태였다. 우리는 지지자들을 불러오는 수고는 하지 않았다. 소용이 없을 것이 분명했다. 놀란 것은 도시계획국도 마찬가지였다.

마서즈 비니어드 위원회의 공청회도 비슷하게 논쟁적이었다. 그러나 이제 우리는 준비가 되어 있었다. 이상한 원리였다. 서너 명의 강력한 반대자가 나머지 주민을 선동했다. 나는 아직도 그 이유를 모른다. 부분적으로는 그들 역시 이 마을의 주민으로서 지역적으로 지원받지 못한다고 생각했기 때문이 아닐까 싶다. 우리는 소외감을 느끼는 사람들을 도우려고 했지만 소용이 없었다. 그들이 제기한 문제는 대부분 교통과 인구 밀도에 대한 것이었다. 어떤 일이 더 일어난다는 말인가? 그들은 자신들의 땅값을 걱정했던 것일까? 서민 주택 공급이라는 것 자체에 반대한 것일까? 그들은 이런 문제에 대해서는 한 마디도 하지 않았다. 그들은 단지 현재 제안된 개발 계획이 인구 밀도를 높이고, 교통량을 가중시킬 것이며, 마을의 특성과 맞지 않는다고만 말했다. 그러나 우리의 건축 사업은 현행법이 허용하는 것보다 낮은 인구 밀도로 계획되었고, 결과적으로 교통량이 더 줄어들 것을 예상한 것이었다. 또한 의견의 차이가 있겠지만, 우리는 이 건축 사업이 마을의 특성과 어울린다고 생각했다. 이에 대해서는 옳고 그름에 대한 보편적인 기준이 없었다. 나는 그들의 불분명한 의사 표시와 인신 공격에 좌절감을 느꼈다. 결국 공청회 자리는 엉망이 되었다. 우리는 마을 사람들 일부를 비롯해 이 건축 사업을 지지하는 이들을 데려왔다. 그러나 우리는 그저 장황한 이야기들이 오가는 것을 지켜볼 뿐이었다. 우리는 우리가 조정할 수 있는 부분에 대해서는 언급을 하고 나머지는 내버려두었다. 몇 번의 긴 공청회와 지체 끝에 마서즈 비니어드 위원회는 약간의 조건을 덧붙여 건축 사업을 만장일치로 승인했다.

건축 사업은 에드거타운 도시계획국으로 돌아왔다. 나는 제니 부부가 걱정되었다. 일은 우리가 예상했던 것보다 오래 걸렸고, 반대자들의 의견 일부는 제니 부부에게 모욕감을 주었다. 그들은 지쳐서 물러날까? 그렇지 않았다. 그들의 마음은 확고했다. 도시계획국은 자신들이 지원한 건축 사업이 마을 사람들의 격한 반대에 부딪힌 상황에서 결국 다음과 같은 조건을 내세워 최상의 해결책을 냈다. 이 건축 사업을 철회할 방법은 없으며, 주민들이 보여준 염려를 부분적으로 반영하여 건축 사업의 성격을 완화시키겠다고 발표했다. 도시계획국은 자신들이 내건 조건하에, 만장일치로 이 건축 사업을 지지한다고 결정했다.

이번 논쟁에서 단 하나 긍정적인 점은 주민들이 새로운 주민 협회를 만들었다는 것이다. 지역 단체들은 그들이 제기한 문제를 해결하기 위해 이 주민 협회와 협력하기로 동의했다. 그럼에도 몇몇 반대자들은 도시계획국의 결정에 항소하기로 결정했다. 그들이 항소심을 제기할 때 《비니어드 신문》은 반대자들을 비난하는 글을 실었다. "섬 공동체의 미래는 지방 부서의 표결과 위원회의 승인이라는 짧은 단계에 걸쳐 결정되는 경우가 많다. 그러한 결정은, 공정하고 개방된 토론과 많은 이들의 경청이 이루어진 뒤에 내려져야 한다. 그러나 개인들이 깊이 있는 토론 공정을 거친 합법적인 결과를 받아들이기를 거부한다면 공동체는 필요한 진보를 이룰 수 없을 것이다."[7)]

결국 나는 제니 건축 사업이 이웃과 조화를 이루는 훌륭한 마을이 되리라고 확신한다.

이웃

1960년, 초등학교 6학년 때 나는 캘리포니아 멘로 파크에 있는 플러드 스쿨에 다녔다. 학교 근처에는 '교외 단지Suburban Park'라고 불리는 넓은 땅이 있었다. 입구에는 이렇게 적힌 게시판이 걸려 있었다. "교외 단지—2만 3,500달러의 저렴한 새집—저렴한 납입금—농촌주택청 대출 가능." 전후 주택 붐이 아직 한창이었다. 교외 단지는 미로 같이 구부러진 길, 목장 형식의 작은 방갈로와 차고로 가득 찬 막다른 골목이 뒤섞인 혼잡한 곳이었다. 집들은 1,200평당 약 여덟 가구씩 나란히 들어서 있었다.

우리는 여기서 3.2킬로미터 떨어진 곳에 살았다. 공터가 넓고, 600평은 수목이 우거진 곳이었다. 내가 살던 임시 주택은 길에서 멀리 떨어져 있었다. 널따란 뒷마당에는 2미터짜리 나무 담장이 둘러져 있었다. 아름답고, 안전하고, 숲으로 뒤덮인 조용한 마을이었다. 친구 몇 명이 근처에 살았고, 우리는 서로의 집에서 어울려 놀았다. 그러나 우리가 가장 좋아하는 장소는 교외 단지에 있는 친구의 집이었다. 그곳은 생기가 넘쳤다. 학교 운동장과 들판이 가까웠고, 길에는 아이들이 가득했다. 재미있는 일들이 항상 일어났다. 그것이 바로 이웃이었다.

이웃을 만드는 것은 집이나 조경을 설계하는 것보다 더 중요하다. 살아있는 이웃, 공동체, 사람이 보호받는 여건이 형성되지 않는다면 지역의 근본적인 특성은 지켜지지도 복구되지도 않는다. 누군가는 이렇게 말했다. "우리는 세상을 바꾸려고 한다. 그러나 우리는 그 변화를 이웃에 먼저 만들 수 있어야 한다." 그것으로 충분할 것이다.

8. 지역 기업가 정신을 실천하기

비니어드 섬에 처음 왔을 때 우리가 할 일은 칠마크에 사는 부모님에게 드릴 집을 짓는 것이었다. 우리가 여기에 온 이유를 말하자 사람들은 재미있어했다. "외지에서, 그것도 도시에서 온 사람들이 집을 짓겠다고요? 허버트 행콕Herbert Hancock이라면 모를까 어림없어요. 마을을 관리하는 사람이죠. 일등 건축갑니다. 이 마을에서 건물을 지으려면 그 사람의 허가가 있어야 하지요."

허버트는 마을에서 제일가는 건축가일 뿐 아니라 11년째 마을의 행정위원을 맡고 있었다. 그는 또 세액 사정자이자, 지방보건위원회 위원이며, 건물 및 지역 규제 감독관이었다. 마을에서 일어나는 모든 일은 그를 거쳐야 했다. 이러한 사실을 알고 우리는 긴장해서 그를 만나기 전에 꼼꼼하게 계획을 세웠다. 소문과는 반대로 그는 점잖고 관대한 사람이었다. 그는 간단하게 허가 절차를 끝낸 후, 갑작스럽게 몰아치는 폭풍우나 섬의 토양 등 유용한 정보를 알려주었다. 허버트를 만나 우리는 교훈을 얻었다. 평범한 사람들이 권위 있는 사람을 두려워하거나 만

사우스 마운틴 사 풍력 발전기 (사진: Tim Mathiesen), 작은 사진: 발전기를 세우기 위해 준비하는 모습 (사진: Ryan Bushey)

나기 꺼리는 것은 흔한 일이지만, 지역 공무원은 그저 지역의 일에 헌신하는 사람이라는 사실이었다. 무엇을 요구하기보다는 질문하고, 그들의 입장을 이해하고, 공통점을 찾는다면 논쟁보다는 협력이 이루어지게 된다.

최근에 우리는 자연 보호를 중요하게 생각하는 고객의 집을 지은 적이 있다. 그들은 집이 자체적으로 에너지를 만들어낼 수 있기를, 즉 소모되는 에너지보다 집이 만들어내는 에너지가 더 많기를 바랐다. 크고 생태학적으로도 매우 중요한 부지를 소유하고 있던 그들은 토지 개발에 관심이 많았다. 그들이 가진 부지 대부분은 영구 보존 구역에 포함되어 있었는데, 그들은 그곳을 자연보존위원회가 진행하는 모래 벌판 복구를 위한 장기 사업에 쓰기로 동의했다. 그처럼 상당한 부를 소유한 사람들에게 적절한 개발 프로그램이었다. 마을과 주민들도 고마움을 표시했다.

우리는 자체 에너지를 만들어내기 바라는 고객의 요구를 만족시키기 위해 풍력 발전기를 세우자고 제안했다. 과거의 경험을 되살려 동료들과 나는 열심히 공부하고 논쟁점을 정리해 우리의 취지를 최대한 설득력 있게 전달했다. 그러나 도시계획국은 마을의 풍력 법규에 의거해 우리의 신청을 거절했다. 그들은 확신이 없었다.

풍력은 우리 지역의 유산 중 하나이다. 1700년대 섬 전역에서 바람을 이용해 염전에서 바닷물을 퍼올려 소금을 만들었다. 1800년대에는 지역 세분소가 풍력을 이용했다. 풍차는 20세기 중반 대부분 사라졌지만, 1970년대 중반 에너지 위기 이후 재생 에너지에 대한 관심이 커지면서 전력을 생산하는 풍력 발전기가 새롭게 주목받았다. 비니어드 섬에는 12개가 넘는 풍력 발전기가 있었다. 효율성 면에서 볼 때 장단점이 있지만 풍력 발전기는 누구에게도 해가 되지 않았다. 사실 앨런 농장에서 (여러 차례 때우고 고치기를 반복한 뒤) 발전기를 철거하기로 했을 때, 풍력 발전기를 강력하게 반대하던 사람들조차 안타까워했다. 어부들은 바다에서 풍력 발전기를 보고 자신의 위치를 파악했다. 운전자들은 풍력 발전기를 보고 바람이 부는 방향을 재빨리 알아냈다. 사람들은 풍력 발전기의 회전 날에서 나오는 엄청난 효과와 그것이 하는 일에 대해 기분 좋은 상상을 하기도 했다.

이런 기계들은 대부분 오래 전에 사라졌다. 그 사이에 혁신적인 발전을 통해 조용하고 효율적이며 우아하게 디자인된 신형 풍력 발전기가 새로 등장했다. 사정이 이러한데 우리의 신청은 왜 기각되었을까?

나는 이것이 케이프 윈드Cape Wind 제안과 관련이 있지 않을까 생각했다. 그것은 뜨거운 논쟁을 불러일으킨 사건으로 낸터킷 사운드의 호스슈 모래톱 근처에 대규모 풍력 발전소를 건립하자는 제안이었다.[1] 어떤 이들은 케이프 윈드 건축 사업을 청정 지역에서 이루어지는 산업 개발의 예로 본다. 그러나 내가 보기에 낸터킷 사운드 지역은, 케이프 코드 협곡 끝에 위치한 샌드위치 발전소가 방출하는 오염 물질과 발전소에 동력을 제공하는 석유 운반선들 때문에 이미 청정 지역이 아니었다. 몇 달 전에 이 배들에서 버자드 만灣으로 37만 리터의 석유가 흘러들어 이 배를 소유한 회사는 사상 최대의 벌금을 물었다. 이런 종류의 산업 활동은 다른 해양 활용 방안이나 지역 생태와 양립할 수 없다. 그러나 풍력 발전소는 양립할 수 있다.

케이프 윈드 건축 사업을 반대하는 이들은 발생 가능한 문제들을 집요하게 파헤친다. 그러나 스스로를 환경주의자라고 부르는 그들은 대기 오염과 이산화탄소를 크게 감소시키는(길에서 16만 대의 차를 없애는 효과와 같다) 건축 사업을 비방하고 있다. 반대자들의 핵심 논지는 미학적인 요소이다. 많은 이들이 풍력 발전소가 케이프 윈드의 경관을 해칠 것이라고 믿고 있다. 그러나 선원이자 지역 해양 역사가인 톰 헤일을 포함한 다른 이들은 "풍력 발전기는 인간이 만든 가장 우아한 기계"[2)] 라고 생각한다. 톰은 평생을 배 위에서 보냈다. 그에게 풍력 발전소란 크고 멋진 돛대로 가득한 항구와 같을 것이다. 그것은 우리가 아끼는 것을 해치지 않고도 자유롭고 풍부한 무엇인가를 길들일 수 있는 인간 능력의 표현일 것이다.

논쟁의 대상이 될 수 없는 주제가 있는데, 바로 미학이 그렇다. 내 벽에 걸린 그림은 당신에게 아름답게 보일 수도 있고 그렇지 않을 수도 있다. 케이프 코드처럼 내가 보지 못한 것에 대한 미학적 논쟁은 더욱 어렵다. 그러나 우리는 미학이 끼칠 수 있는 영향을 보여주는 비슷한 경우를 역사 속에서 찾아볼 수 있다.

오래 전 8개의 풍력 발전기가 있는 풍력 발전소가 제안되었다. 설치 장소는 덴마크 블레어반트슈크의 아름다운 모래사장에서 불과 3.8킬로미터 떨어진 곳으로, 관광 산업에 따른 수입이 지방 수입의 90퍼센트를 차지하는 곳이었다. 지역 사람들의 대대적인 반대가 있었다. 그 지역에 또 다른 풍력 발전소가 제안되자 1,900개의 불만 신고가 접수되었다. 반대자들은 싸움에서 지고, 두 곳의 건축 사업은 실행되었다. 오늘날 덴마크 전력의 20퍼센트는 풍력에서 온다.

반대자들 중에는 블레어반트슈크 관광사업부 부장 얀 토프트달Jan Toftdal이 있었다. 오늘날 그는 풍력을 전폭적으로 지지한다. 오히려 풍력 발전소를 보려고 찾아오는 사람들로 관광객이 늘어나고 있다고 말한다. 이제 그 지역은 아름다운 경관에 청정 에너지가 더해져 다른 휴양지와 다른 볼거리를 갖춘 곳이 되었다. 바닷가 환경과 해안 풍력 발전소가 시너지 효과를 일으킨 것이다. 이와 비슷한 변화가 전 세계적으로 계속되고 있다. 케이프 윈드와 그에 대한 부정적인 반응은 전혀 새로운 것이 아니다.

나는 이러한 변화를 가까운 곳에서 체험할 수 있었다. 얼마 전 열여덟 살 된 내 딸과 딸의 친구와 함께 나는 보스턴 남부의 헐 마을의 거대한 풍력 발전기를 보러 갔다.

딸 소피가 소리쳤다. "어마어마하게 크네요!"

우리는 풍력 발전기에서 몇 발자국 떨어지지 않은 곳에 차를 주차하고 발전기를 향해 걸어갔다. 발전기는 몸체 높이가 50미터였고 위로는 23미터 길이의 회전 날이 달려 있었다. 소음은 거의 없었다. 부드러운 바람 소리가 나고 있었다. 이 풍력 발전기는 우리가 비니어드 섬에 제안한 풍력 발전기보다 65배나 큰 에너지를 생산했다.

소피가 말했다. "너무 아름다워요. 그렇죠? 풍력 발전기가 하고 있는 일을 생각해 보면 더 그래요."

인식은 아주 짧은 순간에도 바뀔 수 있다.

헐에서 본 풍력 발전기는 바다에 바로 면해 있었고 인근에는 고등학교와 주택가가 있었다. 마을에서는 지금 풍력 발전기를 더 건립하려고 한다. 그들은 풍력 발전기의 그림자 때문에 일조권을 침해받는 이들을 상대로 조사를 벌인 결과 500명의 응답자 중 480명이 풍력 발전기 추가 건립에 찬성했다. 96퍼센트였다. 96퍼센트의 찬성을 보일 수 있는 것이 또 무엇이 있을까?

풍력 발전기를 추진하는 지역에서 이 정도로 높은 찬성률을 보이는 경우는 전 세계적으로 흔하다. 반대사들이 케이프 윈드 제안을 백지화시키려고 노력하는 것과 마찬가지로 많은 이들이 그 반대 투쟁을 벌이고 있다. 작가 빌 맥키븐의 말을 빌자면 그것은 "(풍력 발전기를) 산업적인 흉물로 보지 않고 새로운 미학의 관점으로 보기 위한 투쟁이다. 바람은 현실을 만들 수 있다. 천천히, 그러나 꾸준히 돌아가는 풍력 발전기의 날개가 우리에게 가져다줄 미래는 지금 상태의 우리가 당도할 미래보다 덜 절망적이다."[3] 케이프 윈드는 앞으로 나아가기 위한, 작지만 반드시 거쳐야 하는 단계이다.

우리는 지역도시계획국과 미학적이고 철학적인 문제를 놓고 토론을 벌여 보려고 해보았지만 소용이 없었다. 그들은 우리가 제안한 풍력 발전기가 미학적인 오점을 남길 것이며 예상치 못한 문제를 만들 것이라고 믿고 있었다. 이에 대해 우리 고객들은 문제가 생길 경우 정기적으로 점검한 뒤 기계를 철거할 수도 있다고 대응했다. 효과는 없었다.

주민들의 의견은 다양했다. 어떤 이들은 격렬하게 반대했고 어떤 이들은 조심스럽게 관심을 보였으며, 소수의 사람들만이 지지를 보냈다. 이라크 전쟁의 여파로 석유 수출 제한 조치를 겪은 지 20년이 지났지만, 풍력 발전이 가진 상징적이고 실천적인 중요성은 거의 언급되지 않았다. 소수의 열정적인 옹호자들이 있었을 뿐이다. 도시계획국은 우리의 입장을 경청하긴 했지만 자신들의 주장을 굽히지는 않았다. 우리는 타협의 가능성을 열어둔 채 일단 대화를 접어야 했다.

제안이 거절된 후 우리는 어떤 시도를 할 수 있을지 궁리했다. 그리고 사람들의 고정 관념을 바꾸기 위해 노력하기로 결심했다. 가장 큰 장애물은 도시계획국이 경험해 볼 실제 모델이 이 지역에 없다는 점이었다. 이에 우리는 애초에 제안한 풍력 발전기와 비슷한 기계를 마을 안에 있는 우리 땅, 비교적 눈에 띄지 않는 곳에 설치할 것을 제안하기로 결정했다. 우리는 이것이 공동체에 필요한 일이라고 믿었다.

이번에는 지역 기관들이 만장일치로 지지했다. 반대하는 주민은 없었다. 기계는 최근에 세워져서 마을 사람들에게 존재감을 알리고 있다. 아마도 이를 통해 풍력 발전기를 조금 다른 장소에 설치하기로 다시 제안한다면 긍정적인 결론을 끌어낼 수 있을 것이다.

기업을 소유하는 것은 집이나 농장을 소유하는 것과 같다. 강한 책임감을 주며, 내 경험에 비추어볼 때 사람들 사이에 강한 유대감도 만들어준다. 또 자신들의 삶을 지탱해 주는 이 지역에 무엇인가 되돌려주고 부와 기술을 나누고자 하는 공동의 의지가 생긴다.

이것이 지역 기업가 정신이다. 즉 회사가 지역 사회를 위해 새로운 아이디어를 내고 투자를 하고 문제를 해결해 나아가는 것이다. 이것이 우리 회사의 일곱 번째 기본 원칙이 되었다.

많은 역할을 맡기

미국의 젊은 세대는 사소하게 밀고 당기며 협상은 하지만 실제적인 정밀 분석은 하지 않는 정치 제도에서 자라고 있다. 심각한 문제들은 중요하게 다루어지지 않는다. 정치 참여도는 낮다. 큰 규모에서 이뤄지는 대대적인 변화가 부재한 시대에 어쩌면 작은 곳에서의 큰 변화가 필요한지도 모른다. 그러한 변화를 만들기 위한 한 가지 방법은 상호 독립적인 세 주체들이 협력하는 것이다. 민주적이고 지역 중심적인 소규모 회사, 지방 정부 기관, 특정 지역에 헌신하는 비영리 단체. 작업 방식이나 자금 원천이 다 다른 이들간의 교차점은 지역에 대해 이 세 주체 및 지역 주민이 갖고 있는 관심의 정도에 달려 있다.

지역 규모의 소규모 회사는 더 나은 기업 환경을 만드는 데 당연히 관심이 있다. 직원들은 상업적으로 유리한 지역뿐 아니라 가족을 부양하고 살아가기에 좋은 장소를 원한다. 기업들은 신속하고 단호하게 행동하며, 동기만 부여되면 기업의 이윤을 나누기도 한다.

지역 정부 기관은 특정 기업 혹은 시민들과 연계함으로써 더 효율적인 장을 마련할 수 있다. 정부는 일반적으로 기업보다 더 장기적인 관점에서 느린 속도로 일한다.

교회 및 기독교 단체, 사회 봉사 기관, 환경 보호 단체 같은 비영리 단체들은 더 장기적인 관점으로 정부가 실행할 수 없는 부분을 메운다. 그들은 자원 봉사자 같은 시민들의 힘을 이용할 수 있다. 수명이 늘고 건강 상태가 좋아짐에 따라 더 많은 이들이 사회 문제 해결에 참여할 시간과 의지를 갖게 되었다.

작은 지역 사회에서 사람들은 종종 여러 가지 직책을 맡는다. 이는 때로 이익의 충돌과 반목, 편협함을 낳기도 하지만 놀라운 시너지 효과를 낳기도 한다. 주민들이 서로를 속속들이 알고 있는 지역에서는 가족 관계, 회사, 사적인 모임 등으로 인해 서로간에 신뢰가 더 굳어진다. 서로를 잘 알고 있을 때 행동의 동기는 더 커진다. 누구를 믿을 수 있고 누구와 일해야 하는지 알고 있기 때문이다. 지역에서 여러 가지 직책을 맡을 때 시민들은 더 많은 정보를 갖게 되며, 기업, 정부, 비영리 단체 간의 협력 가능성도 높아진다. 이 세 주체의 서로 다른 관점과 능력이 한데 합쳐질 때 긍정적인 변화의 동력이 만들어질 수 있다.

어떤 해에는 우리 회사의 직원 30명 중 도시계획국의 의장 한 명, 지역주택관리국의 부의장 한 명, 섬 서민주택기금 회원 두 명, 지역 환경 보호 단체 회원 한 명, 지역규제 항소위원회 회원 두 명을 비롯하여 기타 여러 시민 단체 및 지역 단체 참여자들이 있기도 했다. 이러한 개인들은 회사를 지역 공동체로, 지역 공동체를 회사로 이끌어준다.

그리노 하우스

1994년에 코니 샌본Connie Sanborn이라는 여성이 내게 전화했다. 그녀의 조부모는 1950년대에 비니어드 섬으로 이사를 왔다. 할머니가 돌아가신 후 할아버지는 크고 낡은 집을 사서 그것을 아파트 다섯 동으로 개조했다. 그리고 생계가 어려운 나이 든 여성들을 대상으로 낮은 임대료의 아파트를 운영하려고 비영리 단체를 세웠다. 이 단체의 이름은 할머니의 결혼하기 전 이름을 따 그리노 하우스Greenough House라고 지었다. 할아버지는 1963년에 돌아가셨다. 코니가 1970년대에 이곳으로 이사 왔을 때 그녀와 남편은 그리노 하우스를 넘겨받아 운영하게 되었다. 할아버지가 이 집 앞으로 남긴 자금은 거의 없었지만 코니는 이 집을 유지하는 데 열정을 쏟았다.

그러나 그리노 하우스는 폭등하는 석유값 때문에 존폐 위기에 부딪혔다. 그녀는 내게 이 집을 직접 보고 에너지 비용을 줄일 수 있는 방법이 있는지 알아봐 달라고 부탁했다.

집은 아름답고 오래된 빅토리아 양식이었다. 아파트의 분위기는 따뜻하고 생기가 넘쳤다. 이곳에 살던 여성들은 이 집을 좋아했으며 서로 친하게 지냈다. 집은 심각한 보수가 필요했다. 코니는 보수 비용을 감당할 수 없었다. 그녀는 이 집의 예전 모습을 생각하면 죄책감이 든다면서 집을 쳐다보는 것도 불편해했다. 운전을 할 때도 다른 길로 돌아오고는 했다. 청구서들이 쌓여가자 그녀는 무리를 해서 대출을 받았다.

내가 보기에 이 집에 에너지 절약을 위한 보수 공사를 하는 것은 곰과 싸우고 있는 사람에게 이쑤시개를 던져주는 것과 같았다. 건물과 관리에 대한 대대적인 정밀 조사가 필요했다. 나는 기금을 모으고 지역의 후원을 받아 그리노 하우스의 원래 취지를 되살리는 계획을 회사 임원진에게 제안했다. 임원진은 이 계획을 받아들였고, 우리의 지원은 코니에게 새로운 희망과 힘을 주었다.

대출을 맡고 있던 은행장 리처드 레너드 또한 우리의 노력을 지지하며 그리노 하우스 복구위원회에 참여하겠다고 밝혔다. 그는 이 건축 사업의 가장 중요한 후원자가 되었다. 결국 집은 아파트 일곱 동으로 아름답게 개조되었고 지역주택관리국이 소유권을 넘겨받아 운영하게 되었다. 코니는 더 이상 다른 길로 돌아서 다닐 필요가 없어졌다.

우리 회사는 이 건축 사업에 설계 및 시공을 맡지 않았다. 우리가 한 것은 일이 시작되게끔 도와준 것뿐이다. 지역주택관리국의 회원이자 우리 회사의 오너인 데릴은 이번 일을 통해 그리노 하우스 복구위원회 위원이 되었으며, 건축가 케이트 워너와 함께 이 건축 사업을 도왔다. 우리 회사는 시작할 수 있는 원동력을 제공했을 뿐이다.

우리는 지역 기업, 비영리 단체, 공공 기관의 협력을 통해서라면 우리 회사의 능력이 닿지 않는 일도 실천할 수 있다는 것을 알게 되었다.

주택 수요 조사

서민 주택 공급 사업은 일반 고객을 상대하는 작업과 다르다. 고객들은 우리에게 와서 자신들의 꿈을 실현해 주기를 요구하지만, 서민 주택 사업은 대부분 우리들이 그 내용을 만든다. 우리는 지역 기업의 입장에서 무엇이 필요한지 정하고 사전 대책을 강구해 건축 계획을 세운다. 우리의 초점은 시간이 지남에 따라 건물과 기술에서 지역 공동체 건설로 확장되었다. 우리는 우리의 작은 섬 공동체에 새로운 역사를 만들어 나아갈 필요가 있음을 깨닫게 되었으며, 그에 따른 보상도 대단하다는 사실을 알게 되었다. 또 지역 공동체 보존과 서민 주택 문제 해결에 진전을 가져올 만한 잠재력이 우리에게 있음을 알게 되었다.

나는 지금까지 몇 년 동안 비영리 단체인 섬 서민주택기금의 의장을 맡고 있다. 우리 회사의 다른 오너는 현재 16명의 위원 중 하나를 맡고 있다. 이 조직은 산하 단체까지 거느리고 있으며 자체적으로 기금을 모은 후 그것을 가치 있는 건축 사업과 프로그램에 분배한다. 우리 회사는 이 조직이 해법을 만들어낼 수 있다고 믿기 때문에 시간과 돈을 이 조직에 투자하고 있다. 기금은 비니어드 섬에서 이루어지는 지역 주택 집중 수요 조사만을 맡고 있었다.

그러나 조사를 시작했을 때 우리는 우리의 시도가 공허한 탁상공론이 아닐까 하는 걱정이 들었다. 나는 어떤 양치기의 이야기를 떠올렸다. 그는 와이오밍의 시골 길가에 있는 들판에서 양을 치고 있었다. 시골 길을 질주하던 멋진 신형 자동차가 갑자기 끽 소리를 내며 멈추어 섰다. 그리고 말쑥하게 차려입은 운전자가 나오더니 양치기에게 다가왔다. 그가 양 떼를 보며 말했다. "제가 여기 양들의 정확한 숫자를 맞춘다면 저 어린 양 한 마리를 주시겠습니까?"

양치기는 흩어져 있는 양 떼를 둘러보더니 턱을 쓰다듬으며 말했다. "그래요. 한번 해보시지요."

젊은이는 무선 노트북을 켜서 두드리더니 양치기에게 말했다. "여기 있는 것은 모두 1,986마리군요."

양치기는 말했다. "우와, 정확히 맞혔군요. 믿을 수 없어요. 한 마리 고르세요."

남자가 어린 양 한 마리를 골라 돌아가려고 할 때 양치기가 말했다. "잠깐만요. 제가 당신의 직업을 맞추면 제 양을 돌려주실래요?"

"그러죠."

"당신은 컨설턴트군요."

"맞아요. 어떻게 알았죠?"

"아주 간단해요. 당신은 여기 초대받지도 않았는데 왔고, 내가 이미 알고 있는 것을 말해 놓고는 대가를 받아갔어요."

나는 주택 수요 조사가 이처럼 우리가 이미 알고 있는 것을 얻기 위해 상당한 액수의 돈을 지불하는 것이 아닐까 생각했다. 그러나 조사는 우리가 알고 있는 것 이상을 말해 주었다. 마을과 기증자, 투자자, 그 외 주택 문제의 본질과 수요 조사에 문제 의식을 갖고 있는 이들이 후원해 주었다. 조사 결과 주택 문제의 위기는 우리의 예상보다 더 심각하다는 사실이 밝혀졌으며, 비관적인 가능성마저 제기되었다.

수요 조사에 대한 나의 회의적 태도는 정확히 들어맞았다. 지역 주간지 《더 브로드사이드》는 이렇게 보도했다. "에이브램스 씨는 서민 주택 수요 조사를 위해 2만 5천 달러를 기증한 한 서민 주택 지지자를 예로 들며 기증의 필요성에 대해 말하고 있다. 에이브램스 씨는 조사 회사가 두 군데로 좁혀졌으며 최종 결정이 머지않았다고 말한다. 일반 대중들은 지난 기록을 들춰보지 않겠지만 신문 편집장은 다르다. 지난 5월의 기록을 보면 그때 우리는 에이브램스 씨에게 주택 수요 조사가 서민 주택 공급에 필요한지 물었고, 그는 이렇게 대답했다. '강물이 둑을 넘쳐흐를 때 우리는 수위를 재는 대신 둑을 메우지요.' 목적에 들어맞는 돈이 사람의 마음을 바꾸는 모습이 놀랍지 않은가?"4)

글쎄…… 내가 무슨 말을 할 수 있을까? 그의 말이 맞다. 지역 기업가 정신을 실천하다 보면 모험을 감수해야 하고, 공공의 입장을 유지해야 하며, 때로는 지역 비관론자들의 엄격한 주시 아래에서 배움을 얻기도 한다. 지역 기업들은 그때그때 달라지는 대중들과의 대화와 논쟁에 자신을 열어놓아야 한다. 때로 우리는 그다지 정확하지 않은 판단만으로 업무를 수행하게 될 때도 있다. 아무리 좋은 일을 하더라도 한두 명에게는 야단을 맞을 수밖에 없다. 우리는 주택 공급 운동의 모든 면—사적인 것, 비영리적인 것, 공적인 것—에 깊이 연관되어 있다. 어떤 이는 이것을 '사우스 마운틴 사의 음모'라고 보기도 한다. 무엇을 꾸미기 위한 음모라는 것인지 나는 알 수 없다. 문제를 해결하기 위해 음모를 꾸민다? 또 어떤 사람들은 우리가 이 일을 해서 돈을 번다고 생각한다. 그럴 수 있는 방법이 있다면 나도 알고 싶다. 서민 주택 건축 사업을 통해 우리 회사에 이윤이 남는다면 그보다 더 바랄 것이 없겠지만, 우리는 겨우 수지를 맞추고 있을 뿐이다. 그러나 이처럼 함부로 내뱉는 비판은 그저 일부분에 지나지 않는다. 그런 비판들은 우리에게 결코 해가 되지 않는다. 오히려 우리를 방심하지 않게 만들어준다.

'지역 보호Preserving Community' 라는 이름으로 진행된 수요 조사는 잠재적 기증자를 찾는 데 특히 도움이 되었다. 우리 지역으로 방문객이 찾아오고 새로운 거주자들이 유입됨에 따라 지역에 변화가 일어나듯이, 새로운 기증자들은 우리가 활용할 수 있는 새로운 자금을 가져다준다. 우리로 하여금 좋은 자원을 캐낼 수 있도록 해주는 도구를 개발하는 것이 부끄러운 일은 아니다.

지역 기업으로서 여러 가지 건축 사업을 추진할 수 있는 것은 우리를 지지하는 공적 · 사적인 지지자들이 있기 때문이다. 우리는 섬의 아름다움과 역사적 자취, 과거 흔적을 살릴 수 있는 창의적인 주택 문제 해결책을 찾기 위해 함께 노력하고 있다. 그 대표적인 예로 '주택 이전' 이나 '임대 전환' 같은 비니어드 섬만의 독특한 주택 계획이 있다.

집 옮기기

땅이 귀해 땅값이 올라가면 그 땅의 가치는 그곳에 위치한 건물의 가치를 훨씬 웃돌게 마련이다. 사람들은 아무런 문제가 없는 집도 허물고 새 건물을 짓는다. 그러나 창의성이 풍부하다면 집주인이 더 이상 원하지 않는 집도 독특한 재료가 될 수 있다.

몇 년 전 섬 서민주택기금은 우리가 집의 위치를 옮겨준다면 그 집을 기증하고 싶다는 사람들로부터 전화를 받기 시작했다. 지금 생각하면 후회되는 일이지만 우리는 거절해야 했다. 부지를 계획하고 건물을 옮기고 개조하기에는 비용이 너무 많이 들었기 때문이다. 그후 우리는 바로 그런 방식을 통해 기금을 모을 수 있겠다는 생각을 하게 되었다. 이제 그런 제안을 받으면 우리는 이렇게 말한다. "이렇게 하지요. 그 집을 비영리 기금에 기증하세요. 저희는 고객님의 집을 감정받아서 기부가치를 결정하겠습니다. 고객님이 세금 혜택 총액을 현금으로 주시면 저희가 집을 옮겨드리겠습니다. 그래야지 작업에 드는 비용을 충당할 수 있으니까요."

이러한 생각은 처음에는 사람들을 당황스럽게 한다. 그러나 세금 전문가와 상담한 뒤 자신들이 세금 우대 조치로 이익을 보는 위치에 있다면 대체로 동의한다. 이 세금 우대 조치는 이후 5년간 적용된다. 최근에 고가의 집 한 채가 땅을 제외한 집 가격만 24만 4천 달러였는데, 이 집을 우리에게 기증한 집주인에게 돌아가는 전체 세금 혜택은 52퍼센트였고, 우리는 수표로 12만 7천 달러를 받았다. 또 다른 경우로 아름다운 1841년 빅토리아 양식의 집이 있었다. 그 집은 상태는 괜찮았으나 많은 가족이 휴가를 보내기에는 너무 작았다. 이 집이 기증되면서 우리가 받은 현금은 8만 달러였다. 집주인들은 자신들이 혜택을 받은 만큼만 지불하는 것이다. 게다가 그들은 건물을 해체하고 재배치하는 데 들어가는 상당한 액수의 비용도 절감할 수 있으며, 지역에 좋은 일도 하는 셈이다. 모두에게 이득이 되는 것이다.

최근에 에드거타운 지역, 섬 서민주택기금, 그리고 사우스 마운틴 사가 합작하여 시범 건축 사업을 진행했다. 네 채의 집이 지역 소유의 인접 부지로 옮겨졌다. 집들은 영구적으로 서민 주택으로 남아 지역 주민에게 저가로 공급될 것이며, 이를 보증하기 위하여 영구적 용도 제한이 적용되었다. 수령인 중 한 명은 다년간 교직에 종사해 온 점잖은 50대 신사였다. 임대 주택에 살던 그는 땅 주인이 집을 팔기로 해 집을 잃게 될 상황이었다. 집을 구매하기에는 돈이 턱없이 부족했다. 그는 19년간 살아온 섬을 떠나야겠다고 생각했다. 자신이 심사를 통과해 이 집을 받을 사람 중 하나로 발표되던 순간은 그에게 엄청난 순간이었다. 기쁨과 안도감에 취한 그는 발표 직후 우리와 이야기할 때 거의 쓰러질 것처럼 보였다.

얼마 후 나는 그에게 다른 주택 건축 사업을 위한 공청회에 참석해 본인의 이야기를 들려줄 수 있느냐고 물었다. 그는 기꺼이 승낙했다. 나는 그에게 우리가 전에 나눈 대화를 공개하고 싶은데 괜찮겠는지 물었다. 그는 부끄럽겠지만 그래도 공청회에 참석하겠다고 말했다. "아시겠지만, 요즘은 나이 든 사람이 울어도 흉이 되지 않지요. 수령인으로 뽑혔을 때 전 눈물을 흘렸어요. 집이 완성되는 순간에도 울게 될 것 같아요. 새로 갖게 된 내 집에서 처음으로 문을 열고 밖으로 나올 때도 눈물이 날 것 같구요."

점점 더 많은 집들이 옮겨지고 있다. 문제는 계획을 세우고, 땅을 찾고, 집을 옮기기까지 시간이 많이 걸린다는 것이다. 집주인은 대개 그렇게 오래 기다리려고 하지 않는다. 우리는 집을 보관할 만한 땅을 지역에서 마련해 주기를 바라고 있다. 그래서 '중고 집터'가 생기면, 땅을 구하고 건물을 지을 준비가 된 고객들이 '중고 집터'에 있는 집들을 살펴보고 "저것으로 할게요"라고 고를 수가 있을 것이다.

좁은 시골 길을 지나 집들이 빽빽이 들어찬 마을을 통과해 건물을 옮기는 과정은 상상할 수 없이 복잡하다. 전선, 길의 폭, 집의 크기, 집의 모양, 다른 차량들 등 모든 것을 한꺼번에 고려해야 한다. 때로는 집을 몇 동강 내서 옮기고 나서 다시 조립하기도 한다. 집이 너무 높아 옮기는 도중 장애물 아래로 지나가기 어려울 경우에는 수평으로 잘라야 하고, 집이 너무 넓어 좁은 길을 통과할 수 없을 때는 수직으로 잘라서 옮겨야 한다. 집을 통째로 옮길 수 있는 것은 아주 운이 좋은 경우뿐이다.

최근에 집을 옮기다가 일어난 일이다. 현장 감독 피터 디안젤로Peter D'Angelo가 내 사무실에 들러서 집을 옮기는 일이 얼마나 위험하고 어려운지를 말했다. 잠시 이야기를 나눈 뒤 그는 다시 집이 있는 현장으로 갔다. 그들은 집을 반으로 잘라 트레일러에 올린 후 몇 킬로미터 떨어진 곳으로 옮길 예정이었다.

다음날 아침 나는 전화를 받았다.

"제가 위험하다고 말씀드렸던 것 기억하시죠?"

"그럼요. 왜요?" 내가 재빨리 물었다.

"모두들 안전해요. 그런데 집이 안전하지 않아요. 집을 둘로 갈라 첫 번째 부분을 옮기고 있을 때 두 번째 부분이 트레일러에서 쓰러졌어요. 땅에 닿은 부분은 부서졌어요."

그는 몇 번이고 이상이 없다고 말했다. 그의 말을 듣고 내가 물었다. "그래서 이제 어떻게 할 거에요?"

"재활용할 수 있는지 알아봐야죠. 괜찮은 반쪽을 옮겨야 하는지, 아니면 집을 다시 붙여야 하는지, 아니면 또 다른 수가 없는지도요."

"제가 갈까요?" 내가 물었다.

그는 주저하다가가 천천히 말했다. "글쎄요…… 아니에요. 안 그러셔도 될 것 같아요. 좀더 알아볼게요."

"조금 놀란 것 같은데요. 제가 지금 출발할게요. 알았죠?"

"예." 우리는 전화를 끊었고 나는 사무실에서 출발했다.

기상천외한 광경이 펼쳐져 있었다. 집을 옮기기 위해 전선, 전화선, 텔레비전 유선 줄 등을 끊어놓은 상태에 장비를 실은 트럭, 전선 설치

쓰러진 집. 이 순간을 비디오로 카메라에 담아놓았다니 믿기지 않는다! (사진: Mark Lipman)

공, 경찰, 인부 들이 북적거렸다. 사람들은 두 동강이 나 바닥에 쓰러져 있는 이 기괴한 2층 집을 바라보고 있었다. 피터와 마이크는 집을 세워서 손상된 부분을 복구하고 다시 옮길 계획을 벌써 짜놓고 있었다.

일이 일어났을 때 정황이 어땠는지, 누구의 탓인지 아무도 이야기하지 않았다. 모두들 집을 옮기는 것에 열중했다. 도망친 소 떼를 조용히 불러 모으는 카우보이들 같았다. 장비 담당은 트럭으로 향하고, 경찰은 도로로 가 신호를 통제했다.

내가 현장을 떠난 지 얼마 되지 않아 이 사건이 지역 신문에 났다고 피터가 말해 주었다. 기자들이 보통 그렇듯이, "이웃집 개가 갓 구운 도넛을 훔쳐가고 있을 법한 평범한 아침, 참사에 가까운 사건이 일어났다"고 이 사고에 대해 보도했다고 했다.

앞에서도 말했듯이 지역 기업들은 언제나 배운다. 때로는 이러한 비난을 통해 배우기도 한다. 우리의 실수는 곧바로 공식 보도되었다. 이는 우리가 이따금씩 거두는 성공에 더해지는 감미료와 같다.

노는 집 활용하기

지금 있는 주택들을 최대한으로 활용하자는 아이디어는 또 다른 기업 전략으로 이어졌다. 그것은 잘 활용되지 않는 계절 임대 주택을 일년 내내 사용 가능한 서민 임대 주택으로 전환하는 것이었다.

비니어드 섬과 같은 휴양지에서는 많은 투자용 건물들이 여름 3개월 동안 고가로 임대된다. 건물주들은 그 짧은 기간 동안 1년의 전체 수익에 달하는 수입을 올린다. 지역주택관리국은 자기 집을 1년 내내 사용 가능한 서민 임대 주택으로 개조한 사람에게, 거기서 나온 수익이 여름 임대를 통해 얻는 수익보다 적을 경우 그 차액을 보조하고, 임대 주택이 모두 임대될 수 있도록 임차인 선택도 맡아주겠다고 발표했다.

집을 임대해 쓰겠다는 사람이 우리 회사 목공부에서 나왔다. 몇 년 지나지 않아 50가구가 안정적인 주택 임대를 받을 수 있었다. 그들 중 상당수는 매년 1년에 두 번씩은 이사를 해서 지역에서 '여름 이동족'으로 알려져 있는 이들이었다. 겨울 임대 주택은 구하기가 쉽지만, 여름에는 지나치게 비싼 계절 임대료 때문에 많은 사람들이 친구들과 함께 거주지를 옮기거나, 숲에서 캠핑을 하거나, 심지어 섬을 잠시 떠나 있기도 했다. 최근에 임대 전환 주택 거주자 중 한 명이 이렇게 말했다.

> 제 아들은 2주 후면 다섯 살이 됩니다. 저희는 지금까지 열두 번 이사를 했습니다. 여기로 이사를 오면서 우리 가족은 정착할 수 있게 되었습니다. 아시겠지만 매일 밤 귀가하는 집이 한 장소에 있는 게 좋지요. 그리고 그 집이 앞으로 어떻게 될지, 오늘 밤에도 같은 집으로 귀가할 수 있을지 알 수 있어야 합니다. 제 생각에는, 누구나 그럴 만한 권리가 있다고 봅니다.[5]

이 프로그램의 임대 보조금을 지원하려면 상당한 기금을 조성해야 한다. 지금까지 이 프로그램은 '하우스 온 더 무브Houses on the Move' 라는 이름으로 열리는 섬 서민주택기금의 연례 행사에서 모금한 자금으로 운영되었다. 이는 건축업자, 공예가, 예술가 들이 참여하여 보석부터 도자기, 개집, 사우나 시설, 작가를 위한 오두막 등 직접 만든 작은 집과 물건을 전시하여 경매에 붙이는 행사이다.

2002년 첫해 '하우스 온 더 무브' 는 18만 달러를 모금했다. 우리 회사의 오너들은 가로 2미터, 세로 3미터짜리 작가용 오두막을 지었다. 버려진 재료로 만든 집이었다. 특히 지붕은 버려진 인쇄지로 만들어졌는데, 그 종이는 바로 《비니어드 신문》을 활용한 것이어서 지붕널 안쪽을 들여다보면 내용을 읽을 수 있었다. 집 안에는 잘 손질된 로열 수동 타자기 등 모든 가구가 갖추어져 있었다. 이 집은 4만 달러에 팔렸다.

어떤 도예가는 주운 소형 트럭을 꾸며 한 가족이 필요로 하는 생필품으로 가득 채웠다. 거기에는 개도 포함되어 있었다. '여름 이동족' 을 상징한 이 트럭은 3천 달러에 팔렸다.

지역 기업가 정신의 성공은 지역 사람들이나 기관들에게 더 큰 것을 이룰 수 있다는 자신감을 준다. 또한 공공 의식이 있는 개발자와 건축업자에게는, 창의력을 가지고 계속 노력한다면 자신들의 사업이 지역사회에 받아들여질 것이라는 믿음을 준다. 현재 비니어드 섬에는 지역 소유의 땅을 개발하려는 능동적인 노력이 생겨나고 있다. 지역 규제도 점점 완화되고 있다. 지역주택관리국은 활력을 얻고 있다. 영구 서민주택 공급을 위한 토지를 확보하고 유지하기 위해 지역주택신탁이 형성되었다. 개인 기증자들은 섬 서민주택기금의 '지붕 올리기' 운동에 참여하고 있다. 기업 공동체는 '주택 문제 해결을 위한 기업 연합'을 만들었고, 주민들은 '섬 사람을 돕는 섬 사람들'을 결성했다. 지역 교회는 '주택 문제 기독교 실천 팀'을 만들어 능동적인 비영리 서민 주택 건설 개발 기구를 자발적으로 조직했다. '인간을 위한 환경'은 지역 총회로 바쁘다. 학교들은 교사 주택을 계획하고 있다. 이러한 노력들 안에서 한 가지 역할을 맡고 있다는 것은 더없이 기분 좋은 일이다.

지역 공동체와 기업은 이와 같은 노력 안에서 하나가 되었다. 비관주의와 의지 부족은 차츰 극복되고 있다. 님비 현상과 같은 태도가 모두 없어졌다는 뜻은 아니다. 때로는 그런 표현을 써야 하는 경우가 발생한다. 그러나 대체적으로 볼 때 지역에 대한 후원의 핵심에는 확고한 일치점이 생겼다. 이러한 노력의 결과는 금방 나타나지 않는 법이다. 비니어드 섬은 지금도 주택 문제로 인해 매년 주민을 잃고 있다. 공동체를 위한 새로운 방향을 모색하는 것은 개인적인 건축 사업만큼이나 중요하다.

장기적인 관점이 형성되고 지역의 새로운 합의점이 만들어지는 과정에서 지역 공동체주의는 중요한 원동력이 되고 있다.

9. 성당을 짓는 사람처럼 생각하기

2000년 1월 말, 우리 회사 직원 25명과 몇몇 친구들, 그리고 기획 전문가들이 모여 비니어드 섬의 미래에 대해 생각하는 이틀간의 회의를 가졌다. 우리의 목표는 우리가 보고자 하는 미래를 그리는 것, 그리고 그것을 이루기 위해 회사로서 어떤 노력을 해야 하는지를 생각하는 것이었다.

우리는 비니어드 섬이 섬 자체의 장점과 그로 인한 호황이 원인이 되어 거꾸로 침식되고 있다는 걸 깨닫고 이런 노력을 기울이게 되었다. 땅의 가치가 높아지고 지역의 삶이 변하고 있다. 모두들 이 변화를 정확히 감지하고 있다. 그러나 정책 결정자들은 미래에 대한 효과적인 대책을 마련하고 있지 않다. 그 대신 계속해서 방어적인 자세를 취하고 있다. 우리는 포위된 요새 같다. 그 속에서 피할 수 없는 것을 외면하려고 애쓰고 있다.

우리는 자문했다. "그러나 무엇이 불가피한가? 우리는 현재 우리가 이 섬에서 누리는 삶을 우리의 아이들과 그 다음 세대에까지 물려주는

조명, 탁자, 의자 등 모든 것이 방을 위해 만들어졌다. (사진: Brian Vanden Brink)

것을 상상할 수 있는가? 우리는 현재 당면한 문제를 해결하고 모두에게 만족스러운 미래를 만들어줄 힘을 모을 수 있는가? 아마도……"

우리가 '미래 스케치'라고 부르는 이 회의에는 우리의 시각을 넓히기 위해서 회사 외부 사람들도 초대되었다. 우리는 금요일 아침 일찍 모였다. 소개가 끝나고 손님으로 초대된 작가이자 역사가 데이비드 맥컬로우가 말문을 열었다. 그는 차그레스 강에 대해 언급했다. 파나마 운하 건설 당시 커다란 장애물로 떠오른 차그레스 강 문제는 간단하지만 창의적인 방식으로 해결되었다. 그는 이것을 비니어드 섬에 쏟아져 들어와 삶의 방식을 파괴하고 있는 '돈의 강the river of money'과 연관시켜 말했다. 그가 제기한 두 가지는 우리 논의의 중심이 되었다.

1. 우리는 많은 해를 끼치는 돈의 강을 지역 공동체를 복구하는 데로 되돌려야 한다.
2. 우리의 미래는 설계의 문제이다. 환경의 결과가 아니라 의도의 결과여야만 한다.

이 두 가지 주제로 시작한 논의는 과거의 기억을 공유하면서 시작되었다. 우리는 우리가 사랑하는 비니어드 섬의 특성과, 그 특성들을 바꾸고 있는 외부 압력의 성질을 이야기하고 긍정적인 미래를 만들려면 필요한 것들이 무엇인지에 대해 토론했다. 이는 비니어드 섬을 계속해서 우리가(그리고 우리 다음 세대들이) 사랑하는 장소로 변화시킬 수 있도록 압력을 넣기 위한 것이었다.

미래 스케치

우리는 토론에서 나온 주요 주제들을 정리했다. 개중에는 상당히 진전된 아이디어도 있었다. 어떤 아이디어들은 이미 실행되고 있어 격려와 함께 더 많은 기금만 보태면 되는 경우도 있었다. 회의의 마지막, 우리는 여덟 가지 주요 분야로 토의 내용을 정리할 수 있었다.

· 정치 세력을 통합하기
· 비니어드 연구소를 설립하기
· 적절한 주택 공급을 장려하기
· 시골 지역의 특성을 보존하고 개발하기
· 새로운 전통 경제를 지원하기
· 교통 체계를 발전시키기
· 환경에 대한 책임을 실천하기
· 문화적 전통을 유지하기

우리는 여덟 가지의 각 분야마다 문제의 특성을 파악하고 해결 방안을 제시했으며 필요한 실천 방안을 정리했다. 여덟 가지 쟁점을 논의해 대략적인 결론에 도달한 후 논의의 초점을 옮겨 다음과 같이 자문했다. "우리가 바라는 비니어드 섬의 미래를 만들기 위해 회사 차원에서 무엇을 할 수 있는가?" 활발한 토론이 이루어졌다. 많은 아이디어들이 오갔다. 결과는 열네 가지 결의안으로 정리되었다. 그 중에는 적절한 건물 규모와 효율적인 토지 사용을 위해 회사 내부 규정을 만들기, 지역 문제를 해결하는 데 회사 이익의 상당 부분과 시간을 투자하기, 서민 주택 건립에 더 큰 노력을 기울이기, 재생 에너지와 재생 재료 사용을 강화하기, 쓰레기 줄이기, 미래 스케치의 결과를 우리의 수행 임무로 받아들이기, 우리의 결론을 다른 사람들과 나누기 등이 포함되었다.

회의에 참석한 사람들은 공동의 관심사를 가진 집단이라는 점에서 서로 연결되어 있었다. 우리는 섬이 아직 '돌이킬 수 없는' 상태까지는 손상되지 않았으며, 더 장기적인 관점을 가지고 미래에까지 효율적으로 활용될 수 있는 해결책을 찾을 수 있다는 데 동의했다. 주목받고 있는 아름다운 지역들이 모두 비니어드 섬과 동일한 문제에 직면해 있음을 알게 되었으며, 우리가 이미 상당한 성공을 거두었고 앞으로 무엇이 필요한지 아는 것만큼 지금까지 우리가 이루어낸 것을 기억하는 것도 중요하다는 사실도 깨닫게 되었다. 우리는 새롭고 급진적인 시도가 받아들여지게 하려면 좋은 선례를 만드는 것이 중요하다고 결론지었다. 미래 스케치 회의는 그 자체로 하나의 좋은 선례가 되었다.

건축가 벅민스터 퓰러Buckminster Fuller는 이렇게 말한 적이 있다. "현실에 맞서 싸워서는 결코 변화를 만들 수 없다. 무엇인가를 변화시키려면 새로운 대안을 만들어 현실이 고루해 보이게 만들어야 한다."

목수, 설계사, 사무 직원 들로 이루어진 작은 회사가 미래에 대한 토론으로 이틀간의 회의를 열기는 드문 일이다. 사실 회의를 앞두고 회의적인 목소리와 불평도 있었다. 그러나 결과는 만족스러웠다.

덤프티크

1970년, 첫 번째 지구의 날이었다. 비니어드 섬 삼림 감독관이자 환경 운동가, 소몰이꾼, 수선공이며, 쓰레기를 모으기도 하는 밥 우드러프Bob Woodruff가 고등학교 학생들을 모아 모임을 만들었다. 그는 모임을 이끌고 해안 도로를 따라 달구지를 몰고 다니며 쓰레기, 병, 깨진

벽돌 등을 가득 모았다. 쓰레기 더미에서 재활용할 수 있는 것들도 골라냈다. 비니어드 섬에서 공식적인 폐품 재활용은 이렇게 탄생했다. 곧 웨스트 티스베리 쓰레기장에는 재활용 유리를 수거할 수 있는 콘크리트 통이 세워졌다.(이는 쓰레기 매립지가 생기기 이전의 이야기로, 당시 쓰레기는 순수한 '쓰레기'였다.) 지나가던 모든 이들이 이 통에 빈병을 던지고 갔기 때문에 밥은 그것을 '스트레스 푸는 통'이라고 불렀다. 1970년대 말에는 신문지 재활용을 위해 초라한 건물이 하나 세워졌다. 옷이 든 상자를 놓고 가는 사람들이 생겼고, 벽에 고리를 걸어 그 옷을 진열해 놓는 이들도 생기기 시작했다. 마을 사람들은 그 앞에 서서 좋은 물건들을 골라가곤 했다.

1990년대 초반 도트 웨스트Dot West라는 여성이 이곳의 관리자를 자원하고 나섰다. 그녀는 이곳을 정비해 '도트 부티크'라는 이름을 붙이고 웨스트 티스베리 지역의 정식 기관으로 바꾸었다. 그러나 도트는 차츰 이곳에 대한 소유권을 주장하며 문에 자물쇠를 채운다든지, 웨스트 티스베리 행정위원들과 언쟁을 벌이기 시작했다. 그녀는 결국 얼굴을 붉히며 부티크를 떠났다. 이후 이곳은 팀 메일리Tim Maley, 진 웩슬러Jean Wexler, 지니 존스Ginny Jones에 의해 재단장되어 '덤프티크dumptique'(버려진 물건dump과 상점boutique이라는 단어를 조합한 이름—옮긴이)라는 새로운 이름으로 문을 열게 되었다. 진은 지금까지 덤프티크를 운영하고 있다. 괜찮은 옷, 쓰던 목발, 깨끗한 커튼, 놋쇠 그릇 등 일상 생활에서 버려진 유용한 물건들을 구할 수 있는 최고의 장소로 몇 년째 사랑받고 있다. 내 동업자 빌리Billy는 그가 가장 좋아하는 셔츠를 여기서 구했다고 하고, 크레이그Craig은 이곳에서 아름다운 파란 스웨터를 얻었다고 한다. 우리 섬에 살고 있는 많은 브라질 사람들은 이곳에 와서 집으로 보낼 선물을 고르기도 한다. 최근까지도 덤프티크는 계속 호황을 누렸지만, 쓰러질 듯한 작은 건물은 눈에 띄게 낙후되어 가고 있었다.

2000년 1월에 열린 미래 스케치 회의에서 우리가 얻은 14개의 결의안 중 여섯 번째는 다음과 같다.

> 웨스트 티스베리 덤프티크를 개선하고 필요한 부분을 신형 건축 자재로 교체한다. 이를 회사의 정식 건축 사업으로 받아들인다. 청소행정과, 웨스트 티스베리 보건관리국, 덤프티크 관계자들은 함께 토론하여 필요한 것이 무엇인지 정한다. 덤프티크를 개선하기 위한 제안과 계획을 종합한다. 그것이 받아들여지면(혹은 그저 격려만 받을 뿐일지라도) 실행한다!

4년 뒤 우리 회사의 오너인 피터 로드거스트가 이 문제를 회사 임원회의에서 제기했다. 덤프티크를 예전과 같은 상태로 복구하기 위한 노력은 지역 차원에서 이야기되고 있었지만, 누구도 실천하기 위해 나서지는 않고 있었다. 우리가 도와야 할까?

모두가 찬성하며 실행에 나섰다. 우리는 피터가 이 노력을 주도해야 한다는 데 동의했다. 그가 활동할 수 있도록 자금을 지원하기로 했으며, 작업에 필요한 재료의 상당 부분을 기증하기로 했다. 피터는 덤프티크 관계자들과 함께 계획을 세웠고, 마을 사람들과 함께 자선 바자회를 열었다. 9월에 나흘 동안 많은 이들이 덤프티크 보수 작업에 참여하였다. 물건을 보호하기 위해 천장을 새로 교체하고, 어두운 실내를 밝혀줄 천창, 비바람을 막아줄 아름다운 현관을 설치했다.

그렇다고 우리가 미래 스케치에서 나온 문제를 매일 생각하는 것은 아니다. 우리는 출근을 하고 맡은 일을 처리한다. 그러나 근본적인 원

덤프티크 (사진: Peter Rodegast)

칙들은 항상 변하지 않고 조용히 우리를 이끌어준다. 우리는 그 원칙들이 마치 덤불 안에 숨어 있는 토끼처럼 우리 주위에 있다는 것을 안다. 우리가 완성한 결의안을 읽어보며 나는 많은 아이디어와 제안이, 크고 작은 정도의 차이가 있지만 회의 이후 5년 동안 계속해서 실행되고 있음을 안다. 미래 스케치는 우리 회사의 중요한 전환점이었다. 가장 직접적인 효과는 아마도 우리가 우리의 작업에 대해 머릿속에 담고 있던 생각들을 실현할 수 있게 해주었다는 점일 것이다.

후대에 물려줄 유산으로서의 기업

우리 회사는 지역 문제에 헌신적으로 참여하고 일을 비니어드 섬 안에만 국한한다는 정책을 고수하면서 이 지역의 미래에 대해 생각하게 되었다. 우리 회사의 미래를 새로운 방식으로 숙고해 보기 시작한 것은 당연한 수순이었다.

어떻게 하면 우리가 짓는 건물의 내구성과 수명을 향상시킬 수 있을까? 어떻게 하면 이 지역만의 특성을 유지하는 데 우리가 짓는 건물이 기여할 수 있을까? 우리 회사는 앞으로도 지역 공동체의 꾸준한 참여자가 될 수 있을까?

성당을 짓는 사람들은 살아있는 동안 자신이 하는 작업의 완성을 보지 못했다. 그들처럼 생각하는 것이 우리 회사의 여덟 번째 기본 원칙이 되었다.

고대의 성당들 중에는 몇 세기에 걸쳐 지어진 것도 있다. 그것을 지은 이들은 끝없이 변하는 사회, 정치, 경제, 기술, 기후 등의 요소에 맞추어야 했다. 역할이 바뀌고, 건축 책임자가 죽고, 전쟁이 터지고, 징권이 바뀌어도 작업은 계속되었다. 이 놀랍도록 복잡한 작업은 어쨌든 계속되었다.

당시 성당을 짓는 일에 참여한 사람들이 어떤 보상을 받았는지는 모르겠지만, 성당은 지역의 중요한 구심점으로 자리 잡게 된다. 오랜 시간 동안 그렇게 튼튼하게 유지되어 온 위대한 성당들을 보면 건축의 웅장함과 영원함에 대해 생각하게 된다.

회사의 수명과 생존의 목적에 대해 생각해 보는 일은 당연히 필요하다. 더 이상 목적이 없는 회사라면 유지하기 위해 애써야 할 필요가 있겠는가? 이에 대한 대답을 구하기 위해 우리는 다른 질문을 던져야 했다. 우리 회사는 '무엇인가?' 무엇이 우리 회사의 목적인가?

무엇보다도 우리는 우리 회사를 공동체로 간주한다. 공동체로서 회사의 목적은 결코 완료될 수 없는 것이다. 법적인 구조는 종업원이 공동으로 소유한 회사의 형태이지만, 회사의 기능과 본질, 목적은 회사 내부의 공동체와 이보다 더 큰 지역 공동체 안에서의 관계망에 집중되어 있다. 우리 회사 사람들과, 우리 회사의 영향을 받는 회사 외부의 사람들은 회사를 통해 지속적인 관계를 맺고 있다. 이러한 관계들은 서로 겹쳐지기 때문에, 가령 우리 회사의 모든 직원이 퇴사하게 되는 그런 날은 상상할 수 없다. 주민들의 집에 유지, 보수, 추가 작업이 필요 없어지는 그런 날은 오지 않을 것이다. 더 좋은 건물을 만들고 더 나은 지역 경제를 만들기 위한 배움의 과정은 결코 끝나지 않을 것이다. 나중에 우리가 주위를 둘러보며 "이봐, 우리가 해냈어. 모든 것이 잘됐다고. 우리는 서로를 위해서, 그리고 이 섬을 위해서 헌신했어. 이제 우리 회사도, 우리 지역도 아무 문제 없이 완벽해졌어. 우리가 할 일은 끝났어"라고 이야기할 날은 올 리 없다고 생각한다. 이런 일은 일어나지 않을 것이다. 그래서 우리는 우리 서로를 위해, 또 다음 세대를 위해 우리의 공동체를 유지하고 영속시킬 수 있는 방법을 모색한다.

오랜 기간 로열 더치/셸 그룹에서 일했던 아리 드 호이스는 '학습 조직'이라는 개념을 만든 사람으로 알려져 있다. 그는 《살아있는 기업》이라는 책에서 회사는 근본적으로 공동체이며, 회사의 목적은 잠재성 개발과 장수에 있다고 말했다. 그에 따르면 생산성(그러한 목적을 이루기 위한 수단)과 장수를 모두 만족시키기 위해서는 모든 직원이 공동체를 이루는 과정에 참여해야 한다.

> 과거에 100년 혹은 그 이상 장수하는 회사들의 창립자 및 경영자 들은 자신들의 가치를 특정 상품, 서비스 혹은 작업 과정에 두지 않았다. 그들은 직장 공동체의 평생 임무는 특정 물품이나 서비스를 생산하는 것이 아니라 살아남는 것, 즉 공동체로서 그 자신을 영속시키는 것이라는 사실을 알고 있었다.[1]

우리 회사를 공동체로 만드는 중요한 요소 중 하나는, 직원이 아니라 '미래의 오너'를 고용한다는 방침이다. 우리는 회사에 들어와 오래 머물며 회사의 오너가 될 수 있는 사람을 원한다. 우리는 미래의 오너들이 어떤 일을 하며 어떤 것을 생산할지 알지 못한다. 그러나 공동체적인 기업으로서 우리 회사의 본질은 그들에게 전해질 것이다. 이런 것들을 생각해 내는 로열 더치/셸 그룹의 능력은 앞으로 수년 후에, 석유의 시대가 끝날 때 아마도 제 기능을 발휘할 것이다. 그 회사는 아마 다른 물품과 서비스를 파는 회사로 진화할 것이다. 드 호이스는 회사가 어떤 일을 하는가보다는 어떤 회사가 되는가 하는 것이 더 중요하다는 사실을 확인했다.

회사가 문을 닫을 때 지역, 마을, 이웃, 개인 들은 심각한 영향을 받는다. 나의 할아버지가 사업을 시작했던 때부터 회사가 인수되고 문을 닫기까지는 40년이 걸렸을 뿐이다. 할아버지가 세운 공동체는 어디로부터도 보호받지 못했다. 일단 우리가 공동체를 만드는 일에 성공했다면, 그 다음은 그것을 유지하고 발전시키며 영속시키기 위해 노력해야 한다. 기업을 세우는 것은 후대에게 물려줄 유산을 만드는 것이다.

학습 조직이라는 개념을 널리 알린 책, 《다섯 번째 훈련》의 저자 피터 센지는 '돈 버는 기계'로서의 회사와 정신과 가슴을 갖고 '살아있는 생물'로서의 회사의 차이점에 대해 이야기했다.

> 회사를 기계로 보는 관점은 회사가 경영에 의해 다시 태어나지 않으면 와해될 것이라는 사실을 내포한다. 회사를 살아있는 생물로 보는 관점은 회사가 다음 세대로까지 증식될 수 있으며 현재의 구성원들을 초월해 동일한 개체로서 지속될 수 있다는 사실을 내포한다.[2)]

직원들이 소유하는 회사는 처음부터 이처럼 '살아있는' 회사이다. 이러한 회사는 앞으로의 여정에 더 철저하게 준비된 회사일 것이다.

안식년

나는 일 속에 파묻히는 것을 좋아한다. 전화는 울리고, 대답해야 할 전자 우편이 쌓여 있고, 해야 할 일의 목록은 길게 늘어져 있는데 사람들이 나에게 달려와 이것저것 물을 때 나는 기분이 좋다. 그러나 나는 어디론가 떠나려고 할 때의 새벽녘처럼 소란스러움이 가라앉은 시간도 좋아한다. 나는 컴퓨터와 기타 필요한 물건을 가져가려고 회사에 와 있다. 해야 할 일을 모두 마친 내 책상은 깨끗하게 비어 있다. 떠나기 전까지 시간이 조금 남았다. 나는 떠돌이 고양이들에게 밥을 주고 커피를 끓인다. 이제는 잊어버리고 챙기지 않은 것이 없는지 생각해 봐야겠다. 책상에 발을 올려놓고 얼마간 생각에 잠겼다.

몇 년 전 어느 날, 이른 아침에 명상을 하다가 이런 생각을 했다. 막내딸 소피가 대학에 가면 크리스와 나는 1년 정도 멀리 떠나 안식년을 가질 수도 있겠다는 생각이었다. 그때가 되면 무엇을 할지, 혹은 이것이 진심인지는 잘 알 수 없었다. 그러나 그 생각은 항상 머릿속에 있었다. 내가 생각했던 '그때'가 가까워지자 내 마음은 명확해지기 시작했다. 어떤 형태를 띨지는 알 수 없지만, 나는 회사에 대한 책을 쓰고 싶었다. 또 종업원 주식 소유제로 전환한 지 오랜 시간이 지났으니 회사가 내 손에서 벗어나 스스로 유지될 수 있겠다는 생각도 들었다. 내가 없으면 그럴 수 있는 여지와 기회가 주어질 것이다.

2~3주 이상 회사와 떨어져 있는 것은 28년 만에 처음이었다. 안식년을 준비하면서 나는 내가 회사에서 물러나면 회사가 어떻게 될 것인

지 궁금해졌다. 내 임기가 끝난 뒤에도 우리 회사를 작은 회사 공동체로 존속시키기 위한 긴 행진은 계속될 것이다.

일에서 떨어져 있는 동안 나는 이 책을 쓸 수 있었고, 회사는 놀랍고 새로운 일을 하는 기회를 가질 수 있었다. 나는 안식년을 1년 내내 갖는 대신 두 해의 겨울, 즉 두 번에 걸쳐서 나눠 쓰기로 했다. 첫 번째 겨울, 나는 책이 가득 든 상자와 '존 에이브램스 안식년'이라는 특별한 문구를 붙여 동료가 선물한 잭 다니엘 한 병, 그리고 나 자신에 대한 커다란 물음을 가지고 버몬트에 도착했다. 그렇게 오랫동안 회사 일에 매달렸는데, 이제는 회사에서 놓여나 가만히 앉아서 글을 쓰는 데 전념한다? 내가 그것을 좋아할까? 회사로부터 거리를 두고 내가 없는 동안 우리 회사가 기대했던 성장을 이룰 수 있을지 지켜볼 수 있을까? 내가 없어도 일이 잘 돌아갈까? 싸움이 일어나거나 화를 낼 일이 생기지는 않을까? 그냥 이 위스키를 다 마셔버리고 나머지는 모두 잊어버려야 할까?

나는 책을 읽기 시작했다. 목마른 사람이 물을 찾는 것처럼 다급하게 책장을 넘기며 거의 두 달 동안 책을—그것도 어려운 책을—읽었다. 나는 책을 읽으면서도 일 생각에 빠져들어 종종 같은 부분을 계속해서 읽고 있는 나 자신을 발견하기도 했다. 그러다가 가끔씩은 흥미를 끄는 책을 만나기도 했다. 나는 그렇게 독서에 집중할 수 있게 되었고, (며칠간은) 책 읽는 재미에 빠져 있기도 했다. 점점 회사에 대한 강박에서 벗어나고 있었다.

기분 전환을 위해서는 주로 하루에 한두 시간씩 스키를 탔다. 깨끗한 눈 속에서 새로운 라인을 찾는 것은 큰 기쁨이다. 라인을 찾는 것은 어떻게 활강할지를 정하기 위한 것이다. 눈이 내린 작년의 어느 봄날, 나는 아들 핀토와 손자 칼립Kalib, 그리고 칼립의 친구 네이트Nate와 함께 버몬트의 스토로 스키를 타러 갔다. 우리는 이상적인 장소를 찾아다니다가 작은 소나무들로 둘러싸인 공터를 발견했다. 그곳은 해가 들지 않아 눈이 아직도 두껍게 쌓여 있었다. 이런 터가 있으리라곤 전혀 예상하지 못했다. 우리는 운이 좋았고, 그곳에서 즐겁게 스키를 탈 수 있었다. 이상적인 라인을 찾아 빽빽한 숲 속을 헤치고 다니거나 눈밭 위를 활강하다 보면 일종의 숭고한 느낌이 들 때가 있다. 땅, 눈의 성질, 온도, 바람, 스키 타는 사람의 기분, 스키 기술 등 고려해야 할 요소들이 많기 때문에 이상적인 라인을 찾기는 매우 어렵다. 그러나 운 좋게 라인을 찾으면 모든 턴을 부드럽게 할 수 있고, 땅을 읽을 수 있으며, 앞으로 세 번의 턴을 어디서 해야 할지 알 수 있다. 또 스키가 아니라 자신이 만들어가고 있는 길을 보게 된다. 마음으로 길을 정하고, 몸으로 미세한 조정을 하며, 자유롭게 활강하는 기쁨을 만끽하게 된다. 모든 라인은 새롭고 다르며 독특하다. 모든 라인은 스스로 만드는 것이기 때문이다.

이 책을 쓰는 것이 내게는 그와 같았다. 처음에 나는 눈보라 속에서 길을 잃었다. 내 의도가 무엇이고 내가 어디로 가려 하는지를 알아차렸을 때는 내가 어느 곳엔가 도달하고 있다고 느꼈다. 그리고 나는 직선으로 활강하기 시작했다. 나는 점점 여유를 가지게 되었고 기술을 부릴 수 있게 되었다. 처음에 시도한 턴은 불안했지만, 속도가 더해지고 탄력이 붙으면서 나는 땅을 알게 되었고 종착지를 감지할 수 있게 되었다.

안식년을 갖는 것은 좋았다.

회사는 별 탈 없이 돌아가고 있었지만, 혼란과 긴장이 있었다. 어떤 직원들은 지나친 부담감을 느꼈고 어떤 이들은 자신의 임무를 다하지 못했다. 누락되는 일들이 생겼다. 나의 부재를 메우기 위해 만든 경영 시스템은 결점이 있었다. 그러나 이런 문제들이 있었다고 해서 내가 안식년을 마치고 돌아왔을 때 전보다 더 나아진 회사를 볼 수 있을 것이라는 기대가 좌절되지는 않았다. 엄청난 자부심과 기쁨이 느껴졌다. 직원들은 변화를 향한 길이 이제 본격적으로 마련되었다고 느꼈다. 그것은 사실이었다. 아니, 직원들은 그 이상으로 성장할 준비가 되어 있었다. 첫 번째 안식년을 갖고 난 후 그 다음해 겨울이 오기까지 우리는 나의 두 번째 안식년을 대비해 필요한 사항들을 함께 준비했다. 두 번째 안식년이 다가왔을 때 직원들은 자신의 능력과 방향을 분명히 알고 있었다.

나 역시 안식년을 가지며 회사의 미래에 대해 곰곰이 생각해 볼 기회를 가졌다. 안식년을 마치고 돌아오자 헌신적이고 재능 있는 몇몇 직원들이 미래를 위한 토대를 만들고 있었다. 첫 번째 안식년에 일어난 발진과 성장은 위태롭고 더딘 것이있지만, 두 번쌔에는 획기적인 변화와 대담하고 분명한 발전이 있었다. 우리는 여덟 명으로 구성된 기존의 경영위원회를 개편해 그 중 가장 많은 책임을 맡고 있던 세 사람으로 집행부를 구성했다. 집행부는 회사를 효율적으로 운영해 나아갔다.

내가 자리를 비움으로써 새로운 흐름의 경영법이 탄생한 것이다. 직원들은 회사에 더 큰 책임감을 느끼게 되었으며 협력의 필요성을 더 깊이 이해하게 되었다. 새로운 회사가 탄생하고 있었다. 나는 기쁜 마음으로 그들의 노력에 합류했다.

오너들이 회사에 대한 책임을 온전히 짊어지기까지 총 18년이 걸렸다. 나의 안식년이 그 계기가 되었다. 그 18년 동안 우리는 회사의 가치를 더 분명히 이해하고 더 돈독한 인간 관계를 형성할 수 있었다. 지도자로서의 권한이 현재 내게서 다음 사람에게 넘어가기까지 또 한 번의 18년을 보내야 할지 모른다. 그것은 상관없다. 중요한 것은 내가 자리를 비운 긴 시간 동안 우리 회사의 핵심 가치들이 실천될 수 있었으며, 때로는 내가 회사를 이끌 때보다 더 좋은 결과가 만들어졌다는 사실이다. 나의 안식년을 통해 우리는 회사에 무엇이 필요한지 알게 되었고, 그 부분에 대해 꾸준하고 철저한 노력을 기울일 수 있었다.

기업, 정부, 대학, 프로 스포츠 팀 등 대규모 조직은 정권과 지도력의 변화에 맞추어 변화할 수 있다. 그러나 작은 회사는 그렇지 않다. 작은 회사는 흔히 알려져 있듯이 창업자에게 의존한다. 나는 1993년 임원회의에서 누군가 "존이 나가면 그 다음은 어떻게 되지요?"라고 묻는 소리를 처음 들었다. 그때 나는 아직 40대 초반이었다. 내가 우리 회사의 핵심 가치와 소명, 목적을 분명히 하려고 의식적으로 노력하기 시작한 것이 그즈음이라는 것은 결코 우연이 아니었다. 이때를 계기로 우리는 드 호이스가 말한 '살아있는 회사'로 바뀌었다. 물론 근본적으로는 이러한 전환이 종업원 주식 소유제로 전환했던 1987년에 시작되었다고 할 수 있지만 말이다. 비록 깨닫지는 못했지만 우리는 그때 지속 가능한 회사를 위한 계획을 세우기 시작했으며, 후대에 물려줄 유산을 만들기 시작했던 것이다.

오랜 시간을 두고 꾸준하게 그리고 천천히 창업자와 지도자에 대한 의존도를 줄이기 시작한다면 우리는 갑작스럽고 예상치 못한 방식의 전환이 아니라 조직적인 전환을 할 수 있을 것이다. 이 과정에 익숙하지 않은 사람들은 지켜보고 배울 시간 여유를 가질 수 있다.

안식년, 그리고 안식년을 계기로 만들어진 내적인 성장은 까다로운 발전 전략이 아니다. 그것은 공동체를 보존하고 유지하며 다음 세대에까지 지속시키려고 하는 소박한 시도의 첫걸음이었다. 회사에 대한 내 영향력과 중요성을 경시한다면 그것은 거짓 겸손일 것이다. 그러나 다른 직원들이 더 전문적인 경영인이 되고 회사에 더 큰 책임감을 느끼는 데 있어 내가 맡은 역할이 걸림돌이 되었던 것도 사실이다. 그것을 간과한다면 그 역시 근시안적인 견해가 될 것이다.

유산 사업 회의

2003년 가을 《기업 윤리》 발행인이자 《자본의 신성한 권리》의 저자인 마조리 켈리는 서른 명의 사람들과 함께 지속 가능한 기업에 대해 이틀 동안 이야기를 나눴다. 그 결과 이 문제를 지속적으로 논의하기 위한 '유산 사업Legacy Project'이 만들어졌다. 근본적인 물음은 "사회적으로 책임 있는 기업이 다른 기업에 인수되거나 설립자가 바뀔 경우, 그 기업이 갖고 있는 가치들이 어떻게 유지될 수 있는가" 하는 것이었다.

마조리는 사회적으로 책임 있는 기업에게 새로운 시대가 오고 있으며, 창업사 중심의 시대는 지나가고 있다고 말한다.

> 기업가들은 어떻게 사회적으로 책임 있는 경영을 할 것인가 하는 난관에 부딪히고 있다. 그러나 새로운 문제가 다가오고 있음을 감지하는 사람은 거의 없다. 앞으로는 사회적 소명을 다음 세대에게 물려줄 수 있는 구조적인 틀을 마련하는 것이 관건이 될 것이다.[3)]

이 모임에서 제기된 물음들에 나는 큰 관심이 갔다. 이 물음들은 우리 회사가 답을 찾으려고 노력하는 문제들과 아주 깊이 연관되어 있었기 때문이다. 대부분의 논의는 오래도록 사회적 책임을 다하기 위해서는 어떤 기업이 되어야 하는가에 맞춰져 있었다. 그 모임은 오늘날 사회적으로 책임 있는 기업이 독립적인 입지를 잃어가고 있음을 잘 알고 있었고, 기업의 사회적 책임 운동의 중요한 성과가 경시되고 사라지는 것을 염려하고 있었다.

시애틀의 ‘진보적인 투자 경영Progressive Investment Management’의 레슬리 크리스천Leslie Christian은 새로운 기업 조직에 대한 자신의 연구를 발표했다. 그녀는 새로운 기업 윤리를 주도할 베르크셔 헤더웨이형Berkshire-Hathaway-type 지주 회사를 설립하고자 했다. 이는 비공개 기업으로 시작한다. 그후 공개 기업이 되어, 주주들에게 돌아가는 이익을 최대화하기보다 공익에 기여하게 된다. 소유 구조는 수동적인 오너들과 능동적인 오너들을 구분하며, 주식 등급에 따라 차별된 의결권을 준다. 직원들과 직접 투자자들은 한 종류의 주식을 갖게 되지만, 회사를 떠나거나 주식을 거래할 경우 그 주식은 다른 등급이 된다. 크리스천은 계속해서 이렇게 주장한다.

> 기업에 있어 가장 기본적인 통념은 다수의 통제가 없이는 사회적 책임 투자가 불가능하다는 것이다. 통제 없이도 믿을 수 있는 동업자 관계는 불가능한 것인가? 통제는 정말로 낡은 모델이다. 기업의 운영 방식에 대한 더 깊이 있는 관점은 무엇일까?[4)]

다른 창의적인 계획들도 제안되었다. 종업원 주식 소유제로의 전환에 대한 논의도 있었고, 직원에서 오너로 바뀌는 문화적 이동을 사람들이 얼마나 힘들어하는지에 대한 논의도 있었다. 나는 이러한 변화를 지난 20여 년 동안 지켜보았으며, 이 문제에 대한 다른 이들의 의견을 경청해 왔다. 나의 결론적인 생각은 직책이 주어지기만 한다면 우리 모두 지도자가 될 수 있다는 것이다. 내가 볼 때 문제는 변화가 갑작스러운 방식으로 일어나는 데서 생겼다. 직원들은 소유권을 사고, 한순간에 오너가 된다. 처음부터 장기적인 관점으로 조직 계획을 시작한다면 이러한 변화는 점차적으로 진행될 수 있다. 그러면 이는 하나의 ‘사건’이기보다 지속적인 '상태'가 될 수 있다. 이 경우 직원들은 시간적 여유를 갖고 훈련하고, 의사 결정 능력과 통솔력을 키우며, 사회적 유대를 형성하고 협동 경영 시스템을 만들어낼 수 있다.

유산 사업 회의에서 어떤 이는 대부분의 기업가들이 회사를 만드는 이유가 돈에 있지 않다고 말했다. 그들은 일자리를 만들기 위해서, 그리고 자신이 좋아하는 종류의 일을 하고 싶어서 회사를 만든다는 것이다. 오하이오 종업원 주식 소유제 센터의 존 로그는 "종업원 주식 소유제의 첫 번째 유산은 함께 일한 동료들, 회사를 세운 사람들의 경제적 안정에 대해 염려하는 퇴직 오너들의 유산이다"라고 했다. 그러므로 이 둘을 합쳐보자. 기업가는 회사를 세우고 그것을 키운다. 그것이 기업가가 하는 일이다. 그들은 미래에 오너가 될 동업자들을 모은다. 회사의 성공이 확실해지면 점진적으로 회사를 직원들에게 매각하는 절차가 이루어진다. 이는 우리 회사가 걸어온 길이기도 하다. 그것은 의도적인 것이라기보다는 우연한 것이었다. 우리는 그저 재료를 던져넣고 수프를 저었을 뿐이다. 우리는 이제야 조리법을 이해하게 되었다.

장기적인 관점

기업이 소규모로 지속되는 경우는 대부분 부모에게서 자녀에게 상속되는 가족 기업이다. 그러나 가족 구조가 변하고 사회가 더 많은 기회를 제공함에 따라 세대에서 세대로 이어지는 기업은 거의 없어지고 있다. 우리 같은 장인 정신 중심의 회사에서 직원들은 곧 회사이다. 회사의 발전은 직원들의 발전—즉 일을 통해 잠재력을 개발하고 성장해 가는 과정—과 동의어이다. 회사는 공동체이며, 공동체를 유지하는 것은 공동체의 근본적인 존재 이유에 속한다. 종업원 주식 소유제는 그 안에 연속성의 씨앗을 담고 있다. 이제 우리는 그것을 키워 나가기 위한 계획을 세워야 한다.

작은 회사의 오너로서 내가 바라본 미국 기업의 풍경에는 세대와 세대 사이에 대한 관념이 턱없이 부족하다. 우리는 불연속과 단절을 특징으로 하는 단기적 관점의 문화를 갖고 있다.

대니 힐리스Danny Hillis라는 사람이 최근에 거대한 시계를 설계했다. 이 시계는 일년에 한 번 똑딱거리고 백 년에 한 번 괘종을 울리며 천 년에 한 번 뻐꾸기가 튀어 나온다. 그 시계는 지금 캘리포니아 산악지대에서 만들어지고 있다. 이 시계는 시간에 대한 다른 사고방식을 보여주기 위한 것이다. 그것은 만 년 동안 작동하도록 고안되었다. 만 년은 인류 문명의 주기이다. 스튜어트 브랜드는 《느림의 지혜》라는 책에서 이 사업에 대해 다음과 같이 말한다.

> 문명은 병적으로 짧은 처리 기간 속에서 자신의 속도를 더욱 높이고 있다. 이러한 경향은 점점 더 빨라지는 기술의 진보, 시장 경제라는 협소한 지평, 오로지 다음 선거만을 생각하는 민주주의의 관점, 또는 다중 작업으로 산만해진 개인에서 비롯된다. 이 모든 것이 더욱 심화되고 있다. 이러한 단기적 관점은 어떠한 종류이든 균형을 위한 조정이 필요하다. 장기적인 관점을 고무하고 그 책임감을 전파할 체제나 신화가 필요하다. 여기서 '장기적'이란 최소한 몇 세기는 되어야 한다.[5)]

이것은 우리가 공동체, 기업, 건물에 대해 생각하는 방식이다. 우리 역시 이런 방식으로 해결책을 찾기 시작했다. 큰 문제는 단기간의 노력으로는 달라지지 않는다. 장기적인 관점으로 바라보게 되면 문제들이

다른 각도에서 파악된다. 힐리스는 풀기 어려운 문제는 우리가 흔히 하듯이 2년이나 5년 정도를 내다보는 관점에서는 해결할 수 없다고 지적했다. 오히려 50년 단위로 생각할 때 해결이 더 쉬워진다는 것이다.

> 이런 종류의 문제들은 우리 시대의 중대한 모든 문제들을 거의 다 포함한다. 점점 더 커지는 빈부 격차는 굶주림을 퍼뜨리고, 맑은 물과 수원지를 사라지게 만들고, 인종의 갈등을 심화시키며, 범죄가 전 지구적으로 조직되게 만들고, 생물학적 다양성을 파괴하는 등의 영향을 미친다. 이런 문제들은 서서히 나타난다. 따라서 그 해결도 오직 그 문제들의 속도에 따를 때만 가능하다.[6]

장기적인 관점의 접근에 해결책이 담겨 있다. 그런 관점에 설 때 낙관주의도 가능하다. 단기적인 이익을 계산해 보면 우리가 지금 안고 있는 문제는 이미 손쓸 수 없을 만큼 악화된 것 같아 보인다. 돌아갈 수 있는 길은 없으며 앞으로 발걸음을 내딛을 수 있는 길도 없다. 급속한 도시화로 생긴 스프롤sprawl 현상이 그 예이다. 지난 20~30년간 도시 지역이 무질서하게 확산되어 온 반복적인 현상을 우리가 어떻게 바꾸거나 되돌릴 수 있겠는가?

그러나 장기적인 관점에서 생각한다면 우리는 발전과 복구가 순환하는 원리를 알 수 있다. 비니어드 섬의 칠마크를 예로 들어보자. 100여 년 전 마을의 인구는 3천 명에 달했고 무려 여덟 개나 되는 벽돌 공장이 있었다. 마을의 끝에서 끝까지 아무리 살펴도 나무 한 그루 볼 수 없었는데, 그것은 목양업과 벽돌 제조업이 빠르게 성장하면서 숲이 목초지로 바뀐 탓이었다. 오늘날 인구는 3분의 2로 감소했고 공장은 없어졌으며 마을의 90퍼센트가 나무로 뒤덮여 있다. 풍경은 완전히 바뀌었다. 바람직한 변화라고 단정할 수는 없지만, 전적으로 바뀌었다는 것은 확실하다. 칠마크는 조경과 공동체가 오랜 시간에 걸쳐 대대적으로 변화할 수 있음을 보여주는 전형적인 예이다.

칠마크의 경우 변화는 우연히 일어난 것이었지만, 선택에 의해 일어나는 변화도 있다. 새로운 조경을 만들고 새로운 공동체를 형성하는 데는 25년, 50년, 때로는 100년이 걸린다. 우리는 이곳 비니어드 섬을 복구하는 노력을 시작하는 한편, 비니어드 섬의 새로운 미래를 만들기 위해 노력할 수도 있다. 새로운 비니어드 섬은 마을과 농장, 그리고 예전과 같은 자연으로 이뤄질 것이다. 그러나 현대의 경제와 기술도 공존하게 될 것이다. 구시대적인 방식으로는 이를 실현할 수 없다. 우리는 앞으로 가야 한다. 경제적으로 건강한 방식을 상상해야 한다. 가령 부동산 중개업자들은 계속해서 땅을 팔아야 하고, 건축업자들은 계속해서 건물을 지어야 하며, 자산에 대한 권리가 존중되어야 하고, 일상의 리듬이 지켜져야 한다. 기술을 배척하지 않으면서도 우리가 사랑하는 지역을 보존할 수 있는 그런 미래를 상상할 수 있을까?

자연보존위원회에 있는 나의 동료 톰 체이스는 이를 실현하기 위한 창조적인 제안을 내놓았다. 그가 '마을과 자연Village and Wilderness' 이라고 부르는 이 사업은 재개발과 비개발undevelopment의 상호 보완을 핵심 원리로 갖고 있다. '마을과 자연' 사업은 여러 환경 보호 단체와 주택 공급 조직, 지역 도시 계획 기관, 지역 기업 들과 협력하며 주택과 자연을 자연스런 동맹 관계로 본다. 건강한 지역 공동체는 충분한 서민 주택 공급과 토지 보호 및 복구라는 두 가지 조건을 기반으로 하고 있다는 점에서 주택과 자연은 접점을 갖고 있다는 것이다.

'마을과 자연' 사업의 계획은 다음과 같다. 자연보존위원회는 비니어드 섬에서 보호의 우선성이 높은 지역과 낮은 지역을 구분하는 복잡한 환경 보호 정책을 세우고 있다. 구분은 섬의 생물 다양성을 보호하고 농업과 양식업을 장려하는 데 필요한 사항들을 기반으로 이루어진다. 이 정책은 섬의 현실적인 조건에 제한되지 않는다. 즉 섬의 토지 사용 현황과 환경의 생태적 건강 상태를 고려하지 않는다.

계획안이 완성되면, 보호 우선성이 낮은 지역을 재구획하는 작업이 시작된다. 이는 뉴잉글랜드 지방의 전통적인 주택가를 모델로 한 밀집 주택('마을')을 건설하기 위한 것이다. 거주 공간과 상가를 모두 형성하기 위해 충분한 부지가 주어질 것이다.

자연보존위원회나 다른 민간 단체는 낮은 이율의 공채를(그리고 이러한 대출액에 대한 이자를 충당할 기부금을) 모집하여 생태학적으로 중요한 지역('자연')의 집들을 구입한다. 우리의 바람대로라면 지역 토지저당은행은 10년에 걸친 분할 지급을 통해 이 집들을 구입할 것이다. 이 집들은 이후 10년이나 20년 동안 임대된다. 이 과정에서 발생하는 이윤은 보호 우선성이 낮은 지역에 서민 주택을 건설하는 데 보조금으로 사용될 것이다.

정해진 기한이 채워지면 자연보존위원회나 다른 민간 단체가 사들인 지역의 모든 집은 주택가로 옮겨지거나 철거될 것이다. 그 땅은 영구 보존 지역으로 전환되며 자연 환경 복구 작업이 시작될 것이다. 이들은 이를 '비개발'이라고 부른다. 이와 같은 비개발은 경제와 생태 사이의 균형을 맞추고 지속 가능한 공동체 및 환경을 만들기 위한 작업이 필요할 때마다 반복된다.

이처럼 대담하고 광범위한 계획은 몇십 년 혹은 몇백 년의 시간 개념에서 생각되어야 한다. 이러한 계획이 성공하려면 공동체의 모든 이해관계자들이 참여해야 한다. 이러한 종류의 관점은 드물지만, 분명 존재한다. 이는 성당을 짓는 사람들의 관점이다. 이해 관계자들이 이러한 관점을 받아들인다면 지역의 경제 및 문화를 개편할 수 있는 그들의 힘은 막대할 것이다.

몬드라곤의 성공

장기적인 관점과 공동체 건설로 크게 성공한 사례에는 스페인 바스크 지역의 몬드라곤 협동조합이 있다. 나는 몬드라곤에 다녀오고 나서 경제 민주주의의 힘에 눈을 떴다. 이들의 경제 민주주의는 지역 전체와 기업들 간의 총체적인 네트워크를 통해 지속적인 유산을 창조하고 있다.

1941년, 돈 호세 마리아 아리즈멘디아리에타Don Jose Maria Arizmendiarrieta라는 이름의 젊은 예수회 목사가 몬드라곤 마을로 부임해 왔다. 그가 도착했을 때 몬드라곤 지역은 스페인 내전으로 피폐해져 있었다. 그 자신도 공화국 편에 참여하여 싸우다가 가까스로 죽음을 면한 상태였다. 그는 몬드라곤 지역의 경제 부흥을 자신의 소명으로 삼고 기술 학교를 세웠다. 1955년에 졸업생 다섯 명이 그의 지원을 받아 직원 소유의 석유 난로 회사를 세웠다. 1950년대 후반에 더 많은 조합들이 설립됨에 따라 돈 호세 마리아는 신용협동조합을 구상하게 되었고, 1959년 신용협동조합이 설립되자 더 많은 조합들이 세워질 수 있었다. 이들 조합 연합은 계속 성장, 1970년대에는 기술 향상을 돕기 위해 연구 기관을 설립했고, 1990년대에는 몬드라곤 경영대학을 세웠다.

돈 호세 마리아는 유능한 지도자였다. 그는 1976년에 죽었지만, 몬드라곤 협동조합Mondragon Corporacion Cooperativa(MCC)은 모든 조합들을 이어주며 계속해서 성장하고 있다.

2001년 1월, 돈 호세가 이곳에 도착하고 60년이 지난 후 나는 몬드라곤을 방문했다. 몇몇 미국인과 함께 나흘간 머물며 몬드라곤 지역과 몬드라곤 협동조합의 문화를 감상했다. 14년 전 우리 회사의 조직을 개편하며 몬드라곤의 원칙을 차용하기도 했던 만큼 몬드라곤 협동조합의 경영 방식을 직접 체험하는 것은 흥미로운 일이었다. 몬드라곤 협동조합의 활동성과 그들이 지역에 미치는 영향력은 타의 추종을 불허하는 것 같았다.

몬드라곤 협동조합은 현재 100개가 넘는 조합, 은행(바스크 지역에 132개의 지점을 갖고 있다), 연구 기관, 대학으로 구성되어 있다. 6만 명 이상의 직원이 일하고 있으며, 이들의 절반 가량이 오너이다. 2001년 몬드라곤 협동조합의 연간 수익은 80억 달러를 넘겼다. 이로서 이들은 바스크 지역에서 가장 큰 기업, 스페인에서는 일곱 번째로 큰 기업이 되었다. 몬드라곤 협동조합에는 스페인 제일의 냉장고 제조사와 연상 제작 회사를 비롯해 다른 많은 회사들이 포함되어 있다. 그들은 지게차, 풍력 발전기, 자전거, 생활용품, 못, 전선, 보일러, 건강 및 운동 기구, 자동차 부품, 가구, 목공 연장, 전문 전기 제품, 제조 기계 및 로봇, 그 외 다양한 산업 제품을 만든다. 몬드라곤 협동조합의 에로스키Eroski는 스페인에서 가장 큰 슈퍼마켓 연쇄점으로 이들은 출장 요리, 낙농업, 온실 원예, 토끼 사육 등을 병행하고 있다. 엔지니어링, 시장 조사, 컨설팅 서비스를 제공하는 기업도 있으며, 몬드라곤 지역의 주택 공급을 담당하는 건축 회사도 있다. 몬드라곤은 배움과 일, 생활을 지원하며 기업 환경의 전반적인 제도를 구축했다. 몬드라곤은 외진 계곡에 위치해 있지만, 활기차고 번성하는 지역이라는 느낌을 준다. 대학에 다니는 젊은이들과 새로 이주해 온 중산층 가정, 몇 대째 이 마을에 살고 있는 사람들이 편안히 섞일 수 있는 작은 도시이다. 마을을 둘러싸고 있는 언덕은 초목이 풍성하고 비옥하며, 그 사이사이에 마을과 농장이 있다. 몬드라곤 협동조합은 지역 공동체의 생활 전반에 영향을 미친다.

몬드라곤에서 성공은 당연하다. 매년 여러 조합들이 창업하는데, 지금까지 실패한 조합은 두 군데뿐이라고 한다. 미국에서는 새로 창업하는 회사의 90퍼센트 이상이 5년 안에 실패한다. 몬드라곤의 경우는 인상적일 수밖에 없다. 법학자 피터 피테고프는 "몬드라곤은 세계에서 가장 성공적인 협동조합 단지이다. 경제적 성장과 장기적 생존이 가능함을 보여준 예이다"[7]라고 했다.

그러나 몬드라곤을 방문한 후 많은 의문점을 갖게 되었다. 왜 몬드라곤의 조합들은 지역 시장에 더 크게 기여하지 않는가? 최근 해외에 현지 공장을 신설한 이유는 무엇일까? 해외 진출로 인해 그들의 근본적인 가치는 침식될 것인가? 왜 그들의 환경 의식(평균치보다는 높지만 그리 특별하지는 않은)은 그들의 사회적 형평성 및 경제 민주주의와 조화되지 않는가? 그들은 계속해서, 세계 시장에서의 지속적인 성공과 근본적 가치의 존중이라는 두 마리 토끼를 잡을 수 있을까? 피테고프의 말을 다시 인용해 보자.

> 북부 스페인의 핵심 기업들이 조합의 형태로 남아 있는 반면 몬드라곤 협동조합은 많은 회사들을 사들이고 다른 나라에 합작 투자를 병행하고 있는데, 이들의 경우에는 직원 소유제나 민주적 경영을 적용하지 않는다. 그러나 몬드라곤 협동조합은 경쟁적인 국내외 시장에서 생존하면서도 민주적 · 사회적 목표를 달성하기 위한 노력을 계속하고 있다. 최근에 해외 시장으로 진출이 이루어졌지만, 여전히 조합으로서의 근본 가치를 확고하게 지키고 있으며, 기업들과 더욱 민주적인 관계를 형성하기 위한 대화를 계속하고 있다. 몬드라곤 협동조합은 복잡한 세계 경제에서 번영하고 성장해 감에 따라, 민주적 경제 발

전의 한 요소인 직원 소유제의 가능성과 난관에 동시에 직면하게 되었다.[8)]

몬드라곤의 입장은 기본적으로 실용주의를 바탕으로 한다. 그들의 일차적인 목표는 안전하고 안정된 평생 직장을 만들고 몬드라곤 협동조합의 오너들이 경제적으로 성공하는 것이다. 그들은 이 목표를 달성하기 위해 최선을 다하며 때로는 타협도 한다.

1941년에 돈 호세 마리아는 그의 '성당'을 짓기 시작한 것이다. 몬드라곤은 성당을 짓는 사람들의 사고방식과 그러한 사고방식이 지속적인 유산을 남길 수 있다는 사실을 보여주는 가장 좋은 예이다. 나는 현재 그들의 세계 시장 진출이 창의적인 발전의 과정에서 일어나는 일시적인 탈선일지 궁금하다.

우리 회사는 어떤 비슷한 질문들을 고민해야 할까? 오너들의 숫자가 늘어남에 따라 개인 지분이 점점 줄어들 때 회사의 규모를 늘려야 한다는 의견에 저항할 수 있을 것인가? 우리 자신의 성당을 지을 때 외부 압력에 맞서 회사의 근본 가치를 지킬 수 있는 방법을 찾게 될 것인가? 우리의 기초 원리가 튼튼한 토대가 되어줄 것인가?

10. 함께 만드는 회사

마서즈 비니어드 섬에는 산이 없는데 우리 회사 이름이 왜 사우스 마운틴이냐는 질문을 많이 받는다.

비니어드 섬으로 들어오기 전에 우리는 뉴욕의 사우스 마운틴 로드에서 상점을 운영했다. 내 아내인 크리스는 당시 우리가 몰던 낡은 트럭의 문에 이 상점의 이름을 정성스레 그려 넣었다. 비니어드 섬에 왔을 때 우리는 다시 페인트 칠을 하는 수고를 하고 싶지 않았다. 그래서 이 이름을 갖게 되었다. 수년 뒤 내가 이름을 바꾸려고 하자 회사 사람들이 강하게 반대했고, 그 이후로는 이름을 바꿀 생각은 다시 하지 않았다. 나는 우리의 불안정했던 시작을 상기시켜 주는 이 이름이 좋다. 어쩌면 많은 것이 끊임없이 바뀌어왔지만, 이 이름만은 그대로 남아주었다는 사실에 편안함을 느끼는지도 모른다.

타치 큐지와 빌 셔먼은 《우림에서 배우는 것들》에서 이렇게 말했다. "근본적인 변화를 만들기 위해 반드시 엄격해야 할 필요는 없다. 나무를 심는 것은 어렵지만 씨앗을 심는 것은 쉽다. 나무를 심는 것은 엄격

수제 나선형 난간 (사진: Brian Vanden Brink)

하고 힘이 많이 들며 효과가 적지만, 씨앗을 심는 것은 근본적이고 조용하며 쉽다."[1)]

우리는 민주주의와 장인 정신, 그리고 성당을 짓는 사람과 같은 사고방식이라는 씨앗을 뿌렸다. 이제 어떤 모양의 나무가 나올지 추측하는 일이 남았다. 다음 세대의 오너들은 어떤 일을 할까?

첫 번째 장에서 나는 우리 회사와 같은 기본 원칙을 가진 작은 기업들이 더 나은 삶과 공동체를 만드는 데 일조할 수 있을지 물음을 던졌다. 이 책은 그 질문에 대한 대답을 찾으려는 시도이다. 나는 그에 대한 답을 찾기 위해 회사의 일원으로서 겪어온 경험들을 되돌아보았다. 그 과정에서 전에는 이해하지 못했던 새로운 사실들을 알게 되었고 미래에 대한 새로운 생각도 얻었다. 그러나 애초의 물음에 대한 답은 아직 찾지 못했다.

지금 내 머릿속에 있는 생각은 다음과 같다. 처음 이 책을 쓸 때 나는 우리 회사가 어떻게 시작하고 어떻게 성장했으며 현재 어떤 회사가 되어 있는지 완결된 이야기를 쓰고 싶었다. 그러나 이제 돌아보니 나는 이 책에서 우리 회사의 현재보다는 시작에 더 초점을 맞춘 것 같다. 우리 회사가 지금까지 배운 것, 현재 가장 잘할 수 있는 것은 다음과 같다. 우리는 좋은 집을 만들 수 있다. 우리의 열정을 공유하는 다른 기업들을 지지할 수 있으며, 우리의 사업과 연관된 사람들과 바람직한 관계를 발전시킬 수 있다. 우리는 직원들에게 적절한 생계를 보장함으로써 직원 공동체를 지원할 수 있으며, 서로에게 작업에 대한 의견을 줄 수 있다. 우리는 공동체의 안녕에 기여할 수 있고 공동체의 삶을 향상시키는 작은 성공을 만들 수 있으며, 회사의 성장에 영향을 미치는 결정들에 대해 깊이 있게 토론할 수 있다. 우리는 경쟁보다 협동을 더 좋은 원리로 받아들이고 있으며, 장기적인 관점으로 생각하는 능력을 갖기 시작했다. 우리의 출발은 좋다. 그러나 해야 할 일이 아주 많고 알아야 할 것은 더욱 많다.

아직 알지 못하고 앞으로도 알 수 있을지 확신할 수 없는 것들도 있다. 나는 우리가 우리 회사의 기본 원칙을 어느 정도까지 지킬 수 있을지, 그리고 우리의 기술을 얼마만큼 향상시킬 수 있을지 알 수 없다. 또 경제 민주주의와 지역 기업가 정신을 실천하려는 사람들에게 우리의 경험이 얼마만큼 도움이 될 수 있는지도 모르겠다. 나는 현재 회사의 소유권과 지배권을 공유하려는 사람들이 늘어났는지 아닌지 알 수 없다. 지역 경제가 되살아날 수 있을지, 혹은 지역 문화와 생태적 건강을 담보로 한 세계화가 지금처럼 지속될 수 있을지 없을지 알 수 없다.

윌리엄 그라이더는《자본주의의 정신》에서 이렇게 말했다.

> 미국의 자본주의를 재창조하자는 주장은 비현실적으로 들린다. 그러나 나는 많은 미국인들이 이미 다양한 방식으로 이를 실천하고 있다고 말할 수 있다. 그들은 지역 차원에서 새로운 자본주의를 실험하고 있으며 대안이 있다고 확신하고 있다. 그들이 생각하는 대안은 유토피아적인 망상이 아니라 더 높은 목적에 기여하는 실용적인 것이다. 이러한 접근법은 거대 정치와 거대 기업이 주도하는 현실과 너무 동떨어진 것으로 보일지 모른다. 그러나 과거의 미국 역사에서 사회의 가장 근본적인 개혁은 보통 이러한 방식으로 일어났다. 미래는 기성 권력으로부터가 아니라 평범한 사람들로부터 시작된다. 그들은 스스로를 개척자로 여길 만큼 용감하다.[2)]

나는 평범한 이들의 노력에 대해 희망적이다. 그러나 이 낙관주의가 합리적인 근거가 있는 것인지, 아니면 단순히 소망을 반영한 것인지는 모르겠다. 나 역시 그것을 알고 싶다. 나는 우리의 노력이 크고 작은 많은 지역으로 스며들어 우리 아이들에게 더 좋은 곳을 물려줄 수 있기를 바란다. 이것이 바로 현재 내가 알고 있는 것이다.

지난 20~30년간 우리 회사에 일어났던 일들은 많은 놀라운 변화들을 가져다주었다. 만일 우리가 다른 길을 선택했다면 이런 변화를 이루지 못했을 것이다. 우리가 좋은 일을 하면서도 어느 정도 성공을 이루고 만족을 얻을 수 있다는 사실은 회사 구성원들이 소유권을 공유하고 의견을 나누며 서로 의지하는 공동체 의식을 갖고 있다는 것을 증명한다. 우리에게 얼마나 크게 혹은 작게 성장할지를 결정할 수 있는 자유가 있다는 사실은 우리가 노력을 계속할 수 있는 조건이 된다.

나는 다양한 가치들을 조화롭게 실현하려는 우리의 시도가, 지금까지 그러했듯이 앞으로도 가치 있고 풍요로운 노력이 될 것이라는 것을 알고 있다.

내가 이 책을 쓰는 지금 작업장 별관에서는 목조 주택 작업이 진행되고 있다. 현장 감독 빌리 딜런Billy Dillon이 도니 터넬Donny Turnell, 데니스 툴린Dennis Thulin, 켄 로이흐텐마허Ken Leuchtenmacher, 케인 베넷, 마이크 마르커스Mike Marcus(고객인데 목수들과 함께 작업하고 있다), 그리고 장기간 선원으로 일한 적 있는 존 레인지Jon Lange와 함께 일하고 작업하고 있다. 그들은 일주일이 넘게 이 작업에 매달리고 있다. 끝없는 도전과 동료애가 거기에 있다.

나는 거의 매일 안부 인사를 하러 작업장에 들른다. 나는 처음에 말한 네 사람이 언제나 가까운 거리에서 함께 일하며 주요 작업을 맡고, 존은 언제나 동떨어진 곳에서 좀더 작은 목재를 다루고 있음을 알게 되었다.

어느 날 아침 내가 말했다. "왜 존에게는 여기서 같이 일할 기회를 주지 않아요? 존은 왜 항상 떨어져서 일하지?"

모두가 동시에 말했다. "아, 그게 존의 성격이에요. 본인이 선택한 걸요. 아시다시피 그는 우리처럼 어수선하게 일하는 것을 싫어해요. 우리가 정신없이 일할 때 멀찌감치 떨어져 있고 싶어하죠."

그때 존이 걸어와 투덜거렸다. "여기서는 한 발 한 발 조심조심 내디뎌야 한다고요."

한 발 한 발 조심히 내딛기. 복잡한 한복판을 침착하게 가로지르기. 사회적 진보, 환경에 대한 책임과 경제적 성공을 조화시키려는, 조심스럽지만 고통이 따르는 우리의 노력은 한 발 한 발 조심히 내딛을 것을 요구한다. 우리는 순항을 기대하지 않지만 커다란 충돌은 피하고 싶다.

나는 또한 우리를 이끄는 배후의 원칙들을 실현하는 가장 중요한 요소가 장인 정신이라는 것을 알고 있다. 아웃도어 의류 회사 파타고니아의 창업자 이본 슈이나드Yvon Chouinard는 회사의 목표가 간단하다고 말한다. 즉 그들이 만드는 모든 옷과 장비들이 세계에서 가장 훌륭해야 한다는 것이다. 우리도 같은 목표를 갖고 있다. 최근에 나는 크리스마스 선물로 파타고니아 양말을 선물로 받았는데 신은 지 두 달이 지나 발뒤꿈치에 구멍이 났다. 그렇지만 나는 슈이나드의 말이 틀리다고 생각하지 않는다. 그들은 최고를 만든다. 나는 그 양말을 상점으로 가져가서 새것으로 교환했다. 이것은 구멍이 나지 않을 것이다. 우리의 문도 뒤틀린다. 타일이 깨진다. 마감에는 결함이 있다. 우리는 이것들을 고쳐서 우리가 만드는 것이 가장 좋은 품질을 갖게 만든다. 다행히도 파타고니아나 우리 회사나 정말로 세계에서 가장 우수한 제품을 만드는지 알 수 있는 수단은 없다. 그러나 최고의 물건을 만들고자 하는 소망은 진실하다. 장인 정신은 그 소망을 이끄는 북극성이 된다.

나는 우리가 마서즈 비니어드 섬에 소속되어 있음을 안다. 섬이 특별한 매력이 있어서도, 섬이 남다른 곳이어서도 아니다. 우리가 섬에 소속감을 느끼는 것은 그저 우리가 지금 이곳에 있고, 과거에도 있었으며, 앞으로도 이곳에 머물 것임을 알기 때문이다. 게리 스나이더Gary Snyder라는 시인은 '정착'의 미덕을 이야기했는데, 지금 우리는 정착의 미덕을 따르고 있는지도 모르겠다.

나는 서민 주택 공급을 통해 공동체를 보존하려는 우리의 노력이 결실을 맺고 있음을 안다. 우리는 문제를 해결할 수 없을 수도 있고, 전쟁에서 이길 수 없을지도 모른다.(그렇다. 이것은 전쟁이다.) 그러나 우리는 변화를 만들 것이다. 한 가족에게 안정성과 안전을 가져다줌으로써 변화가 만들어질 수 있다. 우리가 그 정도의 일은 했다고 확신할 수 있다. 한 소녀와 아버지가 해변을 걷고 있는데 밀물이 들어와 수천 개의 불가사리가 쓸려 왔다. 아이는 불가사리로 뒤덮인 모래사장으로 들어가 불가사리 한 마리를 주워 바닷가로 걸어간 다음, 바닷물 위에 불가사리를 놓아준다. 그러고는 다시 이쪽으로 돌아와 또 다른 불가사리를 옮겨놓기를 반복한다. 두 번째 불가사리를 놓아주고 올 때 아버지가 말한다. "그렇게 하나씩 옮겨가지고 뭐가 달라질 거라고 생각하니?"

소녀는 한 손에 불가사리를 들고 말했다. "이 한 마리에게는 변화일 거예요."

나는 우리 회사가 지역 기업가 정신을 토대로 하고 있다는 것을 알고 있다. 1995년 우리는 회사 창립 20주년을 기념하며 고객, 협력 업체, 하도급업자, 더 큰 지역에서 온 친구들과 멋진 축하 파티를 열었다. 우리는 사진첩을 만들었다. 데릴이 고객들의 사진을 여러 장 찍었고, 우리는 그 사진을 사무실에 걸어 중요한 순간과 추억을 간직했다. 보기 좋은 풍경이었다.

이제 우리는 회사 창립 30주년 축하 파티를 할 것이다. 최근 임원 회의에서 이에 대해 논의를 했다. 무엇을 할까? 우리는 어떤 종류의 축하 파티를 벌이면 좋을지 이야기했지만 아무도 기뻐하지 않았다. 대화에는 에너지가 빠져 있었다. 그때 누군가가 시간과 돈을 들여 자축 파티를 하기보다는 그만한 재료로 섬에 멋진 일을 하자고 제안했다. 바로 우리를 있게 해준 공동체를 기념하기 위한 것이다! 우리는 무엇을 해야 할지는 몰랐지만 우리가 어떤 방식의 축하를 하고 싶은지에 대해서는 같은 의견이었던 것이다. 논의가 활기를 띠었다. 고등학교에 풍력 발전기를 기증할까?

마지막으로 나는 유산에 대한 개념이 발전하고 있음을 안다. 적어도 회사 내에서는 그렇다. 그것은 밝은 미래를 만들 수 있는 하나의 단서이다.

내가 안다고 생각하는 것들이 있다. 그러나 나는 모든 일들이 내가 바라는 대로 이루어지지 않을 수 있다는 것도 안다. 회사의 운명이 바뀔 수도 있다. 30년간 한 번도 빠짐없이 모두가 월급을 받고 있다는 사실, 기록을 시작한 이래로 매년 흑자를 기록하고 있다는 사실은 한순간에 바뀔 수 있다. 작업이 너무 어렵거나, 너무 오래 걸리거나, 너무 분산될 때 직원들은 희망을 잃을지도 모른다. 우리가 존재하지 않는다고 생각했던, 아무런 희망도 가질 수 없는 마지노선이 사실 우리 섬 공동체에도 존재하며, 앞으로 그 선을 넘게 될 것이라고 판단될지도 모른다. 조합이라는 형태는 실패로 가는 지름길이며, 경쟁이 협동보다 우월하다고 드러날 수도 있다. 이것들 중 하나 혹은 모든 것이 실제로 일어날 수 있다. 아니면 내가 아직 생각지 못한 다른 난관이 생길 수도 있다.

그러나 아직 그런 일은 일어나지 않았다. 처음의 몇십 년은 시작일 뿐이다. 우리는 지금과 같은 노력을 앞으로 몇십 년 동안 더 할 수 있으며, 혹은 그 이후에도 할 수 있다. 처음 몇십 년간 이 모든 일들이 일어났다면 나는 지금보다 더 많은 성과, 더 좋은 모습을 만들 수 있었을 것이라고 추측한다. 앞으로 도달하게 될 미래를 생각한다면, 이 길을 계속 가는 것이 현명한 것이다. 이는 몽상적인 것도, 모험적인 것도, 엉뚱한 것도, 사소한 것도 아니고 단지 현명한 것이다. 그리고 아마도 우리는 더 멀리 갈 수 있을 것이다.

사우스 마운틴 사 프랜차이징

2003년 오리건 대학의 건축학과 학생들이 비니어드 섬에서 봄 학기 팀 과제를 하기 위해 우리 회사를 방문했다. 시설을 둘러본 후 어떤 학생이 물었다. "설계/시공 접근법이 그렇게 성공적이라면 왜 다른 기업들이 모두 이것을 따라하지 않지요?"

"글쎄요. 따라하는 기업이 있기는 있어요. 좋은 질문이군요. 그러나 우리와 같은 방식으로 운영되는 회사가 많지는 않을 것 같아요. 확실히 말할 수는 없지만요."

이 대화를 계기로 생각해 보니, 우리와 비슷한 원리와 특징을 가진 건축 회사들의 이름이 줄줄이 떠올랐다. 코네티컷의 울프웍스Wolfworks, 몬태나의 빅 제재소, 뉴욕의 뉴 에너지웍스New Energyworks, 뉴햄프셔의 벤슨우드 홈즈Bensonwood Homes, 워싱턴의 케스케이드 조이너리 Cascade Joinery, 보스턴의 그레이엄 컨트랙팅이 머릿속에 바로 떠오른다. 이들은 많은 점에서 독특한 면을 갖고 있다. 이외에도 많은 회사들이 있겠지만, 다음과 같은 특성을 가진 회사들은 더욱 많을 것이라고 생각된다. 설계는 하지 않는 우수한 시공업자, 시공은 하지 않는 능력 있는 설계가와 건축가, 분할된 업무에 실망하거나 자신이 하고 있는 일에 만족하지 못한 소규모 주택 전문 건축가. 또한 자신의 작업을 더 의미 있게 만드는 방법과 나이가 들면서 자신이 세운 회사를 어떻게 할지 방법을 찾는 사람들도 있을 것이다.

큰 성공을 거둔 영국의 에덴 프로젝트Eden Project 창설자 팀 스미트 Tim Smit는 "우리 세대에는 거대한 허기가 있다. 사람들이 자신의 능력을 최대한 발휘하지 못하고 있다는 느낌이다"[3)]라고 했다.

우리 회사의 직원들은 우리의 전문 기술을 한데 모아서, 그러한 허기를 채워줄 수 있는 방식으로 유용하게 사용할 수 있을 것이다. 우리는 다음과 같은 장치들을 사용할 수 있다.

· 통합된 설계/시공 기술, 공법, 기업 시스템
· 건축 과학, 생태 건축, 재생 에너지 분야의 전문성
· 서민 주택 공급 및 지역 기업가 정신의 기술
· 친환경 제품을 대량 구입하여 제조업체를 고무하고 가격을 낮추기
· 오너 설명서 양식 및 모델
· 종업원 주식 소유제 전환과 장기적 유산 지원
· 의사 조정과 의사 결정 훈련
· 기업의 사회적 책임을 평가하는 방법 및 회사가 제공하는 서비스와 이윤 간의 균형을 맞추는 방법
· 고객과 공동체로부터 신뢰를 얻는 전략
· 그레이트 하비스트 사와 같이 자율적이고 전자적인 정보 교환 매체

이뿐만 아니라 우리는 건강한 낙관주의와 지원 교육을 제공할 수 있으며, 우리가 지금까지 했던 많은 실수로부터 배운 점을 공유할 수 있다. 이를 통해 우리는 답을 찾기까지 너무 많은 노력을 들이는 수고를 덜어줄 수 있다. 우리도 종종 이러한 시행착오를 거친다.

조직 컨설턴트인 로버트 리버Robert Leaver에 따르면 대부분의 사람들은 권력을 나눠 가져야 하는 파이라고 생각한다. 내가 당신에게 한 조각을 주면 내게는 한 조각이 비는 것이다. 그러나 리버는 권력은 무한정하며 내가 당신에게 조금을 떼어줄 때 오히려 더 늘어난다고 말한다. 지식도 마찬가지 아닐까? 내가 당신과 지식을 나누면 우리는 둘 다 그것을 갖게 되며, 우리의 지식을 연결하여 새로운 지식을 만들 수도 있다. 이러한 일은 그레이트 하비스트 사에서 일어나고 있다. 그들은 지식을 공유하여 새로운 것을 만든다. 그들은 세상에서 가장 맛있는 빵을 만드는 비법을 기꺼이 알려준다. 우리가 당신에게 정보를 주면, 당신은 당신만의 방식으로 그 정보를 활용한다.

우리의 작업에서는 어떻게 해야 한다는 정해진 방식이 없다. 지역마다 조건이 아주 다양하기 때문이다. 또 무엇을 설계하고 지어야 하는지도 가르칠 수 없다. 우리 지역에서 효과적인 방식이 다른 지역의 고객에게는 맞지 않을 수 있기 때문이다. 그러나 우리는 공정을 가르칠 수는 있다.

"음, 그래요. 마서즈 비니어드 섬에서는 그렇게 할 수 있겠지요. 그러나 저희는……" 우리는 종종 이런 말을 듣는다.

나는 전국의 모든 대학가, 휴양지, 부흥하고 있는 도시, 선호되는 도시 외곽 지역에서 고객을 상대하는 건축업자, 그리고 다른 종류의 서비스 지향적 소규모 기업들이 있다고 알고 있다. 뉴잉글랜드의 여러 주, 서부 해안, 로키 산맥, 미네소타와 위스콘신, 오자크 고원, 캐롤라이나 주, 대서양 연안의 여러 주에는 이런 종류의 기업이 즐비하다. 이들도 다양한 사회적 목적을 실현하고 있는가? 그들은 직장에서 민주주의를 실천하고 길러내고 있는가? 자신들의 지역에 전적으로 헌신하는가? 내 경험상 대부분은 그렇지 않다. 그들은 이런 가치들을 지향하는가?

버려진 나무를 짜 맞추어 만든 난간 (사진: Randi Baird)

많은 경우 그렇다고 대답하겠지만, 그러한 접근법을 계발할 수 있는 문화를 조성하지는 않는다.

나는 원래 '자유롭게 하다' 라는 의미의 '프랜차이즈' 에 대해 생각한다. 우리가 가진 정보를 다른 이들이 활용할 수 있도록 제공하는 것은 중요한 작업이다. 그럴 수 있다면 우리는 자신의 일을 향상시키고 공동체를 살릴 수 있는 방법을 찾는 이들에게 자유를 줄 수 있을 것이다.

나는 우리 회사가 어원의 의미와 같은 프랜차이즈를 개발할 수 있을 것이라고는 생각하지 않는다. '프랜차이즈' 는 더 느슨한 조직의 네트워크에 잘 어울린다. 그들과 우리는 서로에게서 배울 수 있을 것이다. 우리는 어떤 지속적인 작업의 시작 단계에 있다. 우리는 그것을 타인과 공유할 수 있을 만큼 앞으로 와 있는지도 모른다. 우리는 알게 될 것이다. 앞에서도 말했듯이 씨앗 안에 들어 있는 사과는 셀 수 없다. 오직 씨를 심고, 가꾸고, 무엇이 자라나는지 볼 수 있을 뿐이다.

언제나 새로운 일

내가 우리 회사에서 일하는 데는 일정한 방식이 있다. 나는 맡은 일을 처리하기 위해 필요한 기술을 익히고, 숙달될 때까지 작업을 한다. 그후에는 그 일을 더 잘할 수 있는 사람에게 물려주고 나는 또 다른 일을 맡는다. 예전에 가구를 만드는 일은 내가 전담하다시피 했지만 지금은 가구를 만드는 팀이 따로 있다. 물론 결과는 내가 작업했을 때만큼 좋다. 목공 작업도 마찬가지로 나는 내가 발휘할 수 있는 솜씨와 기술을 다른 이들에게 전수해 주었다. 설계를 맡았을 때에도 나는 만족할 만한 결과를 얻기까지 몇 년의 시간을 투자했는데 이제는 다른 직원들이 그렇게 하고 있다. 나는 또 우리의 작업을 좀더 특별하게 만들어줄 특이한 타일과 고풍스러운 스테인드글라스, 독특한 가구 등을 디자인했었는데, 지금은 실내 장식부를 맡고 있는 디어드리가 그 일을 한다. 그녀는 예술가들과 함께 작업하면서 우리가 짓는 건물을 내가 예전에 했던 것보다 훨씬 더 아름답게 만들고 있다. 지금까지 우리 회사를 운영해 오며 내가 깨달은 것이 하나 있다. 바로 내가 안식년을 가짐으로써 다른 이들에게 회사를 더 잘 꾸려볼 기회가 주어졌다는 것이다.

이제 내가 할 일은 또다시 바뀌고 있다. 언제나 그랬듯이 아쉬움이 남는다. 그러나 지금까지 내가 한 일들이 쌓여 어떤 부분은 그대로 내 안에 남고 또 어떤 부분은 새로운 가능성을 만들어낸다. 무엇보다 가장 큰 보상은 내가 과거에 했던 일에 열중하는 동료들을 지켜보고 도와줄 수 있다는 것이다. 그들이 숙련된 기술과 열정을 갖고 그 일에 집중하는 모습을 보는 것은 큰 기쁨이다.

지금까지 내 손을 거쳐 다른 이들에게 전수된 일들은 갈수록 그 질이 높아지고 있다. 내가 지금 매진하고 있는 일도 결국에는 다음 세대가 물려받을 것이다. 적절한 시기에 이러한 세대 교체가 일어날 것이다. 그 과정에서 물론 시행착오가 되풀이될 수도 있겠지만, 우리는 이런 식으로 계속 앞으로 나아가고 있으며, 숙련된 기술과 경험도 이러한 기초 위에 축적하고 있다. 우리는 언제나 실천하고 수정하고, 분해하고 조립하고, 접고 펴고, 우리가 걸어온 길을 새로 닦고 미래를 설계하면서 이 여행을 계속할 것이다. 우리 회사의 실패와 약점이 하나씩 쌓여갈수록 성공과 만족도 함께 쌓여간다.

이 회사는 우리 모두가 시험을 거듭하고 도전하며 키워나가는 회사이다. 우리가 이곳에 있기에 받을 수 있었던 기회들을 앞으로도 계속 누리고 즐길 수 있기를 바란다. 회사의 안녕과 성공은 모두 우리에게 달려 있다. 사우스 마운틴 사는 우리 모두가 함께 만들어가는 회사이다.

나는 지금 갑판 위에 서서 우리 배가 바나 위에 남기는 물실을 보고 있는 기분이다. 지금 이 순간 나는 온전한 기쁨을 느낀다. 오늘 아침 회의 때 같이 커피를 마셨던 동료들에서부터 부모님께 드릴 집을 짓겠다고 나섰던 앨런 농장 시절 사람들에 이르기까지 지금까지 이 여행을 함께 해준 모든 이들에게 감사의 마음을 전한다. 1899년 뉴욕항에서 증기선을 타고 계시던 할아버지의 모습도 떠오른다. 내가 지금까지 들려준 이야기는 우리가 누구이고 어떤 일을 해왔는지에 대한 나의 회고록이다. 다른 사람에게서는 또 다른 모습의 회고록이 나올 것이다.

우리 회사의 이야기를 읽으며 깨달은 바가 있는 사람이라면 그 깨달음과 아이디어를 우리에게도 나누어주기 바란다. 당신과 우리가 서로에게서 배운 최상의 것과, 그 배움의 과정에서 얻은 사랑을 다가올 세대와 함께 나눌 수 있다면 우리가 상상하지 못한 새로운 세상을 볼 수 있을지도 모른다.

|부록 1|

사우스 마운틴 사의 종업원 주식 소유제 상세 설명

사우스 마운틴 사는 1987년 매사추세츠 주법에 의해 개인 기업에서 종업원 소유의 조합 회사로 변경되었다. 나는 나와 다른 두 명으로 구성된 집단에 회사를 매각했다. 우리는 새로운 기업의 세 명의 동등한 오너가 되었다.

전환을 통해 나는 5년에 걸쳐 상환할 수 있는 우선주優先株를 갖게 되었고 소유권을 공유하게 되었다. 새로 구성된 회사의 첫 번째 임원진은 1987년 1월 9일 출범하였다. 새로운 구조 안에서 우리는 소유권과 회사를 성공적으로 확장시켰다. 1987년 세 명의 오너로 시작해 한 명이 나간 후 일곱 명의 오너를 더 받아들여 총 아홉 명의 오너 집단이 구성되었다. 1995년 6월, 한 명의 오너가 퇴사했고, 그때 이후로 여덟 명의 오너를 더 받아들여 현재 열여섯 명의 오너가 있다. 오너로 전환할 뜻을 밝힌 열세 명의 평직원이 있으며 한 명의 평직원은 오너가 될 뜻이 없음을 밝혔다.

내 친구 제이미 울프가 말했듯 이것은 사우스 마운틴 사의 "뚜껑을 열고 들여다본 풍경"이다.

기준과 자격

모든 직원은 잠재적인 오너로 간주된다. 오너가 되기 위해 직원들은 다음의 네 가지 기준을 만족시켜야 한다.

1. 앞으로 사우스 마운틴 사에 계속 근무하려는 의도.
2. 실력과 협동 정신.(필요할 경우 평가를 통해 향상의 정도를 보여줄 수 있어야 한다.) 비판을 받아들이는 능력, 배움에 대한 의지.
3. 회사의 핵심 가치를 이해하고 존중할 의무. 작업의 품질, 기업 윤리 실천, 환경에 대한 책임, 타인에 대한 배려. 즉 우리는 신규 오너가 우리 회사를 대표할 수 있기를 바란다.
4. 사우스 마운틴 사를 제1의 직장으로 생각할 의무.

개인이 최소 5년 동안 7,500시간 일할 경우 오너 자격이 주어진다. 직원들은 처음 5년 동안 오너 적합성에 대한 평가를 받으며 소유권의 의미에 대해 교육을 받는다. 이 과정은 인사위원회가 주관한다. 개인이 오너 자격을 만족시킬 경우 그가 책임을 받아들이고자 하는지, 그리고 현재 오너들이 그를 신규 오너로 받아들이고자 하는지를 명확히 한다. 이 과정이 항상 간단하지는 않지만 대체로 질서 있고 일관성 있게 이루어진다.

관리와 경영

의사 결정은 임원 회의에서 이루어진다. 임원진은 오너들로 구성된다. 모든 오너는 직원이며 직원이 아닌 오너나 임원진은 없다. 각 임원은 한 사람이 하나의 의결권을 갖는다. 그러나 회의를 통해 결론을 도출할 수 없는 경우 합의 의사 결정consensus에 들어간다. 우리는 합의 의사 결정 체제를 갖고 있으며, 17년 동안 오직 세 번의 투표를 실시했다. 첫 번째 투표는 다소 가벼운 문제가 강한 의견 대립으로 이어져 회의를 통해 결론에 이르지 못한 경우이다. 결국 누군가가 "의미 없는 문제에 너무 많은 시간을 쓰고 있어요. 투표에 부칩시다"라고 건의했다.

두 번째와 세 번째 투표는 좀더 중요한 문제에 대한 것이었다. 두 번째 투표는 땅을 매각하고 회사를 재정리하는 중요하고 복잡한 제안에 대한 것이었다. 제안의 이점에 대해 의견이 불일치했고, 일부 임원은 매각과 정리의 과정이 회사가 바라는 대로 진행되고 있지 않다고 문제를 제기했다. 우리는 이 주제를 가지고 일주일 동안 세 번의 긴 회의를 했다. 전체 동의에 이르지 못해 투표를 실시했으며, 제안은 쉽게 통과되었다.

세 번째 투표는 신규 오너를 받아들이는 문제에 관한 것이었다. 심한 의견 대립과 논쟁이 있었다. 제안은 통과되었지만, 그후의 경험을 통해 우리는 우리의 오너 기준을 재정비하고 회사의 정책을 명확히 할 필요성을 느꼈다. 우리는 모든 경우 회의를 통해 합의된 결론에 도달할 수 있기를 바란다. 때로는 투표라는 제도의 이득을 보기도 한다.

임원진은 다음과 같이 회사의 미래에 영향을 미치는 의사 결정에 책임이 있다.

· 신규 오너 신청 승낙 및 주요 인사 문제
· 보상 및 이윤 정책
· 이윤 분배
· 향후 사업 및 작업 방향
· 대규모 구입, 투자 및 확장
· 새로운 모험
· 회사 성장
· 지역 사업 참여
· 주요 기부

경영진은 임원진이 이러한 의사 결정을 할 수 있도록 준비하며, 대부분의 경우 행동 방향을 권고한다. 매월 월례 회의 전에 미리 준비된 안건이 임원진에 배부된다.

오너 집단이 성장함에 따라 더 작은 위원회에서 맡는 일이 많아졌다. 네 명의 오너로 구성된 집행위원회는 매주 회의를 갖는다. 이 외에 인사위원회, 자선 및 기부위원회, 교육위원회가 활동하고 있다.

회사에는 사무부, 설계부, 실내장식부, 목공부, 목공작업부(현재 세명이 일하고 있다) 등 다섯 개 부서가 있다. 회사가 성장함에 따라 공동 경영 과정을 확장하여 정책 결정을 함께 하도록 한다. 내 일은 회사를 경영하는 것이지만, 회사 경영의 많은 부분은 각 위원회에 의해 이루어지고 있으며, 점차 집행위원회로 그 권한이 옮겨지고 있다. 제작위원회와 설계위원회는 정기적으로 회의를 갖는다. 작은 위원회가 우리의 회사를 관리한다. 개인이 관리 업무를 맡기도 한다. 즉 모든 작업은 현장 감독에 의해 관리되며, 작업장 관리자, 소규모 작업 관리자, 실내 장식부 관리자, 제품 판매 관리자, 정보 기술 관리자가 있다.

오너의 책임과 혜택

책임

1. 가입비 납부 아래 '신규 오너 가입비'를 참조하라.
2. 임원 회의 참석 오너들은 회의 자료를 모두 숙지해야 하며, 모든 임원 회의에 참석해야 한다. 이는 우리 회사의 현황과 업무를 이해하기 위해 필수적이다.
3. 회사 관리 방식의 이해 오너는 회사의 규칙을 숙지해야 하며, 회사 관리와 내부 자본 계정의 운용 현황을 파악해야 한다. 신규 오너는 회사의 이익을 위해 행동하는 것이 무엇인지 배워야 한다.
4. 회사를 대표하기 모든 오너들은 어떤 면에서 회사의 대사 역할을 한다. 모든 오너는 회사 규칙 및 소명 의식, 그리고 주요 원칙에 따라 회사의 가치를 만족시키는 방향으로 행동해야 한다.

혜택

1. 중요한 정책에 대한 의결권 및 소유권 오너로서 회사의 미래를 결정하는 것은 책임일 뿐 아니라 기회이다. 그 결정은 오너 개인의 직장 생활의 질을 결정한다.
2. 지분 공유 모든 오너들은 내부 자본 계정의 형태로 지분을 공유한다. 아래 '내부 자본 계정'을 참조하라.
3. 오너의 직위 모든 오너들은 직원인 동시에 오너이다.

신규 오너 가입비

직원이 오너가 될 때 지불하는 비용을 가입비라고 한다. 이는 사우스 마운틴 사의 주식을 구입하는 데 쓰인다. 우리는 처음 종업원 소유의 조합 회사로 전환하면서 가입비는 적지 않지만 받아들일 수 있는 정도여야 한다고 정했다. 너무 높으면 오너 참여율이 낮아질 것이므로, 중고차 한 대 가격으로 회비를 정했다. 이는 필요할 경우 누구나 감당할 수 있다고 생각되는 금액이었다. 1987년 가입비가 3,500달러로 정해졌다. 처음에는 매년 10퍼센트씩 인상하자는 의견이 있었으나, 1993년 매년 2퍼센트씩 인상하는 것으로 조정하였다. 2004년 11월에 가입비는 1만 1,600달러였다. 이는 신규 오너가 투자하기에 아주 좋은 액수이다.

납부된 가입비는 회사의 현금 보유 기금에 예치되며, 신규 오너는 가입과 동시에 개인 자본 계정을 갖게 된다. 회비는 5월 1일 및 11월 1일, 일시불로 현금 납부할 수 있으며, 36개월을 넘지 않는 한도 내에서 이자 없이 분할 납부할 수 있다. 분할 납부하는 신규 오너는 회비의 절반이 납부되는 시점부터 지분을 축적할 수 있다.

내부 자본 계정

우리 회사 시스템의 중요한 부분은 연간 이윤을 분배하여 오너 개인의 지분이 형성되는 것이다. 지분은 오너 개개인의 내부 자본 계정에 기록된다. 이는 현금 계정이 아닌 장부상 계정으로 회사의 순자산을 증가시킨다.

지분 계정은 각 오너가 지불하는 가입비로부터 시작하며 흑자를 기록하는 해의 연말에 증가한다. 지분 계정에는 이자가 붙지 않는다. 연간 순이익의 50퍼센트는 작업 시간에 근거해 오너들에게 배분된다.(이는 연간 현금 이윤 분배와는 다르다. 연간 현금 이윤 분배는 이윤의 약 35퍼센트가 보너스의 형태로 모든 직원에게 지급된다.)

그러나 임원진은 내부 자본 계정으로 들어갈 기금의 전부 혹은 일부를 어느 해라도 배당금으로 지급할 수 있다. 국세청에 따르면 배당금의 최소 20퍼센트는 현금이어야 하며, 전체 배당금은(비非현금 분량도) 각 개인에게 세금이 부과되는 수입이다. 임원진은 이윤이 많은 해에만 배당금을 지급하여 회사에 절세 효과가 있도록 한다. 그러나 배당금의 현금 분량이 현금 분배로부터 발생하는 소득세 증가분을 최소한 충당할 수 있게 함으로써 오너 개인에게 경제적 압력이 발생하지 않게 한다.

지분 계정은 오너가 퇴사할 때까지 증가하며, 배당금을 제외하고는 대체로 개인이 회사를 떠날 때까지 이용할 수 없다. 다음과 같은 경우에만 제한적으로 인출할 수 있다.

· 매년 총 3만 달러가 선착순으로 지급되며, 최대 인출 한도는 일인당 1만 5천 달러이다.
· 지급은 총 금액의 60퍼센트 선에서 이루어진다.(수혜자는 나머지 금액에 대해 세금 공제를 받을 수 있다.)
· 인출된 돈은 투자 목적으로 쓰여서는 안 된다.

지금까지 아무도 기금을 인출하지 않았다.

오너는 퇴사할 때 지분을 회사에 매각하여 매각 대금을 10년간 분할하여 지급받는다. 퇴사한 오너가 수령 기간을 줄이길 원한다면 대신 매각 대금을 할인하여 받을 수 있다. 이 경우 다음과 같은 비율로 지급된다.

· 즉시 지급: 60.0퍼센트

· 3년 지급: 72.5퍼센트
· 5년 지급: 79.5퍼센트
· 7년 지급: 86.5퍼센트

지금까지 지분을 지급받은 사람은 1995년에 퇴사한 오너 한 사람이다. (4년 반 동안 오너로 있었던 것에 대해) 약 4만 달러를 받았다. 2004년, 자본 계정의 누적 총액은 105만 달러이며, 오너가 가진 지분의 평가액은 2만 1천 달러에서 17만 9천 달러에 달했다.

1999년, 우리는 지분을 지원하고 앞으로 퇴사할 오너들에게 지불하기 위해 보유 기금을 설립했다. 이 기금은 급속도로 성장하고 있다. 보유 기금은 사회적 책임 투자에 쓰이며, 2004년 12월까지 약 60만 달러의 보유 기금이 축적되었다. 보유 기금은 오너들의 결정에 따라, 불경기에 직원들에게 지급하는 등 다른 목적으로 사용될 수 있다. 우리는 보유 기금에서 자유롭게 대출을 받을 수 있지만(투자되지 않은 기금을 무이자 내부 신용한도액으로 사용한다) 지금까지 이 기금으로부터 쓰인 돈은 없다. 이는 우리 모두가 벌어들이고 있는 주식 보유분의 토대가 된다.

현재의 회사 규칙에 따를 때 퇴사 후에는 누구도 소유권을 유지하거나 이윤을 공유할 수 없다. 임기가 끝나거나 퇴사할 때 오너의 주식은 회사가 다시 매입한다. 우리는 퇴사한 오너가 특정한 경우 소유권을 유지할 수 있도록 이 규칙을 바꾸는 중이다.

|부록 2|

의사 조정 및 합의 의사 결정

좋은 회의는 기쁨이다. 나쁜 회의는 비극이다. 대부분의 사람들이 회의를 하는 데 상당한 시간을 보낸다. 그러나 우리는 회의를 잘 이끄는 법이나 회의에 효과적으로 참여하는 법을 배우지 않았다. 현재 가장 보편적인 회의 방식은 군대에서 시작된 것으로, 견고한 구조와 행동 규칙, 다수의 법칙에 엄격히 따르는 것이 특징이다. 가끔은 결정된 의견에 대해 회의에 참석한 절반 정도의 구성원이 반대하는 경우도 있다. 많은 경우 우리는 대화와 참여를 유도하는 더 열린 과정을 통해 어느 정도까지는 지지받는 결론에 도달한다.

나는 많은 회의를 주재해 왔다. 그렇다고 해서 내가 회의에 특별한 전문가라는 뜻은 아니지만 나는 경험의 중요성을 존중하는 편이다. 나는 합의제에 의해 운영되는 회사에서 일한다. 내가 사는 공동 주거 마을도 합의에 의해 의견을 결정하며, 내가 단체장을 맡고 있는 비영리 단체에서도 합의를 통해 결론을 도출한다. 나는 합의를 통해 의사를 결정하고 문제를 해결하는 방식이 효율적이며 공동체에 매우 적합하다고 생각한다.

직원들 사이에 진정한 팀워크가 형성될 때 더 좋은 직장이 된다는 것은 분명하다. 그러나 전쟁이라든지 경쟁에서 이기기 위해 팀을 구성한다는 생각이 더 친숙하다. 지시와 명령을 내리는 지휘관이 있고 상대편을 쓰러뜨리기 위해 그 지시를 이행하는 부하들이 있다. 중재자인 빌 우리Bill Ury는 "사람들은 상호 의존도가 점점 높아지는 사회에서 적대적이고 승부 지향적인 태도가 더 이상 대안이 될 수 없음을 깨닫고 있다"고 말했다. 이러한 적대적 전략은 마치 "이 결혼에서 승자는 누구인가?"라고 묻는 것과 같다.

이 회사에서 승자는 누구인가? 이는 잘못된 물음이다.

의사 조정facilitation과 합의 의사 결정은 팀 내 위계 질서를 없애는 데 효과적인 도구이다. 팀 내에 위계 질서가 없을 때 최고의 성과가 나온다. 나는 지도자가 없는 팀 혹은 통제가 없는 회의를 제안하는 것이 아니다. 오히려 그 반대이다. 나는 구성원들의 능력을 이끌어내고 확장시키는, 뛰어난 지도자가 있는 회의를 제안하는 것이다.

의사 조정과 합의 의사 결정에 대해 이야기하려면 먼저 그것이 무엇을 의미하는지 알아야 한다. 하나씩 설명해 보겠다.

의사 조정

팀별로 무엇인가를 만들어내려면 팀별로 회의를 해야 한다. 그런데 무의미한 회의가 너무 많다. 너무 길고, 초점이 빗나가 있고, 사소하고, 생산적이지 않으며, 거만한 몇 사람이 주도하는 회의. 두서없고 지루하며, 시간 낭비와 논쟁뿐인 회의. 그런 회의에 참여하는 구성원들은 다음 회의를 두려워하게 된다.

의사 조정자는 구성원들이 주어진 시간에 의제를 완전히 토론할 수 있도록 돕고, 공동의 목표를 달성하기 위해 필요한 결정과 계획을 내릴 수 있도록 도와줄 책임을 맡는 사람이다.

보통의 경우 회의는 의사 조정자 없이 진행되거나 의사 조정에 대한 이해가 없는 구성원에 의해 진행된다.

의사 조정은 기술과 과학을 모두 필요로 한다. 의사 조정에 필요한 지식과 기술을 익히는 방법이 늘어나고 있으며, 기업과 정부, 여러 비영리 단체들에서 의식적으로 더 많이 사용되고 있다. 따로 배우지 않아도 의사 조정자의 자격을 갖춘 사람도 많이 있다. 그들은 의도하지는 않았지만 회의에서 의사 조정을 실천하는 사람들이다.

특히 규모가 큰 집단은 의사 조정을 꺼려한다. 책임이 너무 크기 때문이다. 매순간 집중해야 하며, 깨어 있고 활동적이어야 하고, 상황에 맞게 적절한 생각을 할 줄 알아야 한다. 이는 마치 춤을 추는 것과 같다. 갈피를 잡지 못하면 박자를 놓치고 넘어지게 된다. 클래식 음악보다는 재즈에 가까운, 에너지 소모가 많은 일이다. 음악가들이 공연 후 뒤풀이를 갖듯 의사 조정자도 회의 후 뒤풀이 시간을 가질 수 있다. 나 역시 뒤풀이 시간을 가진다.

의사 조정자는 집단 내 개개인을 책임지기보다는 집단과 일 자체를 책임진다. 이렇게 책임이 늘어나는 만큼 그에게는 부가적인 권리가 따른다. 의사 조정자는 다양한 관점이 표현될 수 있도록 회의를 활성화해야 한다. 중요한 의제일수록 회의에서 모든 관련 정보(사실 및 의견, 감정을 포함하여)가 검토되어야 한다. 의사 조정자는 집단이 안건 및 당면 과제에 집중할 수 있도록 해야 한다.

아마도 의사 조정에 관한 가장 흔한 오해는 의사 조정자가 구성원이 원하는 바를 모두 말하게 만들어야 한다는 것이다. 이는 아무에게도 발언권을 주지 않는 것의 정반대 경우이다. 의사 조정은 이 둘의 중간 지점을 찾는 기술이다. 가능한 한 많은 사람들이 가능한 한 충분히 자신의 의견을 표현할 수 있게 하지만, 그것은 구성원들의 의지와 시간이 허락하는 한도 내에서 이루어진다.

의사 조정은 교전이 아니다. 그것은 집단이 타협을 이끌어내도록 지도하는 방법을 배우는 것이다. 의사 조정자는 개개인의 의견이 공격받지 않도록 보호하고, 의제를 따라가기 위한 과정을 제시하며, 회의가 난관에 부딪힐 경우 다른 접근법을 제시할 책임이 있다. 경청은 의사 조정의 첫째 수칙이다. 의사 조정자는 집단 전체의 의견과 개개인의 의견에 귀기울이고, 집단의 목적이 무엇인지 경청해야 한다. 의사 조정자의 이런 경청 기술은 집단의 구성원들을 한데 모으고 활력을 준다.

나는 우리 회사 및 심 공동 주거 마을에서 의사 조정에 대한 상의를 한다. 두 조직 내에 이제 숙련된 의사 조정자가 많아졌다. 한번 의사 조정에 대한 교육을 받은 사람은 더 나은 회의 진행자인 동시에 더 나은 회의 참석자가 된다. 그들은 회의를 더 새롭고 완벽한 방법으로 이해하게 된다.

합의 의사 결정

내가 볼 때 의사 조정의 궁극적인 목표는 합의에 도달하는 것이다. 합의는 모든 구성원들의 지혜를 종합해 가능한 최선의 결정에 이르는 과정이다. 이는 만장일치가 아니다. 사실 구성원들은 자신이 동의하지 않는 의견도 승낙하는 경우가 있다. 그저 집단이나 상황의 요구에 맞추는 것이다. 합의의 뿌리는 승낙이다. 승낙은 허가를 의미한다. 어떤 결정을 승낙하는 것은 그 결정이 실행될 수 있도록 집단에 허가를 한다는 뜻이다.

합의는 타협이다. 그러나 더 중요한 것은 누구도 강하게 반대하는 의견을 승낙할 필요는 없다는 것이다.

합의는 그 본성상 협력의 산물이며, 경쟁의 성격을 가진 다수결의 원칙과는 달리 다양한 입장을 고려할 수 있다. 성공적인 결과를 위해 가장 중요한 태도는 타인의 의견을 귀담아듣고 이해하려는 의지와 겸손함, 자신의 의견이 최선이라고 주장하지 않고 다양한 의견을 공유하려는 의지이다.

합의를 변형의 과정으로 이해하는 사람도 있다. 여러 사람의 아이디어를 종합할 때 최종 결과는 한 개인의 결과보다 더 나은 법이다. 합의는 논쟁을 제거하는 것이 아니라 논쟁을 생산적인 것으로 변형하는 과정이다.

사우스 마운틴 사는 17년 동안 의사 결정의 한 방법으로 합의를 활용하고 있다. 내가 살고 있는 섬 공동 주거 마을의 경우는 주택이 완공되기까지 4년 동안 합의 의사 결정 방식을 따랐으며, 주택이 지어진 후 지금까지 5년 동안은 생활 속에서 합의의 방식을 따르고 있다. 반드시 합의라는 말을 쓰지 않을 경우라도 말이다.

합의 의사 결정은 어떻게 이루어지는가?

합의 의사 결정은 다음의 다섯 단계로 이루어진다.

1. 최초 아이디어의 표현
2. 아이디어 토론
3. 그에 대한 반응과 새로운 제안을 종합

4. 집단 내에서 제안을 실험하고, 필요할 경우 수정

5. 결정의 이행 및 평가

합의 의사 결정과 다수결의 근본적인 차이점은 합의 과정에서는 단 한 사람이라도 결정에 반대할 수 있다는 것이다. 합의는 다수결과는 다른 방식으로 개인에게 권한을 준다. 다수결 원칙은 빠른 의사 결정에 도달할 수는 있지만, 구성원 사이에 긴장감을 불러일으킨다. 다수결 원칙을 따를 때 구성원 사이에는 유대 관계보다 편리성이 더 중요시될 수 있다. 한 개인의 의견은, 그가 충분한 권한을 갖고 있지 않는 한 존중되지 않는다. 합의의 과정에는 대개 더 많은 창의성이 요구되며, 결과적으로 좀더 완벽에 가까운 해결책에 근접할 수 있다.

합의의 과정에서는 충분한 토론을 거쳤음에도 까다로우며 비생산적인, 그리고 권한을 가진 한 개인 때문에 결론에 도달하지 못하는 경우가 있다. 이 경우에는 보완 투표제를 활용할 수 있다. 내가 깊이 관여하고 있는 회사 및 단체는 모두 보완 투표 제도를 마련하고 있다. 다행히도 쓰이는 일은 거의 없다. 보완 투표제는 실제로 쓰이기보다는 그 자체가 합의 과정을 촉진시키는 역할을 한다. 강하게 반대 의견을 주장하는 사람이 있을 때, 그 개인은 타협점을 찾지 못할 경우 투표에서 자신의 의견이 채택되지 않을 것임을 알고 있기 때문이다.

가끔은 논쟁을 위한 논쟁이 이어지는 사태가 벌어진다. 그 경우 논쟁의 당사자들은 자신이 '악마의 변호인'(이론이나 제안의 타당성을 시험하기 위해 일부러 반대 의견을 말하는 사람—옮긴이) 역할을 맡았다고 여긴다. 나는 어떤 의사 조정자가 악마의 변호인을 자청하고 있다는 사람에게 이렇게 말하는 것을 들은 적이 있다. "의견을 말씀해 주셔서 감사합니다. 그러나 악마는 이미 필요한 변호를 모두 받은 것 같군요."

합의는 보수적인 의사 결정 과정이다. 한번 결정된 바를 바꾸려면 처음부터 새로운 합의를 시작해야 하므로 대체로 이미 내려진 결정은 변경되지 않기 때문이다. 어떤 이들은 결정을 번복하기 어렵다는 이유로 합의 의사 결정을 불편하게 여긴다. 그러나 합의를 통해 결정된 사항도 일부는 재검토 기간을 거치거나 일몰 조항(법이나 각종 규제가 일정 기간이 지나면 저절로 효력이 없어지도록 하는 제도—옮긴이)을 마련하고 있다. 일정 기간을 거친 후 결정을 변경할 수 있다는 점은 구성원들로 하여금 두려움 없이 새로운 아이디어를 실험할 수 있도록 한다. 이는 합의 과정에서는 몰랐던 새로운 지식을 나중에 활용할 수 있는 편리한 장치이기도 하다.

단 한 사람의 반대로 거의 결정이 내려진 사항을 재검토하는 일을 막기 위해서는, 합의를 재개할 경우 집단의 최소 구성원, 가령 집단의 10~20퍼센트 정도가 합의 재개에 찬성해야 한다는 규칙을 정한다.

어떤 문제에는 합의 과정이 효율적이지 않다. 전형적인 예가 색이나 디자인 선택, 스타일에 관한 문제이다. 건물의 색상을 선택할 때 합의 과정은 적절한 방식이 아닐 수 있다. 초록색과 푸른색 중 무엇이 최선의 선택인지 가릴 수 있는 기준이 없기 때문이다. 이는 단순히 개인의 취향이다. 이러한 경우에는 다수결 원칙이 문제를 해결하는 데 더 적합하다.

찬성의 정도

찬성은 동의를 의미하지 않는다. 합의 의사 결정의 목적은 잠시라도 모두의 '승낙'을 받는 결론을 도출하는 것이다. 어떤 의견을 지지하는 사람들이 있을 때 그들 중에는 진심으로 그 입장을 지지하는 사람, 어떤 쪽이든 상관없다고 생각하는 사람, 완전히 동의하지는 않지만 굳이 반대 의견을 낼 뜻은 없는 사람이 모두 있다.

반대자가 나오는 경우는 해당 의견이 집단 전체에 해가 된다거나 집단의 목적에 위배된다고 판단될 때뿐이다. 누군가 개인적인 이유로 집단의 결정에 반대한다면 그는 집단 전체가 자신의 가치관에 따라야 한다고 요구하는 것과 같다. 이 경우 의사 조정자는 이 점을 바로잡고, 집단의 의견에 반대하는 데에는 그만한 책임이 따른다는 것을 반대자에게 상기시켜 주어야 한다.

정식으로 반대 의견을 제시하지 않고 반대 의사를 표시할 수 있는 방법들이 몇 가지 있다.

· 지지하지 않는다—나는 이 결성에 동의하지는 않지만, 반대 의견을 제시하지는 않겠다.
· 보류한다—나는 이 결정이 ______한 이유로 실수라고 생각하지만 받아들이겠다.
· 추후 검토를 요구한다—나는 ______ 후에 이 결정이 재고되기를 바란다.

의사 결정 평가

나는 직원들이 회사에 관련된 사항을 결정하도록 하는 것은 위험하지 않느냐는 질문을 가끔씩 받는다. 직원들이 무엇을 알 수 있을까? 다양한 사람들이 합의를 통해 의사를 결정하는 것은 비효율적일 뿐더러 회의가 마비될 가능성이 있지 않을까? 의사 결정의 권한은 숙련된 경영자들에게 넘겨야 하지 않을까?

우선 우리 회사의 경험부터 이야기해 보겠다. 우리 회사의 운영 구조는 권한과 책임이 명확히 분리된 민주주의 제도이다. 실행 권한의 대부분은 경영진에 위임되어 있다. 이는 회사가 종업원 주식 소유제로 전환하기 이전에 정착된 구조라서 지금도 무리 없이 진행되고 있다. 종업원 주식 소유제로 전환한 후 달라진 점은 토론과 숙고, 변경의 명확한 체제가 마련되었다는 것이다. 종업원 주식 소유제로 전환하고 합의 의사결정 방식을 도입한 회사는 애초부터 그러한 제도로 시작한 회사보다 더 자유롭게 권한 위임을 이룰 수 있다. 새로운 기업 문화가 시작되면 회사가 성장해 가는 과정에서 자연스럽게 합의 의사 결정 방식을 도입하게 되기 때문이다. 우리의 경우 합의 의사 결정 방식은 우리의 관점을 넓혀주었을 뿐이다. 회사의 의사 결정을 더디게 하거나 우리의 의사결정 능력을 훼손하는 등의 단점은 없다.

우리 회사의 경험과 함께 세계 굴지의 석유 회사 셸 오일Shell Oil의 경우를 예로 들어보겠다. 셸 오일 역시 합의 의사 결정 과정을 효율적이라고 여긴다. 아리 드 호이스는 《살아있는 회사》에서 이렇게 설명했다.

> 셸 그룹은 조직의 최상위에서부터 아래에 이르기까지 기존의 방식으로 논쟁을 해결하는 경우는 없다.…… 경영위원회 임원진과 두 개의 이사회 임원들은 모두에게 의견을 제안하기 이전에 그들 사이에서 합의를 보아야 한다. 사실상…… 한 명 이상의 구성원이 강하게 반대하는 의견을 강요할 수 있는 방법은 없다. 우리가 요구하는 최소한의 기준은 준準 만장일치이다.…… 준 만장일치는 해당 제안에 모두가 동의한다는 것을 뜻하지 않는다. 그것은 거부권을 행사할 만큼 강하게 반대하는 사람이 없다는 뜻이다. 의장은 설득 이외에 일체의 권한을 갖지 않는다. 의장에게는 투표권 및 최종 결정권이 없다.[1]

드 호이스는 계속해서, 권력 분산은 의사 결정 과정을 더욱 활발하게 만드는 요소라고 말한다. 권력이 분산되어 있을 때 더 많은 참여와 조직적 학습이 가능하다. 왜냐하면 각 하위 조직의 실행은 내부적인 결정으로부터 나오는 것이지 외부에서 부과되는 것이 아니기 때문이다. 사람들은 협동이 요구될 때 최선의 능력을 이끌어낸다.

수년간의 경험을 통해 회사의 가치관을 정의내릴 수 있게 되면서 우리는 의사 결정에 대해 많은 것을 배웠다. 우리는 점차적으로 우리 앞에 놓인 아이디어들이, 논의되고 더 조정되어야 하며, 구성원 전체에게 받아들여지거나 거부되어야 한다는 것을 이해하게 되었다. 의견을 조정하고, 변경하고, 보류하고, 폐기하는 모든 과정이 공정한 게임이기에 새로운 제안을 찬성하고 반대하는 데 있어 싸울 필요가 없었다. 우리는 의견을 숙고히고 경청하며 다듬기만 하면 되었다. 대화는 만족스러운 타협점을 찾아주지만 논쟁은 그렇지 못했다. 우리 모두는 각자의 위치에서 이 점을 깨달아야 한다. 회사의 가장 중심적인 오너로서 나는 내 의견을 강하게 밀어붙여서는 안 된다는 것을 배운다. 다른 직원들은 스스로를 권한이 없는 일개 직원으로 생각해서는 안 된다. 우리 모두는 서로를 신뢰하는 법을 배워야 한다. 이와 같은 자세를 잃지 않을 때 우리는 대화를 즐기게 되고 상대를 내 쪽으로 설득하기보다는 함께 문제를 고민하는 쪽을 택하게 될 것이다. 이제 우리는 오너의 한 사람으로서, 회사를 이끌어가는 한 집단으로서, 지역 공동체의 일부를 구성하는 한 회사로서 우리가 믿는 바를 명확히 주장할 수 있다.

나는 이러한 문제들이 모두 해결된 것처럼 말하지는 않겠다. 우리는 계속해서 책임, 의무, 품질, 두려움, 소유권, 회사의 미래에 대한 문제들과 씨름해야 할 것이다.

사우스 마운틴 사와 섬 공동 주거 마을은 모두 구성원들의 참여와 합의를 중요시하는 민주적인 조직이지만 이들 사이에는 명백한 차이점이 있다. 사우스 마운틴 사는 기업이고, 섬 공동 주거 마을은 민간 단체이다. 사우스 마운틴 사는 긴 역사를 갖고 있지만, 섬 공동 주거 마을은 생긴 지 얼마 되지 않았다. 그리고 잘 드러나지 않지만 근본적인 또 다른 차이점이 있다. 사우스 마운틴 사는 전문가의 문화를 갖고 있다. 능력과 경험이 있는 구성원들이 결정을 내리고 행동을 취한다. 다른 이들은 이 사실을 받아들이며, 그들 스스로 다른 선택을 할 권한이 있음에도 전문가들의 접근법에 신뢰를 갖는다. 이들의 결정에는 고객, 손익분기점, 회사의 명성 등 강한 책임 의식이 뒤따른다. 반면 섬 공동 주거 마을은 민간 단체이며, 민간 단체는 전문가로 구성되어 있지 않다. 그들에게는 마을에 대한 의식이 중요하다. 섬 공동 주거 마을에서 나는 우리가 서로에 대해서뿐 아니라 마을 자체를 존중하는 문화를 키워가기를 바란다. 전통과 기준, 마을의 역사에 대한 의식을 키워갈 때 이 민간 단체의 문화도 진보할 것이라고 믿는다. 앞으로 가야 할 길이 멀다.

내가 일을 통해 얻은 중요한 수확은, 오랜 시간에 걸쳐 의사 조정과 합의 의사 결정 과정에 대해 알아가고 실천하는 법을 배웠다는 것이다. 요즘에 회의를 시작할 때 나는 우리가 필요한 합의에 이를 수 있다는 것을 대체로 알 수 있다. 기대되는 부분은 내가 모르는 것, 즉 어떤 합의가 이루어질까 하는 것이다. 협동을 통한 의사 결정 과정이 효율적으로 실행되는 공동체에서는 놀라운 결론, 그리고 시작할 때와는 전혀 다르게 발전되는 의견들을 흔히 접할 수 있다.

의사 조정과 합의 의사 결정에 관한 자료들

의사 조정과 합의 의사 결정 과정에 대해 깊이 있게 다룬 책들이 많이 있다. 아래 몇 가지만 소개한다. 이 부록에 사용된 많은 정보들은 특별히 유용한 가르침을 많이 얻은 롭 샌들린Rob Sandelin의 저작에서 인용하였다.

- 롭 샌들린, 《회의를 효과적인 합의로 이끌기 위한 의사 조정자 지침서*A Facilitator's Guide to Effective Consensus Meetings*》(www.ic.org/nica/book/Cover.htm에서도 볼 수 있음)
- 롭 샌들린, 《합의란 무엇인가?*What Is Consensus?*》(www.ic.org./nica/Process/Consensusbasics.htm에서도 볼 수 있음)
- 로저 피셔Roger Fisher, 윌리엄 우리William Ury, 브루스 패튼Bruce Patton, 《'예' 라는 답을 얻는 법*Getting to Yes*》(Penguin Books, 1991)
- 윌리엄 우리, 《서드 사이드*The Third Side*》(Penguin Books, 1999)
- 케빈 울프Kevin Wolf, 《좋은 회의에 필요한 것들*The Makings of a Good Meeting*》(www.dcn.davis.ca.us/go/kjwolf에서도 볼 수 있음)

헌사

흔히 책을 쓰는 것은 혼자서 기업을 해나가는 것과 같다고 생각한다. 저자는 일련의 아이디어들을 갖고 그것을 다른 이들에게 흥미로운 방식으로 제공하려고 노력한다. 그러나 적어도 이 책을 만드는 일은 그것과는 달랐다. 내가 경험한 그 어떤 것보다도 커다란 협력의 산물이었다. 어떤 부분도 나 혼자 쓰지 않았다.

이 책은 셀 수 없이 많은 이들과 함께 한 경험의 산물이다. 이 책에서 언급된 사람들 또 언급되지 않은 많은 이들은 이 책이 나오기까지 많은 공헌을 했다. 이 헌사를 통해 이 작업을 진행하는 데 부분적으로 혹은 전반적으로 도와준 모두에게 감사를 전한다. 그러나 많은 이들이 스스로도 알지 못하는 방식으로 또 나 자신도 인식하지 못한 방식으로 많은 도움을 주었다. 사람들이 '일인 기업'이라 칭한 이 작업은 내게는 여러 사람들과 함께 한 여행처럼 느껴진다. 마치 한 채의 집을 짓는 일처럼.

이 여행은 일의 관점에서도 중요했지만 내 인생의 일부로서도 중요한 것이었다. 인생에서 내 가족만큼 중요한 것은 없다. 아내 크리스, 아이들 핀토와 소피, 손자 손녀인 칼립과 실라스, 그리고 며느리 크리스텐과 제시카. 이들은 내게 끊임없는 기쁨을 준다.

나의 부모님, 마릴린 에이브램스, 허브 에이브램스는 셀 수 없이 많은 방식으로 나를 지원해 주셨다. 단단한 바위처럼 항상 나를 지켜주셨다. 아버지의 직업 윤리, 낙관주의, 그리고 성실함은 지금의 내가 있게 해준 바탕이 되었다. 누나 낸시는 내가 어른스러운 아이로 자라도록 도와주었다. 세 살짜리 내게 누나는 학교에서 배운 모든 것을 매일 가르쳐주었다. 이들 모두를 소중하게 생각한다.

이 책을 쓰는 데 빼놓을 수 없는 세 명의 스승이 있다. 제이미 울프, 리 할프린, 내 아내 크리스 허드슨 에이브램스.

나는 회사와 지역에 대해 10년이 넘게 제이미와 토론해 왔다. 토론은 우리가 1980년대 말 '북동부 지속 가능한 에너지 협회' 에서 공동 참가자로 만났을 때부터 시작되었다. 우리는 함께 회의에 참가하고, 민간 단체들을 지원했으며, 서로의 회사를 도왔다. 제이미 역시 설계 및 시공 리모델링 회사를 운영하고 있는데, 우리는 회사에 대해 그리고 인생에 대해 많은 생각들을 공유할 수 있었다. 우리의 지속적인 토론은 주로 전자 우편을 통해 이루어진다. 전자 우편을 통해 의견을 주고받는 것에 지치면 우리는 전화를 하거나 직접 만나곤 한다. 어떤 식으로든 토론이 계속되는 것이다. 더 깊이 생각하는 것은 언제나 어렵다. 제이미는 내가 이 책을 쓸 때 열심히 그리고 비판적으로 읽어주었으며 지원을 아끼지 않았다. 제이미의 도움에 감사한다. 우리의 토론과 우정이 앞으로도 계속되기를 바란다.

리와의 만남은 내가 비니어드 섬에 처음 왔을 때로 거슬러 올라간다. 그는 한결같이 따뜻한 친구이자 스승으로, 내가 어떤 것도 포기하지 않을 수 있도록 도움을 주었다. 오랫동안 나는 간헐적으로 리에게 내 글의 검토를 부탁했다. 원고는 빨간 줄 투성이로 되어 되돌아오곤 했다. 가끔은 원고의 끝에 의견을 적어 보내기도 했는데 그것만을 따로 책으로 내도 될 정도이다. 그는 내 원고를 꼼꼼히 살피고 조언하고 깊이를 더해 준 최고의 편집자이다. 이 책에 내가 모르는 것이 조금이라도 들어갔다면 그것은 모두 리의 덕분이다.

나에게 삶과 인간성, 무엇보다 사랑을 가르쳐준 크리스는 세상에서 가장 뛰어난 '거짓말 탐지기'이다. 누구나 삶에서 이런 사람을 만나야 한다고 생각한다. 그녀는 내 글을 꼼꼼히 읽고 사실이 아닌 부분을 골라내 주었다. 이 책에 거짓말이 들어가 있다면, 그것은 부분적으로는 크리스가 잡아내지 못했기 때문이고, 대부분의 경우는 내가 크리스의 지적을 귀담아듣지 않았기 때문이다.

크리스는 또한 내가 책을 쓰는 동안 책에만 몰두할 수 있도록 배려해 주었다. 우리는 스무 살이었던 1969년부터 함께 했다. 그래서 책을 쓰는 동안에도 언제나 함께 했다. 우리는 함께 자랐다고 말할 수도 있을 것이다. 크리스가 아니었다면 지금의 모든 것들은 불가능했을 것이다.

이 세 사람의 관대함과 지혜로움, 그리고 좋은 품성에 나는 그저 감동할 뿐이다.

이 책이 나오는 데 없어서는 안 될 사람들이 또 있는데, 그 중 몇 명만 이야기하겠다.

나와 윌리엄 그라이더는 버몬트 종업원 주식 소유제 센터의 연례 회의에서 서로 발표를 하면서 만났다. 그날 밤 술집에서 이야기를 나누면서 나는 지혜가 풍부한 달변가와 이야기하고 있다는 느낌을 받았다. 그는 그날 밤 자신이 "지난 25년간 종업원 주식 소유제에 열정"을 갖고 있었다고 말했다. 나는 그 말이 마음에 들었다. 우리는 그후 몇 차례 더 이야기를 나누었다. 지난 5월 보스턴 회의에서 만났을 때 나는 그에게 내 책의 서문을 써줄 수 있는지 물었고 그는 기꺼이 승낙해 주었다. 나중에 원고가 완성되어 그에게 보내주었을 때는 원고를 읽어보고 놀랍도록 사려 깊은 편지를 보내주었다. 격려의 말이 많았지만 책을 더 좋게 만드는 법에 대한 조언도 잊지 않았다. 나는 그의 조언을 받아들여 몇 군데를 다시 썼다. 그 덕분에 더 나은 책이 된 것 같다.

나는 첼시 그린 출판사Chelsea Green의 편집위원장인 우디 타슈Woody Tasch가 이 책의 책임 편집자를 맡고 싶다고 이야기했을 때 회의적이었다. 그는 전에 한 번도 책을 편집해 본 적이 없었다. 게다가 내가 알기로 그는 아주 바쁜 사람이었다. 그가 원고를 제대로 손볼 수 있을까? 그는 유능한 편집자일까? 나는 한번 시험해 보기로 했다. 그는 아주 뛰어난 편집자였다. 의미를 명확히 하고, 구조를 분석하고, 대안을 제시해 주었다. 그는 내가 의미한 바를 조금도 바꾸지 않고 내가 쓴 비속어를 온화한 말로 고쳐주었다. 우디의 도움에 감사한다. 멋진 역할을 맡아주었다.

《좋은 건축*Fine Homebuilding*》의 편집장 케빈 이레튼Kevin Ireton은 내가 잡지에 에세이를 쓰던 10년 전부터 이 책을 쓸 수 있도록 도와주었다. 당시 나는 편집자가 실제로 하는 일이 무엇인지 몰랐다. 그는 편집자의 목적은 단 한 가지, 바로 저자가 말하려는 바를 말할 수 있도록 기회를 주고 그것을 더 잘 표현할 수 있도록 돕는 것임을 알려주었다. 그는 실제로 내게 그러한 도움을 주었다. 케빈은 훌륭한 편집자이자 명쾌하게 생각하는 사람이며 좋은 친구이다.

마이크 드레즈너는 우리 회사의 오너 중 한 명이다. 나는 이 책이 나오기 전에 회사 사람 중 한 명이 원고를 읽어보기를 원했고, 그를 선택했다. 마이크는 20년 동안 이 회사의 주춧돌과 같은 존재였기 때문이다. 그는 막대한 역할을 맡았다. 그는 내게 특히 좋은 파트너였다. 다른 점이 많은 우리는 서로를 보완해 준다. 우리는 같은 의견을 갖는 부분도 많고 그렇지 않은 부분도 많다. 서로 다른 의견을 갖고 있을 때는 서로에게서 배울 수 있어서 좋다. 나는 또한 다른 두 명의 오너에게도 특별한 감사를 전하고 싶다. 디어드리 보한과 필 포레스트는 내가 안식년에 들어갔을 때 마이크과 함께 집행위원회를 만들었다. 그들은 엄청난 일을 해주었다. 그들은 이 회사의 미래이다.

우리의 오랜 고객의 아들이자 명망 있는 작가인 닉 웨인스탁Nick Weinstock은 내가 이 책의 계획안을 짜는 데 도움을 주었다. 그는 바쁜 시간을 쪼개어 이 작업을 도와주었으며, 내가 이 일을 해낼 수 있다고 격려해 주었다.

나는 내 출간 계획서를 첼시 그린 출판사 한 군데에만 보냈다. 나는 첼시 그린 출판사가 우리 회사와 공통점이 있고, 그들의 가치관이 우리와 멋지게 맞아떨어질 것이라는 직감을 갖고 있었다. 첼시 그린 출판사의 발행인 마고 볼드윈Margo Baldwin은 주저 없이 내 출간 기획안을 수락해 주었다. 그녀는 전화 통화에서 이렇게 말했다. "저희 출판사가 고민하는 문제와 정확히 일치하네요. 이 책을 내고 싶습니다." 그녀의 믿음을 감사하게 생각한다. 그녀는 처음부터 줄곧 이 책에 대한 믿음을 보여주었다. 마고, 그리고 첼시 그린 출판사와 계속 함께 일할 수 있기를 바란다.

첼시 그린 출판사의 또 다른 편집자인 마시 브랜트Marcy Brant는 이 책이 나오기까지 전체적으로 관리하고 이끌어주는 책임을 맡았다. 마시는 친절하고 능숙하게 일해 주었다. 그녀는 아무것도 놓친 것이 없다. 그녀를 비롯하여 콜레트 레너드, 켈리 매닝, 에린 한라한 등 여러 편집자들과 함께 일한 것은 기쁨이었다. 아마추어 작가인 내가 던진 잦은 질문들이 귀찮았을 법도 한데 그들은 전혀 그런 내색을 하지 않았다. 나는 첼시 그린 출판사와 아주 좋은 관계를 갖고 있다.

스털링 힐 프로덕션Sterling Hill Productions의 피터 홀름과 그의 조수인 다리아 호크는 매우 중요한 일, 즉 이 책의 디자인을 맡아주었다. 낸시 링거는 원고 정리를 훌륭히 해주었다.

첼시 그린에 출간 기획안을 보내기 전에 나는 세 명의 에이전트에게 기획안을 보냈다. 그 중 업튼 브래디는 긍정적인 반응을 보였지만, 그의 대답이 왔을 때는 내가 첼시 그린 출판사와 연락해 마고로부터 책을 내고 싶다는 전화를 이미 받은 상태였다. 업튼도 나의 선택에 동의하며, 버몬트의 작고 독립적인 출판사(바로 첼시 그린이다!)에서 내 책을 내는 것이 안성맞춤일 것이라고 편지를 통해 말해 주었다. 나는 이미 첼시 그린과 계약을 맺은 상태라 에이전트가 필요 없었지만, 업튼은 여러모로 도움을 주었다. 그의 신뢰감에 감사를 전한다.

내 원고를 부분씩 읽으며 많은 도움을 준 사람들도 있다. 아버지 허브 에이브램스, 친구 조나단 오르핀, 니나 켈러, 제프 할프린, 캐롤 에번스가 그들이다.

이 책에 실린 사진을 찍어준 이들에게도 감사를 전한다. 특히 회사의 경리 직원인 베치 스미스에게 감사한다. 이 책을 내는 데 많은 도움을 주었다. 사진을 정리하고, 책과 잡지에서 내가 수도 없이 밑줄 쳐놓은 부분을 옮겨 써 주었으며, 참고 도서 목록을 작성해 주었다.

이 책의 진짜 주인공은 내 동료이자 회사의 오너인, 우리 회사 사람들이다. 그들 모두에게 진심으로 감사한다. 그들의 이름을 한 명씩 부르고 싶다. 그들은 회사에게도, 그리고 내 개인적으로도 저마다 다른 의미가 있기 때문이다. 우선 오너들인, 핀토 에이브램스(나의 아들), 데릴 배지, 케인 베넷, 디어드리 보한, 피터 디안젤로, 빌 딜런, 마이크 드레즈너, 필 포레스트, 피트 이브스, 켄 로이호텐마허, 펙 맥켄지, 팀 마티센, 피터 로드거스트, 짐 베르크뤼스, 로렐 윌킨슨. 이 훌륭한 파트너들 덕분에 나는 안식년을 가질 수 있었고 이 책을 쓸 수 있었다. 이들 중 피트 이브스가 28년간 우리 회사에서 일했다는 사실은 놀라울 뿐이다. 내가 일한 시간과 2년밖에 차이가 나지 않는다. 그는 아직도 비니어드 섬에서 파도타기를 하는 사람 중 최고참자이다.

그 다음은 우리 회사의 직원이자 미래의 오너들을 소개한다. 라이언 부셰이, 벤 카메론, 커티스 프리드만, 밥 줄리어, 존 레인지, 롭 메이어스, 시오반 케이시 멀린, 스티브 오브라이언, 그레그 스몰, 베치 스미스, 돈-E 터넬, 발레리 리제, 타라 시몬스, 데니스 툴린, 질 월쉬.

전前 오너였던 스티브 시네트와 비키 로마나우스카스에게도 감사의 말을 전한다. 지금에 이르기까지 길을 닦아주었다. 스티브는 처음부터 동료이자 친구로서 중요한 역할을 해주었다.

전前 직원들 모두에게도 감사를 전한다. 메리 알페른, 에릭 베이츠, 루 보타, 아이삭 캐니, 마크 캐롤, 메레디스 딜런, 스티브 도노반, 우디 더글라스, 팀 에디, 그레그 히스, 브루스 이냐시오, 패트릭 린제이, 프리모 롬바르디, 스코트 멀린, 다나 피터슨, 칼 프랫, 카를로스 라미레즈, 낸시 로저스, 에릭 롭케, 헤이키 소이켈리, 알리샤 스펜스, 필 스트로더, 마르코 터로프, 수잔 윌리엄슨. 우리와 불편하게 일했던 몇 명의 이름도 제하지 않고 포함시켰다.

오랫동안 여름마다 일해 준 젊은이들에게도 감사의 말을 전한다. 소피 에이브램스(나의 딸), 뱀프 캠벨, 냇 코헨, 마크 쿠에트, 밀로 디안토니오, 다린 에번스, 션 조지, 테일러 이브스, 인슬리 줄리어, 팀 로젠, 스코트 레이지스, 척 리거, 이벤 라이트, 웨슬리 룩, 샘 밀러, 스키에 모스, 잭 레이놀드, 대니 세이건, 조쉬 백, 노아 야훼. 대니는 우리 회사가 그의 아버지의 집을 짓던 1980년부터 일을 시작했다. 당시 열네 살이던 그는 이후에도 오랫동안 우리 회사에서 일을 했다. 지금은 버몬트에서 건축가로 일하고 있다. 노아도 우리와 오래 일했으며 건축 학교에 진학해 최근에 졸업했다.

내게 배움을 준 사람들이 또 있다. 오래 전에 알던 사람, 최근에 알게 된 사람, 이 책을 위해 인터뷰에 응해 준 사람 중 일부만 언급하겠다. 멀 애덤스, 클라리사 앨런, 매들린 블레이클리, 딕 블루스타인, 앤 부스와 토니 비숍, 스튜어트 브랜드, 테리 브레넌, 필 브로엄, 톰 체이스, 부르스 콜드햄, 마이크 페레티, 스모키 퓰러, 그레그 그래이엄, 로리와 리처드 하머메쉬, 테리와 제리 하스, 프리츠 휴이트, 마조리 켈리, 롭 켄달, 매튜 키퍼, 제리와 낸시 콜버그, 밥 쿠엔, 리처드 레너드, 지노 마자페로, 데니스와 낸시 맥혼, 피터 피테고프, 크리스티나 플랫, 미첼 포진, 욥 포터, 론 라파포트, 바크 로센바움, 엘리와 쓰리미 세이건, 데이비드와 팻 스콰이어, 제리 털리스, 로이와 다이애나 베겔로스, 줄리언 밴벨, 킹슬리 반와그너, 케이트 워너, 데이비스와 베치 웨인스탁, 앨런 화이트, 알렉스 윌슨, 폴과 실비 패링튼, 필립 조르디와 랜디 베어드, 그리고 인디고 팜의 모든 사람, 많은 하도급업자, 공급 업체, 모든 협회들에게 감사의 말을 전한다. 마지막으로 나의 장인, 장모님 페리 허드슨과 마서 맥거피에게 감사한다.

이제, 자리에 앉아 누구의 이름을 빠뜨렸는지 생각해 볼까? 그 명단이 더 길지도 모르겠다.

더 자세한 사항을 위해서는 내 전자 우편 jabrams@vineyard.net이나 회사 홈페이지 www.southmountain.com로 연락할 수 있다.

|주|

■ 1

1) 버나드 카마로프Bernard Kamaroff, 《소규모 기업 경영자*Small-Time Operator*》(Laytonville, CA: Bell Springs, 1991).
2) 미첼은 아내 클라리사Clarissa의 가족이 몇백 년 동안 살아온 곳에서 아내와 함께 지금도 농사를 짓고 있다. 앨런 농장의 목양 산업은 비니어드 섬의 농업에 새로운 장을 연 상징적인 것이 되었다.
3) 세계화의 문제점을 다룬 저자들로는 제프 게이츠Jeff Gates, 윌리엄 그라이더William Greider, 찰스 핸디Charles Handy, 폴 호켄Paul Hawken, 마조리 켈리Marjorie Kelly, 데이비드 코텐David Korten 등이 있다.
4) 경제학자 요셉 슘페터Joseph Schumpeter(1883~1950)는 회사에 끊임없는 변화와 혁신이 필요하다고 지적하며 이를 '창조적 파괴' 라고 불렀다.
5) 마조리 켈리, 《자본의 신성한 권리: 기업 귀족주의의 몰락*The Divine Right of Capital: Dethroning the Corporate Aristocracy*》(San Francisco: Berrett-Koehler, 2001), 110쪽.
6) 이 용어는 《광야에서의 외침: 비밀 일기에서 발췌한 수기*A Voice Crying in the Wilderness: Notes from a Secret Journal*》에 나온 것이다. 이 책은 무정부주의 작가이자 환경보호론자인 에드워드 애비Edward Abbey의 마지막 저서로, 그가 사망한 1989년에 출간되었다.
7) 나는 비니어드 섬 보호 모임Vineyard Conservation Society이 주최한 대담에서 포브스Peter Forbes가 이렇게 말하는 것을 들었다.
8) 찰스 핸디, 《헝그리 정신*The Hungry Spirit*》(New York: Broadway Books, 1999), 121쪽.

■ 2

1) 대니얼 부어스틴Daniel Boorstin, 《미국인: 국민적 경험*The Americans: The National*

Experience》(New York: Vintage Books. 1965), 21쪽.

2) 윌리엄 그라이더, 《자본주의의 정신*The Soul of Capitalism*》(New York: Simon & Schuster, 2003), 13쪽.

3) 마조리 켈리, 《자본의 신성한 권리》, xvi쪽.

4) 같은 책, 186쪽.

5) 윌리엄 그라이더, 《자본주의의 정신》, 272쪽.

6) 여기에 인용한 것은 1986년 봄에 열린 회의의 회의록에서 발췌한 것이다.

7) 피터 피테고프는 우리에게 많은 도움을 주었다. 그를 고용한 것은 우리에게 큰 행운이었다. 원칙에서 자유로운 그의 태도에 특히 신뢰가 갔다. 그는 우리가 종업원 주식 소유제의 시험 기한으로 5년을 요구했을 때에도 우리의 신중함을 이해해 주었다. 우리는 새로운 제도를 시행해 가면서 언제든지 수정할 수 있었다. 시험 기한을 거쳐본 결과 5년이라는 시간은 생각만큼 길지 않았다.

8) 마조리 켈리, 《자본의 신성한 권리》, 152쪽.

9) 존 로그John Logue, 재클린 예이츠Jacquelyn Yates, 《종업원 주식 소유제의 현실*The Real World of Employee Ownership*》(Ithaca, NY / London: ILR Press, 2001), 14쪽.

10) 같은 책, 73쪽.

11) 피터 피테고프, 〈엔론 사의 직원 소유제: 지역 공동체 발전 전략을 재고하다Worker Ownership in Enron's Wake: Revisiting a Community Development Tactic〉, 《소규모 신생 기업의 여덟 번째 법칙*The Journal of Small and Emerging Business Law 8*》(2004), 239~259쪽.

12) 존 로그, 재클린 예이츠, 《종업원 주식 소유제의 현실》, 171쪽.

13) 피터 피테고프, 〈엔론 사의 직원 소유제〉, 255쪽.

14) 이 자료는 http://www.red-coral.net/WorkCoops.html에서 볼 수 있다.

15) 이 자료의 정확한 출처를 찾지 못했다.

16) 이 자료의 출처 역시 찾지 못했다.

17) 찰스 핸디, 《코끼리와 벼룩*The Elephant and the Flea*》(Boston: Harvard Business School Press, 2001), 129쪽.

18) 제프 게이츠, 《위기에 빠진 민주주의*Democracy at Risk*》(Cambridge, MA: Perseus, 2001), lii쪽.

■ 3

1) 허먼 E. 데일리Herman E. Daly, 《성장을 넘어서: 지속 가능한 개발의 경제학*Beyond*

Growth: The Economics of Sustainable Development》(Boston: Beacon Press, 1996), 167쪽.

2) 제이미 S. 월터스Jamie S. Walters, 《작은 거인: 회사 규모를 키우지 않고도 성장하는 네 가지 열쇠*Big Vision, Small Business: The Four Keys to Finding Success and Satisfaction as a Lifestyle Entrepreneur*》(San Francisco: Ivy Sea, 2001), 58쪽.

3) 조지 젠드런George Gendron, 〈미국에서 가장 사랑받는 사업America's Favorite Hometown Business〉, 《기업*Inc.*》(July 2002) 20쪽.

4) 찰스 핸디, 《헝그리 정신》(New York: Broadway Books, 1999), 106~107쪽.

5) 귄터 파울리Gunter Pauli, 《업사이징*Upsizing*》(Sheffield, UK: Greenleaf, 1998), 121쪽.

6) 폴 호켄Paul Hawken, 《성장 비즈니스*Growing a Business*》(New York: Fireside, 1987), 94쪽.

7) 찰스 핸디, 《헝그리 정신》, 107~108쪽.

8) 조지 젠드런, 〈미국에서 가장 사랑받는 사업〉, 20쪽.

9) 사라 수잔카Sarah Susanka, 《그리 크지 않은 집*Not So Big House*》(Newtown CT: Taunton, 1998), 5쪽.

10) 대기업에 대한 논의는 이 책의 주제에서 벗어난다. 프리츠 슈마허Fritz Schumaker의 고전 《작은 것이 아름답다*Small is Beautiful*》는 대기업의 미덕을 깊이 있게 분석해 놓았다. 그는 1973년 세계 경제의 문제점을 완벽하게 예측하고 지역 자치와 대기업의 역할을 제안한 바 있다. 이 책의 19장 '소유권의 새로운 패턴New Patterns of Ownership' 을 보라.

11) 150의 법칙에 대한 내용은 다음의 세 가지 자료에서 나온 것이다. 말콤 글래드웰Malcolm Gladwell, 《티핑 포인트: 작은 것들이 큰 변화를 만드는 법*The Tipping Point: How Little Things Can Make a Big Difference*》(Boston: Little, Brown, 2000); 리릭 듀버영Lyric Duveyoung이라는 시적인 이름의 한 여성이 운영하는 웹사이트 CommonSenseAdvice. com; 고어W.L. Gore의 웹사이트 http://www.gore.com.

12) 말콤 글래드웰, 《티핑 포인트》, 180쪽.

13) 윌리엄 그라이더, 《자본주의의 정신》, 88쪽.

14) 버지니아 포스트렐Virginia Postrel, 《스타일의 전략*The Substance of Style*》(New York: HarperCollins, 2003), 10쪽.

15) 데이브 토머스Dave Thomas, 마이클 시드Michael Seid, 《초보자를 위한 프랜차이즈*Franchising for Dummies*》(New York: Hungry Minds, 2000), 104쪽.

16) 톰 맥마킨Tom McMakin, 《세상에서 가장 맛있는 빵집 이야기*Bread and Butter: What a Bunch of Bakers Taught Me about Business and Happiness*》(New York: St. Martin's, 2001), 52쪽.

17) 같은 책, 63쪽.

18) 같은 책, 57쪽.

■ 4

1) 존 엘킹턴John Elkington, 《포크를 든 식인종: 21세기 기업의 삼중 가치*Cannibals with Folks: The Triple Bottom Line of 21st Century Business*》 (Stoney Creek, CT: New Society Publishers, 1998).

2) 웨인 노먼Wayne Norman, 크리스 맥도널드Chris MacDonald, 〈'삼중 가치' 집중 탐구 Getting to the Bottom of 'Triple Bottom Line'〉, 《계간 기업 윤리*Business Ethics Quarterly*》 (2003년 3월).

3) 현재 비니어드 섬에는 개나 사람보다는 스컹크가 더 많은 것 같다. 내가 알기로 이곳에는 스컹크의 천적이 없다. 가속화만이 유일한 통제의 방식이다.

4) 이는 1993년 2월 회의의 회의록에서 발췌한 것이다.

5) 피터 M. 센지Peter M. Senge는 조직에 관해 쓴 책 《다섯 번째 훈련: 학습 조직의 기술과 실제*The Fifth Discipline: The Art and Practice of the Learning Organization*》 (New York: Doubleday/Currency, 1990)를 통해 이 용어를 널리 알렸다.

6) 폴 와첼Paul Wachtel, 《풍요 속 빈곤*The Poverty of Affluence*》 (New York: Free Press, 1983), 284쪽.

7) 알피 콘, 《경쟁을 넘어서》 (New York: Houghton Mifflin, 1992), 48쪽.

8) 같은 책, 49쪽.

9) 같은 책, 22쪽.

10) 같은 책, 8쪽.

11) 같은 책, 뒤표지 문구.

12) 제프리 홀렌더Jeffrey Hollender, 스테픈 페니첼Stephen Fenichell, 《가장 중요한 것*What Matters Most*》 (New York: Basic Books, 2004), 264쪽.

13) 로버트 퍼트남Robert Putnam, 《사회적 자본과 민주주의*Making Democracy Work*》 (Princeton, NJ: Princeton University Press, 1993), 160쪽.

14) 톰 맥마킨, 《세상에서 가장 맛있는 빵집 이야기》, 86쪽.

15) 랜디 코미사Randy Komisar는 《승려와 수수께끼*The Monk and the Riddle*》 (Boston: Harvard Business School Press, 2001)라는 책에서 기업 협상가로서의 자신의 역할은 "서로 다른 이익이 아니라 공통되는 이익의 접점을 찾는 것"이라고 이야기한다. 협상은 상대가 누구이며 어떤 것을 중요하게 여기는지 알아가는 과정이자 상대로부터 배움을 얻을 수

있는 기회이다. 이제는 이기기 위해 노력할 때가 아니라 신뢰를 쌓아야 할 때이다.

16) 제임스 C. 콜린스James C. Collins, 제리 포라스Jerry I. Porras, 《성공하는 기업의 여덟 가지 습관*Built to Last*》(New York: Harper Business, 1997), 228쪽.

■ 5

1) 피터 울프Peter Wolf, 《뜨는 도시들: 미국에서 가장 빠르게 성장하고 있는 지역의 미래 *Hot Towns: The Future of the Fastest Growing Communities in America*》(New Brunswick, NJ: Rutgers University Press, 1999), 1쪽.
2) 리처드 플로리다, 《창의적인 계층의 부상》(New York: Basic Books, 2002), 6쪽.
3) 이들은 독특한 이력을 갖고 있다. 비니어드 섬에서 가장 오랜 역사를 갖고 있는 왐파노아그Wampanoag 족은 천 년 이상 이 섬에 거주하고 있다. 이들의 후손은 섬 서부 도시 아퀴나의 인구 대부분을 차지하고 있으며, 현재 섬의 핵심적인 경제 주체이자 문화적 정체성을 이어가는 역할을 담당하고 있다. 흑인들은 1850년 오크 블러프가 중산층 흑인들의 휴양지로 각광받기 시작하면서 섬에 자리 잡게 되었다. 브라질인들은 최근에 섬에 정착했지만, 그들의 영향력은 매우 광범위하다. 이들은 몇 년 전부터 병원 내 단순 노무직 종사자로서 섬에 들어오기 시작했으며 처음에는 거의 눈에 띄지 않았다. 그러나 이들 노동자 계층은 그 인구가 늘어남에 따라 섬의 주요한 경제 주체로 자리 잡았다. 이들이 세운 회사와 교회가 생겨났고, 이들의 자녀들이 학교에 다니고 있다. 초등학교에서 심리 교사로 일하는 내 친구 찰리Charley는 학부모들과 의사 소통을 하는 데 어려움을 느껴 여름에 브라질에서 포르투갈어 집중 교육을 받았다고 했다.
4) 톰 켈리Tom Kelly, 《혁신의 기술*The Art of Innovation*》(New York: Doubleday, 2001), 31쪽.
5) 이 편지는 2002년 《하트포드 신문*Hartford Courant*》에 게재되었다.
6) 마이클 슈먼Michael Shuman, 《지역화로 가는 길*Going Local*》(New York: Routledge, 2000), 128쪽.
7) 찰스 핸디, 《헝그리 정신》, 176쪽.
8) 토머스 프랭크Thomas Frank, 《캔자스 주의 문제는 무엇인가*What's the Matter with Kansas?*》(New York: Metropolitan Books, 2004), 59쪽.
9) 마이클 슈먼, 《지역화로 가는 길》, 202쪽.

■ 6

1) 소규모 사업의 경우도 마찬가지이다. 2000년 미국 인구 조사에 따르면 전체 100개의 소

규모 기업 중 두 곳만이 식품, 의류, 기계, 장난감 등의 물품을 만드는 것으로 나타났다. 그 외 건축업 관련이 약 여덟 군데, 청소업체가 두 군데, 주택 임대 및 판매업이 일곱 군데, 결혼 준비, 결혼 정보업, 세탁업 등 개인 서비스업이 네 군데, 미용업이 세 군데, 유흥업이 두 군데인 것으로 나타났다.

2) 크리스토퍼 알렉산더Christopher Alexander, 《자연의 질서 제2권: 삶을 만들어가는 과정 *The Nature of Order Book Two: The Process of Creating Life*》(Berkeley, CA: The Center for Environmental Structure, 2002).

3) 우리는 또한 과거의 고객들에게 정기적으로 연락하며 피드백을 받는다. 고객의 집에서 무엇이 편하고 무엇이 불편한지, 어떤 점을 고치고 싶은지, 새로운 집을 짓는다면 없어서는 안 될 부분이 어디인지, 혹은 없었으면 하는 부분은 어디인지 등을 물으면 고객들은 솔직한 답변을 들려준다. 때로는 고객으로부터 우리가 듣고 싶어하지 않는 대답을 듣기도 한다. 그러나 그와 같은 정보는 앞으로의 성공에 반드시 필요하다. 우리가 자연형 태양열 시스템을 갖춘 집을 지어준 한 부부가 있었다. 우리는 그 집에 염색된 콘크리트로 바닥을 깔아주었다. 우리의 질문에 그들은 '양말에 페인트칠이 묻어나는 바닥'이 마음에 들지 않는다고 대답했다. 우리는 곧 콘크리트를 타일로 교체했다.

4) 1850년 이전 대부분의 미국의 집들은 목조 방식으로 지어졌다. 그러나 제재소가 흔해지면서 못이 대량 생산되고, 건축 공정 역시 발달하면서 값싸고 빠르게 집이 지어지기 시작했다. 아름답고 내구성 있는 목조 방식은 사양길에 접어들었다. 1970년대 뉴햄프셔의 테드 벤슨Ted Benson과 에드 레빈Ed Levin을 비롯한 몇몇 사람들이 목조 방식을 부활시키기 시작했다. 이 방식은 그후 지금까지 널리 쓰이며 정착되었다. 목조 주택은 아름답고 우아하며 튼튼하고 독특한 분위기를 만든다. 집들이 점점 규모가 커지고 세부 사항이 정교해지면서 많은 장인들이 목조 방식을 즐겨 사용한다. 목조 방식은 장인들에게 적합한 방식이다. 집의 뼈대로 쓸 목재를 준비하는 데는 작업장이나 들판에 여럿이 함께 모여서 해야 하는 수작업이 많이 필요하다.

5) 제프리 홀렌더, 스테픈 페니첼의 《가장 중요한 것》, 81쪽에 언급된 그로 브룬틀란Gro Brundtland 박사의 말 인용.

■ 7

1) 이 인용문은 섬 서민주택기금의 '지붕 올리기Raising the Roof' 운동 소책자에서 발췌한 것이다. 더 자세한 사항을 알려면 섬 서민주택기금(P.O. Box 4769, Vineyard Haven, MA 02568)으로 연락할 수 있다.

2) 데이비드 맥컬로우David McCullough, 섬 서민주택기금이 실시한 '2003년 여름 기금 모

금의 밤' 에서.

3) 더 자세한 정보는 전미공동주거협회의 웹사이트(http://www.cohousing.org)와 다음의 두 권의 책을 참고하라. 캐서린 맥커먼트Kathryn McCamant와 찰스 뒤레Charles Durrett가 쓴 《공동 주거: 우리 스스로 만드는 집에 대한 현대적 접근*Cohousing: A Contemporary approach to Housing Ourselves*》 (Berkeley, CA: Ten Speed Press, 1994), 크리스 핸슨Chris Hanson의 《공동 주거 입문: 지역 공동체를 위한 공간 만들기*The Cohousing Handbook: Building a Place for Community*》 (Vancouver, BC: Hartley & Marks, 1996).

4) 퇴비 화장실에 대한 더 자세한 정보는 데이비드 델포토David DelPorto의 책 《퇴비 화장실 시스템 북*The Composting Toilet System Book*》 (Concord, MA: Center for Ecological Pollution Prevention, 2000)을 참조하라.

5) 더 자세한 정보는 마서즈 비어너드 위원회의 홈페이지 http://www.mvca.com을 참조하라.

6) 그는 기능 장애dysfunctional와 풍수feng shui라는 두 단어를 혼합하여 재미있는 단어를 만들어냈다. 풍수는 중국의 고대 자연 철학의 한 개념으로, 자연과 환경이 조화를 이루며 살아갈 수 있는 관계를 중요시한다.

7) 〈제니 건축 사업의 반대자들은 틀렸다Jenney Lane Opponents Are Wrong〉, 《비니어드 신문*Vineyard Gezette*》, 2004년 4월 2일.

■ 8

1) 더 자세한 정보는 http://www.capewind.org를 참고하라.

2) 톰 헤일Tom Hale, 〈편집장에게 보내는 편지〉, 《비니어드 신문》, 2003년 7월 11일.

3) 빌 맥키븐Bill McKibben, 〈진지한 바람Serious Wind〉, 《오리온*Orion Magazine*》 (2003년 6월/8월), 15쪽.

4) 〈약간의 타격이 있을 뿐이다It Will Only Hurt a Little Bit〉, 《더 브로드사이드*The Broadside*》 (West Tisbury, MA) 41호, (2001년 1월 24일).

5) 이 인용은 섬 공동주거기금이 녹화한 비디오 테이프, 〈삶의 방식을 보호하기Preserving a Way of Life〉에서 발췌한 것이다. 자세한 사항은 http://www.iahf.vineyard.net을 참조하라.

■ 9

1) 아리 드 호이스, 《살아있는 기업: 험난한 기업 환경에서 살아남기 위한 습관들*The Living Company: Habits for Survival in a Turbulent Business Environment*》 (Boston: Harvard Business School Press, 2002), 108쪽.

2) 피터 M. 센지, 《다섯 번째 훈련》.

3) 마조리 켈리, 〈유산 문제: 기업이 매각될 때 기업의 사회적 소명 의식이 함께 사라지는 이유와 그 대처 방안The Legacy Problem: Why Social Mission Gets Squeezed Out of Firms When They' re Sold, and What to Do about it〉, 《기업 윤리》 17, no.2 (2003년 여름).
4) 레슬리 크리스천, '유산 사업' 모임에서, 미네아폴리스, 2002년.
5) 스튜어트 브랜드, 《느림의 지혜*The Clock of the Long Now*》 (New York: Basic Books, 1999), 2쪽.
6) 같은 책, 157쪽.
7) 피터 피테고프, 〈엔론 사의 직원 소유제〉, 255쪽.
8) 같은 글, 257쪽.

■ 10

1) 타치 큐지Tachi Kiuchi, 빌 셔먼Bill Sherman, 《우림에서 배우는 것들 *What We Learned in the Rainforest*》 (San Fransico: Berrett-Koehler, 2002), viii쪽.
2) 윌리엄 그라이더, 《자본주의의 정신》, 22쪽.
3) 〈이 사람이 세상을 바꿀 수 있을까?Can This Man Change the World?〉, 《가디언지 *Guardian Weekly*》, 2004년 10월 15일~21일, 17쪽.

■ 부록 2

1) 아리 드 호이스, 《살아있는 기업》, 191쪽.

| 옮긴이의 말 |

일과 삶의 거리, 얼마나 가깝습니까?

이 책에 실린 사진 중에 '이것을 일이라고 하겠습니까?' 라는 설명이 붙은 사진이 있다. 사우스 마운틴 사의 한 직원으로 보이는 이가, 마치 놀이 기구를 타고 낙하하는 듯 모래 더미 위로 뛰어내리고 있다. 아마도 건물을 짓고 있는 중인 것 같다. 사진의 간단한 설명 그대로, 사진 속 사람이 놀고 있는 것인지 일하고 있는 것인지 분간이 잘 되지 않는다. 멋지다는 생각이 들었다. 많은 이들에게 일과 놀이는 반대말이다. 일로부터 받은 심신의 피로를 놀이로 풀어버리기도 하고, 더 잘 놀기 위해 고단하게 일하는 수고도 마다하지 않는다. 안타깝게도, 오늘을 살아가는 많은 이들에게 놀이란 일로부터 해방된 상태를, 일이란 놀 수 없는 상태를 의미한다. 또 삶의 방식과 일의 방식은 그렇게 비슷하지 않은 경우가 많다. 내 개인, 내 가족의 삶이라면 그렇게 했을까 싶은 일도 '일' 을 할 때는 어쩔 수 없이 그렇게 해야 한다고 당연하게 생각하곤 한다.

일은 참 중요하다. 일은 자신의 사회적 존재를 인정받는 수단이고,

일터는 하루의 대부분, 1년의 대부분, 어쩌면 일생의 대부분을 보내는 장소이니까 말이다. 그런 일이, 놀이에 좀더 가깝다면, 그런 일의 방식이 삶의 방식과 좀더 가깝다면 그만큼 더 행복한 인생이라고 말할 수 있지 않을까? 이 책은 바로 그런 인생들, 그런 회사에 관한 이야기이다.

이 책의 저자인 존 에이브램스는 사우스 마운틴 사라는 건축 회사의 창립자이다. 30여 년 전, 저자는 마서즈 비니어드라는 작은 섬에 친구와 함께 단둘이서 이 회사를 세웠다. 부모님께 드릴 집을 짓겠다는, 어찌 보면 무모한 시도로부터 한 건축 회사가 시작된 것이다. 1970년대 미국, 68혁명의 정신적 세례를 받은 저자는 자연과 사람에 좀더 가까운 삶을 살고자 하는 신념에 충실했던 것 같다. 자연 속에서 나무를 가지고 일하는 것에 대한 막연한 희열을, 자본으로부터의 혜택이나 이윤에 대한 추구도 없이 용기 있게 자신의 '일'로 신택한 것을 보면 말이다. 그후 저자는 사람에 대한, 공동체에 대한, 그리고 자연에 대한 가치관을 포기하지 않으면서도 지속 가능한 기업을 만들기 위해 '기업 경영'에 대한 고민과 시행착오를 거듭한다. 이 책은 그 고민의 과정과 결과들을 담고 있다.

그 중 하나는 종업원 주식 소유제이다. 국내에서도, 미국에서도 아직 크게 일반화되지 않은 종업원 주식 소유제란, 일부 임원들이 아니라 회사의 모든 직원이 주주가 될 수 있도록 하는 경영 방식을 말한다. 이는 회사의 소유권을 최대한 많은 직원에게 분배하여 좀더 많은 직원이 좀더 적극적으로 회사의 성장과 발전에 참여할 수 있게 하는 대안적인 기업 경영 제도이다. 저자는 민주적인 기업을 만들고자 고민하던 끝에 1987년, 일찌감치 종업원 주식 소유제를 선택한다.

책은 또한 저자의 여러 가지 다른 고민과 그 결과들을 보여주기도 한다. 회사가 성장의 기회에 맞닥뜨릴 때마다 규모를 위해 가치관을, 이윤을 위해 인간 관계를 희생해야 할 것인지 고민했고, 그 결과 회사는 30년이라는 나이를 먹은 지금도 32명 직원이라는 소박한 규모를 유지하고 있다. 또한 지역은 단순한 물리적 장소가 아니라 사우스 마운틴 사가 소통해야 할 또 하나의 대상이라는 생각에서, 이들은 그 어느 사회 단체보다 활발하게 마서즈 비니어드 섬이 맞닥뜨린 문제를 해결하려 애쓰고 있다.

저자는 사우스 마운틴 사의 사고방식을 '성당을 짓는 사람'의 사고방식이라고 부른다. 중세 시대 성당이 지어질 때 건물을 짓는 사람은 자신이 살아있을 때 건물이 완공될 것을 기대하지 않았다고 한다. 눈앞의 결과가 아니라 다음 세대를 생각하며 일하고, 일의 순간들 속에서 의미를 발견하는 것이다. 이들은 그러한 정신을 되살리고자 한다. 회사의 창립자뿐 아니라 모든 직원이 일과 일터에서 의미와 재미를 찾고 있는지를 자문한다. 나아가 직원뿐 아니라 고객, 고객뿐 아니라 섬 주민, 섬 주민뿐 아니라 섬 공동체와 섬이라는 자연 자체가 함께 잘사는 길을 찾고자 노력한다. 이 책은 한 건축 회사의 시작부터 성장의 모습, 구체적인 경영 방식, 활동 내용을 보여주지만, 결국은 삶과 가까운 일, 놀이와 멀지 않은 일이 어떻게 가능한지를 보여준다.

황근하

샨티의 뿌리회원이 되어
몸과 마음과 영혼의 평화를 만들고 나누는 데
함께해 주신 분들께 깊이 감사드립니다.

뿌리회원 (개인)

이슬, 이원태, 최은숙, 노을이, 김인식, 은비, 여랑, 윤석희, 하성주, 김명중, 산나무, 일부, 박은미, 정진용, 최미희, 최종규, 박태웅, 송숙희, 황안나, 최경실, 유재원, 홍윤경, 서화범, 이주영, 오수익, 문경보, 최종진, 여고운, 조성환, 김영란, 풀꽃, 백수영, 황지숙, 박재신, 염진섭, (주)드림, 이재길, 이춘복, 장완, 한명숙, 이세훈, 이종기, 현재연, 문소영, 유귀자, 윤홍용, 김종휘, 이성모, 박새아, 문수경, 전장호, 이진, 최애영, 김진회, 백예인, 이강선, 박진규, 박영하, 이욱현, 최훈동, 이상운, 이산옥, 김진선, 심재한, 안필현

뿌리회원 (단체/기업)

(주)김정문알로에 KIM JEONG MOON ALOE CO. LTD. 환경재단 design Vita 유기농 녹색가게 신시 사단법인 한국가족상담협회·한국가족상담센터

— 회원이 아니더라도 이메일(shanti@shantibooks.com)로 이름과 전화번호, 주소를 보내주시면 독자회원으로 등록되어 신간과 각종 행사 안내를 이메일로 받아보실 수 있습니다.

전화: 02-3143-6360~1 팩스: 02-338-6360
이메일: shanti@shantibooks.com